STUDY ON CONTEMPORARY OVERSEAS MARXIST PHILOSOPHY

当代国外
马克思主义哲学研究丛书

国家出版基金项目
NATIONAL PUBLICATION FOUNDATION

张一兵　主编

南京大学
建设世界一流大学一流学科工程项目

The Formation and
Resistance of the Subject

A Study on Judith Butler's Theory of
Body Politics

主体的生成与反抗

朱迪斯·巴特勒身体政治学
理论研究

王玉珏　著

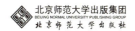
北京师范大学出版集团
BEIJING NORMAL UNIVERSITY PUBLISHING GROUP
北京师范大学出版社

总　序

今天中国的改革开放创造了一个前所未有的华夏讲文明的时代，中国人文社会科学学术研究领域中那种单向的"去西方取经"一边倒的情形，已经转换为世界各国的科学家和思想家纷纷来到中国这块火热的大地上，了解这里发生的一切，与中国的学者进行面对面的交流。在作为中国马克思主义哲学研究重镇的南京大学，德里达来了，齐泽克[①]

---

　　① 斯拉沃热·齐泽克(Slavoj Žižek，1949—)：当代斯洛文尼亚著名思想家，欧洲后马克思思潮主要代表人物之一。1949 年 3 月 21 日生于斯洛文尼亚的卢布尔雅那市，当时，该市还是南斯拉夫西北部的一个城市。1971 年在卢布尔雅那大学文学院哲学系获文科(哲学和社会学)学士，1975 年在该系获文科(哲学)硕士，1981 年在该系获文科(哲学)博士。1985 年在巴黎第八大学获文科(精神分析学)博士。从 1979 年起，在卢布尔雅那大学社会学和哲学研究所任研究员(该所从 1992 年开始更名为卢布尔雅那大学社会科学院社会科学研究所)。主要著作：《意识形态的崇高对象——悖论与颠覆》(1989)、《斜视》(1991)、《延迟的否定——康德、黑格尔与意识形态批判》(1993)、《快感大转移——妇女和因果性六论》(1994)、《难缠的主体——政治本体论的缺席中心》(1999)、《易碎的绝对——基督教遗产为何值得奋斗?》(2000)、《视差之见》(2006)、《捍卫失败的事业》(2008)、《比无更少》(2012)等。

来了，德里克①来了，凯文·安德森②来了，凯尔纳③来了，阿格里塔④来了，巴加图利亚⑤来了，郑文吉⑥来了，望月清司⑦来了，奈格里⑧

---

① 阿里夫·德里克(Arif Dirlik，1940—2017)：土耳其裔历史学者，美国著名左派学者，美国杜克大学、俄勒冈大学教授。代表作：《革命与历史——中国马克思主义历史学的起源，1919—1937》(1978)、《中国革命中的无政府主义》(2006)、《后革命时代的中国》(2015)等。

② 凯文·安德森(Kevin B. Anderson，1948—)：美国当代西方列宁学家，社会学家，加利福尼亚大学圣塔芭芭拉分校教授。代表作：《列宁、黑格尔和西方马克思主义：一种批判性研究》(1995)等。

③ 道格拉斯·凯尔纳(Douglas Kellner，1943—)：马克思主义批判理论家，美国加利福尼亚大学洛杉矶分校教授，乔治·奈勒教育哲学讲座教授。代表作：《后现代转折》(1997)、《后现代理论——批判性的质疑》(1991)、《媒体奇观：当代美国社会文化透视》(2001)等。

④ 米歇尔·阿格里塔(Michel Aglietta，1938—)：法国调节学派理论家，法国巴黎第五大学国际经济学教授，法国巴黎大学荣誉教授。代表作：《调节与资本主义危机》(1976)等。

⑤ 巴加图利亚(G. A. Bagaturija，1929—)：俄罗斯著名马克思主义文献学家和哲学家。

⑥ 郑文吉(Chung, Moon-Gil，1941—2017)：当代韩国著名马克思学家。1941 年 11 月 20 日出生于韩国庆尚北道大邱市；1960—1964 年就读于大邱大学(现岭南大学)政治系，1964—1970 年为首尔大学政治学研究生，获博士学位；1971 年起，任教于高丽大学，1975 年任副教授，1978 年任教授；2007 年，从高丽大学的教职上退休。1998—2000 年间，郑文吉任高丽大学政治科学与经济学院院长。代表作：《异化理论研究》(1978)、《青年黑格尔派与马克思》(1987)、《马克思的早期论著及思想生成》(1994)、《韩国的马克思学视域》(2004)等。

⑦ 望月清司(Mochizuki Seiji，1929—)：日本当代新马克思主义思想家。1929 年生于日本东京，1951 年就读于日本专修大学商学部经济学科，1956 年就任该大学商学部助手，1969 年晋升为该大学经济学部教授。1975 年获得专修大学经济学博士，并从 1989 年开始连任专修大学校长 9 年，直至退休为止。代表作：《马克思历史理论的研究》(1973)等。

⑧ 安东尼·奈格里 (Antonio Negri，1933—)：意大利当代著名马克思主义哲学家。1956 年毕业于帕多瓦大学哲学系，获得哲学学士学位。同年加入意大利工人社会党。20 世纪 60 年代曾参与组织意大利工人"自治运动"(Autonomia Operaia)。1967 年获得教授资格。1978 年春季，他应阿尔都塞的邀请在巴黎高师举办了一系列关于马克思《政治经济学批判大纲》的讲座，其书稿于 1979 年分别在法国和意大利出版，即《〈大纲〉：超越马克思的马克思》。1979 年，奈格里因受到红色旅杀害时任意大利总理阿尔多·莫罗事件的牵连而被捕。释放后流亡法国 14 年，在法国文森大学(巴黎第八大学)和国际哲学学院任教。1997 年，在刑期从 30 年缩短到 13 年后，奈格里回到意大利服刑。在狱中奈格里出版了一批有影响的著作。1994 年，奈格里与哈特合作出版了《酒神：国家形式的批判》。之后，二人又相继合作出版了批判资本主义全球化的三部曲：《帝国》(2000)、《诸众》(2004)、《大同世界》(2011)等。

和普舒同①来了，斯蒂格勒②和大卫·哈维③这些当代的哲学大师都多次来到南京大学，为老师和学生开设课程，就共同关心的学术前沿问题与我们开展系列研讨与合作。曾几何时，由于历史性和地理性的时空相隔，语言系统迥异，不同文化和不同的政治话语语境，我们对国外马克思主义哲学的研究，只能从多重时空和多次语言转换之后的汉译文本，生发出抽象的理论省思。现在，这一切都在改变。我们已经获得足够完整的第一手文献，也培养了一批批熟练掌握不同语种的年轻学者，并且，我们已经可以直接与今天仍然在现实布尔乔亚世界中执着抗争的欧美亚等左派学者面对

---

①　穆伊什·普舒同（Moishe Postone，1942—2018），当代加拿大马克思主义历史学家、哲学家和政治经济学家。1983 年获德国法兰克福大学博士学位，代表作《时间、劳动和社会支配：对马克思批判理论的再解释》在国际马克思主义学界产生了很大影响。普舒同教授曾于 2012 年和 2017 年两次访问南京大学马克思主义社会理论研究中心，为师生作精彩的学术演讲，并与中心学者和学生进行深入的研讨与交流。

②　贝尔纳·斯蒂格勒（Bernard Stiegler，1952— ）：当代法国哲学家，解构理论大师德里达的得意门生。早年曾因持械行劫而入狱，后来在狱中自学哲学，并得到德里达的赏识。1992 年在德里达的指导下于社会科学高级研究院获博士学位（博士论文：《技术与时间》）。于 2006 年开始担任法国蓬皮杜中心文化发展部主任。代表作：《技术与时间》（三卷，1994—2001）、《象征的贫困》（二卷，2004—2005）、《怀疑和失信》（三卷，2004—2006）、《构成欧洲》（二卷，2005）、《新政治经济学批判》（2009）等。

③　大卫·哈维（David Harvey，1935— ）：当代美国著名马克思主义思想家。1935 年出生于英国肯特郡，1957 年获剑桥大学地理系文学学士，1961 年以《论肯特郡 1800—1900 年农业和乡村的变迁》一文获该校哲学博士学位。随后即赴瑞典乌普萨拉大学访问进修一年，回国后任布里斯托大学地理系讲师。1969 年后移居美国，任约翰·霍普金斯大学地理学与环境工程系教授，1994—1995 年曾回到英国在牛津大学任教。2001 年起，任教于纽约市立大学研究生中心和伦敦经济学院。哈维是当今世界最重要的马克思主义思想家，提出地理—历史唯物主义，是空间理论的代表人物。其主要著作有《地理学中的解释》（1969）、《资本的界限》（1982）、《后现代的状况——对文化变迁之缘起的探究》（1989）、《正义、自然与差异地理学》（1996）、《希望的空间》（2000）、《新自由主义简史》（2005）、《跟大卫·哈维读〈资本论〉》（第一卷，2010；第二卷，2013）、《资本社会的 17 个矛盾》（2014）、《世界之道》（2016）等。

面地讨论、合作与研究，情况确实与以前大不相同了。

2017年5月，我们在南京召开了"第四届当代资本主义研究暨纪念《资本论》出版150周年国际学术研讨会"和"《政治经济学批判大纲》专题讨论会"。在这两个会议上，我们与来到南京大学的国外马克思主义哲学研究者们，不仅共同讨论基于原文的马克思《1857—1858年经济学手稿》中的"机器论片断"，也一同进一步思考当代数字资本主义社会出现的所谓自动化生产与"非物质劳动"问题。真是今非昔比，这一切变化都应该归因于正在崛起的伟大的社会主义中国。

2001年，哲学大师德里达在南京大学的讲坛上讨论解构理论与当代资本主义批判之间的关系，他申辩自己不是打碎一切的"后现代主义者"，而只是通过消解各种固守逻辑等级结构的中心论，为世界范围内的文化、性别平等创造一种新的思维方式。如今，这位左派大师已经驾鹤西去，但他的批判性思想的锐利锋芒，尤其是谦逊宽宏的学术胸怀令人永远难忘。

2003年以来，我们跟日本学界合办的"广松涉与马克思主义哲学国际学术研讨会"已经举行了六届，从南京到东京，多次与广松涉①夫人及

---

① 广松涉(Hiromatsu Wataru, 1933—1994)：当代日本著名的新马克思主义哲学家和思想大师。广松涉1933年8月11日生于日本的福冈柳川。1954年，广松涉考入东京大学，1959年，在东京大学哲学系毕业。1964年，广松涉在东京大学哲学系继续博士课程的学习。1965年以后，广松涉先后任名古屋工业大学讲师(德文)、副教授(哲学和思想史)，1966年，他又出任名古屋大学文化学院讲师和副教授(哲学与伦理学)。1976年以后，广松涉出任东京大学副教授、教授直至1994年退休。同年5月，任东京大学名誉教授。同月，广松涉因患癌症去世。代表作：《唯物史观的原像》(1971)、《世界的交互主体性的结构(1972)、《文献学语境中的〈德意志意识形态〉》(1974)、《资本论的哲学》(1974)、《物象化论的构图》(1983)、《存在与意义》(全二卷，1982—1983)等。

学生们深入交流，每每谈及广松先生从 20 世纪 60 年代就开始直接投入左翼学生运动狂潮的激情，尤其是每当聊到广松先生对马克思主义哲学的痴迷和以民族文化为根基，以马克思主义哲学为中轴，创立独具东方特色的"广松哲学"的艰辛历程时，广松夫人总是热泪盈眶、情不能已。

2005 年，卡弗①访问了南京大学马克思主义社会理论研究中心，每当谈起马克思恩格斯的《德意志意识形态》等经典哲学文本时，这位严谨的欧洲人认真得近乎固执的治学态度和恭敬于学术的痴迷神情总是会深深打动在场的所有人。2018 年，卡弗再一次来到南京大学时，已经带来了我们共同关心的《德意志意识形态》手稿版和政治传播史的新书。2006 年，雅索普②在我们共同主办的"当代资本主义国际研讨会"上受邀致闭幕词，其间他自豪地展示了特意早起拍摄的一组清晨的照片，并辅以激情洋溢的抒怀，他对中国社会和中国文化的欣赏与热情展露无遗，令与会者尽皆动容。

令我记忆深刻的还有 2007 年造访南京大学的哲学家齐泽克。在我

---

① 特雷尔·卡弗（Terrell Carver, 1946— ）：英国布里斯托大学政治学系教授，当代著名西方马克思学学者。1974 年在牛津大学贝列尔学院获得政治学博士学位，1995 年 8 月至今任英国布里斯托大学政治学系教授。代表作：《卡尔·马克思：文本与方法》（1975）、《马克思的社会理论》（1982）、《弗里德里希·恩格斯：他的生活及思想》（1989）、《后现代的马克思》（1998）、《政治理论中的人》（2004）、《〈德意志意识形态〉手稿》（2016）等。

② 鲍勃·雅索普（Bob Jessop, 1946— ）：当代重要的西方马克思主义理论家。毕业于英国兰卡斯特大学，从事社会学研究并获得学士学位。在英国剑桥大学获得博士学位后，任剑桥大学唐宁学院的社会与政治科学研究员。1975 年他来到艾塞克斯大学政府学院，开始教授国家理论、政治经济学、政治社会学和历史社会学，现为英国兰卡斯特大学社会学教授。代表作：《国家理论：让资本主义国家归位》（1990）、《国家的过去、现在与未来》（2016）等。

与他的对话中，齐泽克与我提到资本主义全球化中的那一双"童真之眼"，他说，我们应该为芸芸众生打开一个视界，让人们看到资本的逻辑令我们看不到的东西。在他看来，这，就是来自马克思主义批判的质性追问。也是在这一年，德里克访问南京大学，作为当代中国现代史研究的左翼大家，他在学术报告中提出后革命时代中马克思主义的不可或缺的意义。不久之后，在我的《回到马克思》英文版的匿名评审中，德里克给予了此书极高的学术评价，而这一切他从来都没有提及。

2008 年，苏联马克思主义研究院的那位编译专家巴加图利亚，为我们带来了自己多年以前写作的关于《德意志意识形态》的哲学博士论文和俄文文献。也是这一年，韩国著名马克思文献学学者郑文吉应邀来南京大学访问，他在为南京大学学生作的报告中告诉我们，他的学术研究生涯是"孤独的 30 年"，但是，在他退休之后，他的研究成果却在中国这样一个伟大的国家得到承认，他觉得过去艰难而孤独的一切都是值得的。2011 年，日本新马克思主义思想家望月清司访问南京大学，他将这里作为 40 年前的一个约定的实现地，此约定即谁要是能查到马克思在《资本论》中唯一一次使用的"资本主义"（Kapitalismus）一词，就请谁喝啤酒。已经初步建成《马克思恩格斯全集》电子化全文数据库的我们都喝到了他的啤酒。

最令我感动的是年过八旬的奈格里，他是怀中放着心脏病的急救药，来参加我们 2017 年"第四届当代资本主义研究暨纪念《资本论》出版 150 周年国际学术研讨会"的，曾经坐过十几年资产阶级政府大牢的他，一讲起意大利"1977 运动"的现场，就像一个小伙子那样充满激情。同样是参加这次会议的八旬老翁普舒同，当看到他一生研究的马克思《资本论》手稿的高清扫描件时，激动得眼泪都要流出来了。不幸的是，普舒同教授离开中国不久就因病离世，在南京大学的会议发言和访谈竟然成了他留给世界最后的学术声音。

2015—2018 年，斯蒂格勒四次访问南京大学，他连续三年为我们的老师和学生开设了三门不同的课程，我先后与他进行了四次学术对话，也正是与他的直接相遇和学术叠境，导引出一本我关于《技术与时间》的研究性论著。① 2016—2018 年，哈维三次来到南京大学，他和斯蒂格勒都签约成为刚刚成立的南京大学国际马克思主义研究院的兼职教授，他不仅为学生开设了不同的课程，而且每一次都带来了自己的最新研究成果。我与他的哲学学术对话经常会持续整整一天，当我问他是否可以休息一下时，他总是笑着说："我到这里来，不是为了休息的。"哪怕在吃饭的时候，他还会问我："马克思的异化概念到底是什么时候形成的？"

对我来说，这些当代国外马克思主义哲学家和左派学者真的让人肃然起敬。他们的旨趣和追求是真与当年马克思、恩格斯的理想一脉相承的，在当前这个物质已经极度富足丰裕的资本主义现实里，身处资本主义体制之中，他们依然坚执地秉持知识分子的高尚使命，在努力透视繁华世界中理直气壮的形式平等背后深藏的无处控诉的不公和血泪，依然理想化地高举着抗拒全球化资本统治逻辑的大旗，发出阵阵发自肺腑、激奋人心的激情呐喊。无法否认，相对于对手的庞大势

---

① 张一兵：《斯蒂格勒〈技术与时间〉构境论解读》，上海，上海人民出版社，2018。

力而言，他们显得实在弱小，然而正如传说中美丽的天堂鸟①一般，时时处处，他们总是那么不屈不挠。我为有这样一批革命的朋友感到自豪和骄傲。

其实，自 20 世纪 80 年代以来，中国马克思主义理论界接触、介绍和研究国外马克思主义哲学已经有 30 多个年头了。我们对国外马克思主义哲学家的态度和研究方法也都有了全面的理解。早期的贴标签式的为了批判而批判的研究方式早已经淡出了年轻一代的主流话语，并逐渐形成了以文本和思想专题为对象的各类更为科学的具体研究，正在形成一个遍及中国的较高的学术探讨和教学平台。研究的领域也由原来对欧美马克思主义哲学的关注，扩展到对全球马克思主义哲学研究的全景式研究。在研究的思考逻辑上，国内研究由原来零星的个人、流派的引介和复述，深入到对国外马克思主义哲学的整体理论逻辑的把握，并正在形成一批高质量的研究成果。各种国外马克思主义论坛和学术研讨活动，已经成为广受青年学者关注和积极参与的重要载体和展示平台，正在产生重要的学术影响。可以说，我们的国外马克思主义哲学学科建设取得了喜人的进展，从无到有，从引进到深入研究，走过的是一条脚踏实地的道路。

从这几十年的研究来看，国外马克思主义哲学研究对于我国的马克思主义学术理论建设，对于了解西方当代资本主义社会的变迁具有极为

---

① 传说中的天堂鸟有很多版本。辞书上能查到的天堂鸟是鸟，也是一种花。据统计，全世界共有 40 余种天堂鸟，在巴布亚新几内亚就有 30 多种。天堂鸟花是一种生有尖尖的利剑状叶片的美丽的花。但是我最喜欢的传说，还是作为极乐鸟的天堂鸟，在阿拉伯古代传说中是不死之鸟，相传每隔五六百年就会自焚成灰，在灰中获得重生。

重要的意义。首先，国内的马克思主义哲学研究由于长期受到苏联教条主义教科书的影响，在取得了重大历史成就的同时也存在着一些较为严重的缺陷，对这些理论缺陷的反思，在某种意义上是依托对国外马克思主义哲学的研究和比较而呈现出来的。因而，在很大的意义上，国外马克思主义哲学的研究推动了国内马克思主义研究在理论和方法上的变革。甚至可以说，国外马克思主义哲学研究和国内马克思主义哲学研究是互为比照，互相促进的。其次，我们对国外马克思主义哲学的研究同时也深化了对西方左翼理论的认识，并通过这种研究加深了我们对于当代资本主义现实的理解，进而也让我们获得了中国特色社会主义道路自信最重要的共时性参照。

当然，随着当代资本主义的发展，国外马克思主义哲学理论逻辑也发生了重大变化，比如，到 20 世纪 60 年代，以阿多诺的《否定的辩证法》和 1968 年"红色五月风暴"学生运动的失败为标志，在欧洲以学术为理论中轴的"西方马克思主义"在哲学理论逻辑和实践层面上都走到了终结，欧洲的马克思主义哲学研究出现了"后马克思"转向，并逐渐形成了"后马克思思潮"、"后现代马克思主义"、"晚期马克思主义"等哲学流派。这些流派或坚持马克思的立场和方法，或认为时代已经变了，马克思的理论和方法已经过时，或把马克思的理论方法在新的时代条件下加以运用和发展。总的来说，"后马克思"理论倾向呈现出一幅繁杂的景象。它们的理论渊源和理论方法各异，理论立场和态度也各异，进而对当代资本主义的认识和分析也相去甚远。还应该说明的是，自意大利"1977 运动"失败之后，意大利的马克思主义理论研究开始在欧洲学术界华丽亮相，出现了我们并没有很好关注的所谓"意大利激进思潮"①。在 20 世纪 60 年代曾经达到学术高峰的日本马克思主义哲学研究界，昔日的辉煌不再，青年一代的马克思追随者还在孕育之中；而久被压制的韩国马克思主义哲学研究，才刚刚进入它的成长初期；我们对印度、伊朗等第三世界国家的马克思主义哲学研究还处于关注不够、了解不深的状况之中。这些，都是我们在今后的国外马克思主义哲学研究中需要努力的方向。

本丛书是关于国外马克思主义哲学研究的专题性丛书，算是比较完整地收录了近年来我所领导的南京大学马克思主义哲学研究学术团队和学生们在这个领域中陆续完成的一批重要成果。其中，有少量原先已经出版过的重要论著的修订版，更多的是新近写作完成的前沿性成果。将这一丛书作为南京大学"双一流"建设工程的重要成果之一，献礼于马克思诞辰 200 周年，我深感荣幸。

张一兵

2018 年 5 月 5 日于南京大学

---

① 意大利激进理论的提出者主要是 20 世纪六七十年代意大利新左派运动中涌现出来的以工人自治活动为核心的"工人主义"和"自治主义"的一批左翼思想家。工人运动缘起于南部反抗福特主义流水线生产的工会运动，他们 1961 年创刊《红色笔记》，1964 年出版《工人阶级》，提出"拒绝工作"的战略口号。1969 年，他们组织"工人运动"，1975 年，新成立的"自治运动"取代前者，成为当时意大利学生、妇女和失业者反抗斗争的大型组织。1977 年，因一名自治主义学生在罗马被法西斯分子杀害，引发"1977 运动"的爆发。因为受红色旅的暗杀事件牵连，自治运动的主要领导人于 1979 年 4 月全部被政府逮捕入狱，运动进入低潮。这一运动的思想领袖，除去奈格里，还有马里奥·特洪迪(Mario Tronti)、伦涅罗·潘兹尔瑞(Raniero Panzieri)、布罗那(Sergio Bologna)以及马西莫·卡西亚里(Massimo Cacciari)、维尔诺(Paolo Virno)、拉扎拉托(Maurizio Lazzarato)等。其中，维尔诺和拉扎拉托在理论研讨上有较多著述，这些应该也属于广义上的意大利激进理论。这一理论近期开始受到欧美学术界的广泛关注。

目 录

导　论

一、本书的缘起与研究意义

美国学者朱迪斯·巴特勒被看作当代酷儿理论的领军人物，是著名的后现代主义思想家，她的理论在西方学界早已引起诸多关注，被公认为当代最有影响力的哲学家之一。在国内学界，她的理论也被越来越多的学者了解。但由于文化背景的差异，以及中国与资本主义国家的现代性语境的隔阂，我们要想灵敏地把握巴特勒理论的复杂性和多样性是有一定困难的。因此，为什么要关注巴特勒，以及巴特勒理论的研究意义何在，是我们必须思考的问题。本书选取巴特勒的身体政治学作为研究对象，是基于以下四个方面考虑的。

(一)研究的现实意义

作为一名学者，朱迪斯·巴特勒的一大特点是，她不仅仅是一个在书斋中进行理论研究的书写者，还是一位活跃在社会活动前沿的社会活动家。她的理论始终贯穿着对现实的关怀，蕴含着改变现实的冲动。对于中国学界，其理论的现实意义首先表现为，她的理论有助于理解新时期中国女性的真实处境，揭示今天女性所遭遇的隐性歧视问题，并对如何处理少数族群问题有很大的启发。中华人民共和国成立以来，中国政府以国家动员的方式推广了男女平等的观念，鼓励妇女走出家庭，参与社会主义建设，在短短的几十年间，让中国女性实现了群体的"社会化"过程，并且在法律上确立妇女与男人完全平等的社会地位，这样的伟大成就是世界罕见的。今时今日，中国经济不断发展，中国妇女越来越多地参与公共领域的活动，得到越来越多的就业机会。但是我们也不得不承认，新时期中国女性的社会地位面临着新的挑战，甚至有所下降，"女性回家"的声音不断出现。各种女德班不断出现，向女性灌输陈腐的教条。两性之间的"性沟"依然横亘在中国的男女两性之间。[①]

更重要的是，新时期中国女性所面临的问题在于，虽然中国女性地位呈现出下降的趋势，但这种下降不是一目了然、清清楚楚的，而是隐蔽的。以2011年"两会"上的一个提案为例，《中国美容时尚报》出版人张晓梅在"两会"上，提交的关于"鼓励部分女性回归家庭，提高社会幸福指数"的提案，在女性主义研究者中引起了广泛的争议。中国著名性

---

① 关于"性沟"的讨论，参见李小江：《性沟》，北京，生活·读书·新知三联书店，1989。

别研究学者李银河认为，这个提案最大的问题是会抹杀妇女解放的最重要成果：妇女走出家庭，参加社会生产劳动。李银河认为，社会一旦形成号召妇女单方面回家的舆论，将导致妇女地位的下降，使百年来妇女争取在公共领域实现与男性平等的进程受挫。① 也就是说，此提案一旦通过，将有可能使女性再次退回私人领域。值得注意的是，近年来"两会"中也出现过鼓励女性回归家庭的提案，但这是第一次由一位女性代表提出的。由此可以看到，性别压迫在中国已经不只是表面的男女社会权利平等问题，而已经深入人们的观念之中，深入意识形态领域。此提案认为，"很多女性在全力争取竞争优势的同时明显出现了中性化、甚至男性化的现象，缺乏女性和做母亲的意识，缺乏应有的女性素养"②，其中的"应有的女性素养"，恰恰是一种评论"女性应该怎样"的价值判断，其中暗含着对"女性"主体的规训。而巴特勒的理论，恰恰是对"女人是什么"的追问和批判，有助于反思性别规范是如何施行性别歧视的。

特别具有现实批判意义的是，巴特勒的性别理论是通过她的微观的身体政治学研究进行的。在当代中国，消费社会的征兆已越来越明显。在消费社会中，大部分的杂志、广告似乎都在催促女人去消费，特别是为自己的身体消费。而实际上，对身体的改变，是一种对身份的选择过程。隐性性别歧视的手段之一，就是人为地从形体上突出两性的区别，对女性的身体增设种种"标准"。对于大多数女人来说，接受一种反对男

① 参见李银河：《女代表，该好好反省一下！》，http：//blog. sina. com. cn/s/blog _473d533601017ok3. html，2017-08-30。

② 周亮编：《[两会·观点]张晓梅委员提案鼓励部分女性"回归"家庭》，http：//china. cnr. cn/gdgg/201103/t20110308 _507767316. shtml，2017-08-30。

人控制的理论并不困难，但是在对待自己身体的事情上，要做到一反内心的审美理想，却非想象的那么容易。在这种文化建构中，女性的身体也成为一种商品。从当代西方马克思主义研究视角来看，人的解放离不开身体的解放，只说意识的解放并不是真正的完全的解放。因为在具体的社会情境之中，身体是涌动着社会权力统治的内在载体。巴特勒的身体政治学以女性的身体为基点，研究社会规范对身体的塑造，研究"女性"的主体建构与身体规划的关系，并将女性身体置于权力/话语的矩阵之中，解构对"女性"的建构，寻找一种女性解放的可能性。这种理论反思对于处于消费社会中的女性具有重要的价值。目前，对于性别不平等问题，学界主要讨论的多为宏观上的经济社会原因，而从微观的现代性压迫和批判入手的研究尚显不足，对巴特勒理论的深入研究无疑会提高这方面的研究水平，拓宽研究视野。

(二)巴特勒理论的标志性作用

在 20 世纪下半叶，西方理论界出现了重大的转变，在理论研究中，"身体转向"、"语言学转向"、"非理性转向"、"空间转向"等学术研究方向的变化纷纷出现。这些转向是对笛卡尔式的身心、主体客体、时间空间二元观点的挑战，也是对西方资本主义社会不断发展变化的治理方式和不断更新的生产关系的再生产方式的回应。在这些转向中，朱迪斯·巴特勒是一个标志性的人物，她的著作是转型期的标志。①

---

① 参见[英]安吉拉·麦克罗比：《文化研究的用途》，李庆本译，95 页，北京，北京大学出版社，2007。

20 世纪 80 年代，原本由自由主义女性主义(Liberal Feminism)、马克思主义女性主义(Marxist Feminism)和激进女性主义(Radical Feminism)三大理论体系开创的三足鼎立的局面，随着后女性主义(Post-Feminism)理论的崛起，已经基本瓦解了。投身女性主义第三次浪潮①的学者们主要采取了后结构主义(Post-structuralist)的观点，吸纳了后结构主义哲学、酷儿理论、后殖民主义等各学科的精华。他们认为，过去的女性主义实际上都是以西方白人中产阶级女性为中心的，并没有考虑其他女性的生活处境。他们认为，在女性主义运动的第一次浪潮和第二次浪潮当中，女性主义者呈现出一种高高在上的姿态，认为女性的正确生存方式是唯一的，而没有看到世界上的女人是多种多样的，她们处在不同的环境里，受到不同的压迫，具有不同的应对方式、不同的需要，不可一概而论。巴特勒就是这股思潮的开山之人，代表了当今西方性别研究领域最活跃的一支力量。

巴特勒吸收了西方马克思主义、女性主义、结构主义、精神分析等各种理论资源，并试图将它们兼收并蓄、杂陈互补，以期产生一种打破单一性、实现多样化的理论效果。值得注意的是，巴特勒的理论对于马克思主义女性主义者而言是具有一定的冲击性的，因为她用"语言"和"法则"两个术语取代了"社会"和"历史"的概念，宣称是语言/言语权力本身的差异(德里达所说的语言的时间化和空间化)导致了颠覆的可能性。从马克思主义女性主义的角度来看，巴特勒的理论确实有流于话语

---

① 对女性主义运动的发展，学界有很多界划方式，具体的界划和介绍见本书第一章第一节第二目。

斗争的危险。但同时，巴特勒的理论也给马克思主义女性主义者的研究带来了启示。首先，巴特勒强调语言是一种文化建构。巴特勒对身体、语言的关注，揭示出先在于文化铭刻的自然的身体是不存在的。也就是说，人的身体一出生就落入语言的象征网之中，被语言命名、区分，被赋予社会意义。于是，身体的"生理性别"就不是解剖学意义上的生物特征，而是一种社会性别的话语建构。这就将身体与社会的文化建构联系在一起了。今天，女性的身体恰恰是资本主义社会建构的重要空间，在当代社会，女性对自己身体的过分修饰和关注往往是父权制内化于女性自身的表现。其次，在某种程度上，巴特勒的研究是对高速发展的资本主义社会中出现的新的问题的回应。在异性恋文化和同性恋文化都需要得到重新定义的情况下，在微观政治学深入人心的情况下，巴特勒的著作得到了广泛的认同。她对传统女性主义理论的质疑，给女性主义研究带来了新的视角，使女性主义理论更具有流动性和开放性。

理论作为一种反思的力量，应避免封闭、固定，始终回应当代社会的现实问题，从这个角度来说，巴特勒的研究有一定的现实意义。

(三)巴特勒主体理论之重要性

对于西方马克思主义研究而言，朱迪斯·巴特勒发展了从马克思到后马克思思潮的主体理论，并以此发展出一套影响深远的批判理论。

如有些学者所描绘的，"后马克思思潮"中真实的轨迹是"真正异质的逻辑、真正异质的他者，使得在资本的强大的同一逻辑中难以为继的批判乃至革命再次从现实中凸显出来，只是(或者正由于)原来马克思主义的两大基础——所谓现代性的'生产主义逻辑'和工业无产阶级阶级主体被置换并弥散为文本、叙事、欲望和个人主体了"①。巴特勒的理论契合了这些理论特征，她反对同一性、均一化的主体观，强调多元与差异。从这个角度来说，她的主体理论是后马克思思潮发展的反映。

在政治经济学领域，权力的规范力量与主体的形成之间是一种什么样的关系，一直是一个被长久探讨的热点。从马克思开始，中经阿尔都塞、福柯，再到现在的巴特勒和齐泽克，关于主体与臣服的话题一直在不断地深化。马克思在政治经济学领域中使这个问题得以明朗，指出社会存在决定社会意识，人的本质在其现实性上，是一切社会关系的总和。② 阿尔都塞紧随其后，同样在政治经济学的视域中，将这个问题转化为劳动力的再生产和生产关系的再生产，发展了马克思的国家学说和意识形态理论，更具体地论证了"一切社会关系的总和"是如何建构主体的。而福柯，则超出了政治经济学的范畴，提出了权力的"微观物理学"，认为国家是众多微观权力谱系的矛盾综合体，而不是简单以统治阶级和被统治阶级、资产阶级和无产阶级的二元对立为基础的统一体。权力变成了一种毛细血管般微观却无所不在的存在。福柯对马克思的理论是批判的，但笔者认为，福柯并不是批判真正的马克思，而是批判被僵化理解的马克思，他自己也承认运用了马克思的理论。③ 与马克思认

---

① 张一兵、胡大平：《西方马克思主义哲学的历史逻辑》，418 页，南京，南京大学出版社，2003。

② 参见《马克思恩格斯选集》第 1 卷，56 页，北京，人民出版社，2012。

③ 参见［英］托马斯·莱姆克：《不带引号的马克思——福柯、规治和新自由主义的批判》，见［英］莱姆克等：《马克思与福柯》，陈元等译，14 页，上海，华东师范大学出版社，2007。

为"资本主义生产的真正限制是资本自身"不同，福柯排除了这种可能性：由于其内在矛盾，体系本身会产生一种力量，这种力量的多余部分是体系所不能控制的，因此炸毁了体系的统一体，炸毁了体系复制自身的能力。福柯的主体，是权力的主体，是被规训和惩罚的，是实现了的臣服，又是难以找到反抗的途径的，因为反抗事先就被权力机制征用了。

在这条思想线索中，巴特勒的理论特别值得关注，她和传统的左派的努力是一致的，思考的是"如何才能进行真正有效的反抗"。她接受了福柯就主体化所做的解释，并将其作为自己理论的出发点，但她又和福柯有一些差别。根据勒布朗的划分，我们在分析权力关系的范围内可以用两种方式来思考个体向主体的转变：或是强调权力的外在方面，其特征之一就是通过自己的力量产生身体行为、联想以及最终产生一种主体-功能；或是强调权力的内在方面，其主要特点是能思考对权力关系的依赖并能看到对权力关系的主观赞同。[①] 如果说阿尔都塞和福柯更多地关注前一个方面的话，那么巴特勒关注的则是后一个方面，即在对权力的依附关系中对被揭示的主观世界的展示。

不管是阿尔都塞，还是福柯、巴特勒，他们的研究都体现出一点，即所有问题都可以还原成社会历史关系的生产。巴特勒所关注的身体，不是自然的肉体，是各种社会历史铭刻之上的交错体对身体的塑造，即对社会关系的再生产过程。本书试图从主体性哲学发展的这条脉络上，

---

① 参见[法]勒布朗：《臣服：阿尔都塞、福柯、巴特勒》，见[英]莱姆克等：《马克思与福柯》，陈元等译，40—41 页，上海，华东师范大学出版社，2007。

对巴特勒的理论做出定位，并评价她所做出的贡献。

(四)巴特勒研究方兴未艾

朱迪斯·巴特勒在西方理论界影响巨大，涉及领域众多，国内对她的研究也处在慢慢成形的过程中。在性别认同的问题上，巴特勒对性别的述行性建构理论已经成为女性主义性别认同理论中影响较大的理论之一。在西方理论界，不仅仅在性别研究领域，在哲学、文学、政治学、法学，还在社会学、文化研究、后殖民理论、种族理论等领域，巴特勒的研究都已经引起广泛注目。这些研究领域对巴特勒的关注，最迟也是从她在 1990 年出版的《性别麻烦：女性主义与身份的颠覆》开始的，不管是对她的理论的吸收、赞成，还是批评、争议，这些学科都将她对主体形成理论的理解运用到可能巴特勒本人都没有预料的方向上。[①] 目前国内对她的理论的引入尚处于翻译、介绍阶段，对她的研究专著刚刚开始出现，而对其理论的运用也仅止于少量的文学分析，未来对其研究仍有很大的发展空间。

综上所述，笔者认为，巴特勒理论的研究在国内是一项非常值得深入研究的工作。不管是对现实的女性主义政治的发展，还是对女性主义政治理论的推动，对主体形成理论的反思，以及对后马克思主义思潮的了解和讨论，巴特勒的身体政治学都起到了极强的促进作用，具有很高的研究价值。

---

① Elena Loizidou, *Judith Butler*: *Ethics*, *Law*, *Politics*, New York, Routledge Cavendish, 2007，p. 157.

二、巴特勒生平、研究历程及其写作方式

作为一个为少数族群的权利进行斗争的写作者，巴特勒将自己的写作本身当成一种斗争的方式，因此她的研究历程和写作方式都相当独特。有鉴于此，为了对她有更深入的了解，在进入她的理论之前，本书先对她的教育背景和写作特点进行简要的介绍。

(一)巴特勒的生平及著作

朱迪斯·巴特勒，于1984年在耶鲁大学哲学系获得博士学位，现任加州大学伯克利分校修辞学系和比较文学系"马克辛·艾略特"(Maxine Elliot)讲座教授。她是当代著名的后现代主义思想家之一，在女性主义批评、性别研究、文学理论、当代政治哲学和伦理学等学术领域成就卓著。她开启了女性主义向后女性主义转型的进程，被公认为美国最重要的性别研究专家，也是当今西方首屈一指的酷儿理论学者，并在政治哲学领域影响甚大。她最近的研究兴趣主要集中于犹太哲学、伦理学，侧重于探讨国家暴力问题。她的作品包括《欲望主体：二十世纪法国的黑格尔哲学反思潮流》(*Subjects of Desire：Hegelian Reflections in Twentieth-Century France*，1987，以博士论文为基础写成)、《性别麻烦：女性主义与身份的颠覆》(*Gender Trouble：Feminism and the Subversion of Identity*，1990)、《身体之重：论"性别"的话语界限》(*Bodies that Matter：On the Discursive Limits of "Sex"*，1993)[①]、《权力的精神生

---

① 此书名在国内又译为《身体之重》，或者《身体至关重要》。下文主要采用的翻译是《身体之重》。

活》(*The Psychic Life of Power：Theories in Subjection*，1997)、《令人激动的言辞》(*Excitable Speech：A Politics of the Performative*，1997)、《安提戈涅的诉求：生与死之间的亲缘关系》(*Antigone's Claim：Kinship Between Life and Death*，2000)、《偶然性、霸权和普遍性——关于左派的当代对话》(*Contingency，Hegemony，Universality：Contemporary Dialogues on the Left*，2000，与拉克劳、齐泽克合著)、《脆弱不安的生命：哀悼与暴力的力量》(*Precarious Life：The Powers of Mourning and Violence*，2004)、《消解性别》(*Undoing Gender*，2004)、《讲述自我》(*Giving an Account of Oneself*，2005)、《谁为民族国家歌唱：语言、政治、归属感》(*Who Sings the Nation-State? Language，Politics，Belonging*，2007，与斯皮瓦克合著)、《战争的框架：不值得悲悼的生命政治学》(*Frames of War：When is Life Grievable*，2009)、《性别问题》(*The Question of Gender*，2011，与伊莎贝拉·韦德合著)、《宗教在公共领域中的力量》(*The Power of Religion in the Public Sphere*，2011，与哈贝马斯等合著)和《岔路：犹太性与犹太复国主义批判》(*Parting Ways：Jewishness and Critique of Zionism*，2012)等。其中《性别麻烦：女性主义与身体的颠覆》一书是巴特勒的成名作，卖出了 10 万多册，甚至在 1993 年促成了一份杂志——《朱迪!》(*Judy!*)的诞生。在乔治·瑞泽尔的《布莱克维尔社会理论家指南》一书中，巴特勒被列在马克思、韦伯、福柯、布迪厄这些伟大的名字之后，作为全书的结尾。[①] 巴特

---

① 参见［美］乔治·瑞泽尔主编：《布莱克维尔社会理论家指南》，凌琪、刘仲翔、王修晓等译，754 页，南京，江苏人民出版社，2009。

勒被认为对权力、社会性别、生物性别及身份认同均有出色的研究。①
她在文学和文化理论、哲学研究、心理分析、女权、性政治和社会政治
思想等领域推动了一场思想革命，形成 20 世纪 90 年代以来西方学界和
认同政治领域的"巴特勒"现象。

　　巴特勒出生于美国俄亥俄州克利夫兰市，是一个匈牙利和俄罗斯家
庭的后裔。她的母亲原本是一个正统犹太教（Orthodox Judaism）教徒，
后来皈依了保守派犹太教（Conservative Judaism），最后又转向了改革派
犹太教（Reform Judaism）。巴特勒的父亲从儿童时代开始就属于改革派
犹太教。在巴特勒的青少年时期，她主要在希伯来学校学习犹太哲学，
接受了"哲学上的第一次训练"。12 岁的时候，在回答一个博士候选人
的访问时，她说想"成为哲学家或小丑"②。在 2010 年接受以色列的知名
报刊《国土报》（Haaretz）的采访时，巴特勒说，她在 14 岁的时候就开始
了伦理学课程，少年时代的她曾被希伯来学校的拉比惩罚，因为她"在
课堂上太多话"，"表现得不好"③。可以说，巴特勒所接受的哲学方面
的"蒙学"，是犹太教哲学文化熏陶的。巴特勒还提到过，她在希伯来学
校的课堂上被马丁·布伯（Martin Buber）的理论所吸引，后者的理论让
她非常兴奋。但巴特勒的学习途径并不完全依赖学校，用巴特勒自己的

---

　　①　参见［英］伊丽莎白·赖特：《拉康与后女性主义》，王文华译，80—84 页，北
京，北京大学出版社，2005。

　　②　［美］朱迪斯·巴特勒：《消解性别》，郭劼译，239 页，上海，上海三联书店，
2009。

　　③　Udi Aloni, "Judith Butler: As a Jew, I was taught it was ethically imperative to
speak up", Haaretz（February 24, 2010）, http://haaretz.com/hasen/spages/
1152017.html, Retrieved February 24, 2010-02-27.

话来说，她"与哲学的最初接触是极其非经院的"，主要依赖于自学，为了躲避家庭纠纷，她躲在家里的地下室读哲学书籍。在那段时期，巴特勒接触到了斯宾诺莎、克尔凯郭尔和叔本华的书，这些哲学书籍构成了其对哲学的最初感觉。①

　　巴特勒后来就读于美国的本宁顿学院（Bennington College）和耶鲁大学，主修哲学。她学习哲学的初衷是"想知道该如何生活"②，并且认为阅读哲学文本和哲学地思考能给她带来关于生活的必要指导。但在学习的过程中，她感觉哲学的概念化使其与生活之间有脱节的危险。带着这种理想主义的幻灭感，巴特勒认为在学院中可能无法找到渴求的那种哲学。③ 或许这个时候，她的思想已经埋下了日后质疑哲学经典思维范式的反叛种子。

　　巴特勒在大学期间获得了富布赖特奖学金（Internstional Fulbright Science and Technology Award），这使她得以前往德国海德堡大学，师从汉斯-格奥尔格·伽达默尔（Hans-Georg Gadamer），系统地学习德国哲学。她在德国海德堡大学主修大陆哲学，主要研习了马克思、黑格尔、海德格尔、克尔凯郭尔、梅洛-庞蒂和法兰克福学派的学者们的理论。之后，巴特勒又回到耶鲁，开始阅读另一个重要思想家——福柯的理论。用她自己的话来说，在某个女性研究的研讨会上，她"发现"了福柯。

---

　　① 参见［美］朱迪斯·巴特勒：《消解性别》，郭劼译，242—244 页，上海，上海三联书店，2009。

　　② 同上书，244 页。

　　③ 同上书，244 页。

在 20 世纪七八十年代，巴特勒开始涉猎德里达的后结构主义理论。巴特勒于 1978 年获得哲学学士学位，于 1984 年获得哲学博士学位。她的博士论文题目是《黑格尔、科耶夫、依波利特和萨特的关于欲望的论题》(*The Projects of Desire in Hegel*, *Kojeve*, *Hyppolite*, *and Sartre*)，后来此文以《欲望的主体》为名于 1987 年出版，这是她出版的第一本书。

离开耶鲁大学之后，巴特勒到维思大学(Wesleyan University)做博士后研究，她开始接受自己曾经反对过的法国理论，为此她还修改了自己的博士论文，在其中加入了拉康、福柯和德勒兹的理论。① 福柯对巴特勒的影响非常大，巴特勒就是以福柯的理论为切口，来思考如何将哲学理论和政治运动结合在一起的，这直接促使她后来从哲学的角度去思考性别问题。②

巴特勒先后任教于维思大学、乔治·华盛顿大学(George Washington University)和约翰霍普金斯大学(Johns Hopkins University)，并于 1993 年进入加州大学伯克利分校教书。由于在人文科学研究方面的贡献，她在 2009 年获得安德鲁·梅隆基金会的杰出成就奖，并获得 150 万美元的奖金，这为她提供了优越的研究条件。2006 年开始，巴特勒成为瑞士欧洲研究院的哲学教授。她还是学术期刊《身份：政治、性别和文化》(*Identities*：*Journal for Politics*, *Gender and Culture*)的顾问委员会的成员。巴特勒致力于对伦理暴力进行批判，试图为那些社会中

① Sara Salih, *Judith Butler*, New York, Routledge, 2002, pp. 19-20.
② 参见[美]朱迪斯·巴特勒：《消解性别》，郭劼译，245 页，上海，上海三联书店，2009。

不可见的主体建立一种责任理论。①

　　大多数人对巴特勒的印象是一位酷儿理论、女性主义理论和性别研究专家，她主要以"性别述行性"、"戏仿"和"扮装"等惊世骇俗的性别理论闻名于英美学界。如果我们非要给她一个理论定位，确实可以将她说成是一个性别研究专家，因为她是以对性、性别的研究成名，并在学术界占据一席之地的，她最有名的书就是性别研究著作《性别麻烦：女性主义与身份的颠覆》及其续篇《身体之重：论"性别"的话语界限》。这两本书被认为是性别研究领域的必读书，也为酷儿理论、同性恋理论、女性主义理论研究学者们所推崇。但研究者们对她的界定并非如此简单。朱迪斯·巴特勒是加州大学伯克利分校修辞学系和比较文学系教授，但她从未写过一篇关于修辞学或者比较文学的论文。而且，虽然很少有人将巴特勒的理论和黑格尔联系在一起，但我们却常常能从巴特勒的文章中看到黑格尔的影子。巴特勒在 20 世纪 80 年代学习哲学，她的第一本书是关于黑格尔哲学在法国的传播的，之后的书则涉猎广泛，涉及精神分析、女性主义和后结构主义理论，与政治学、哲学、法学、社会学、电影研究甚至文学研究都有关系。所以，将巴特勒置于任何一个学科范畴中都是困难的。

　　但巴特勒的研究并非毫无章法可循，她的所有讨论其实都贯穿着一条主线，即对身份（identity）、主体是如何形成的这个问题的探究。她所有的著作都在以不同的方式追溯我们的主体是如何在现有的权力结构中形成的。她不断地质问"主体"的稳定性，不断地寻找主体形成的过

---

① Judith Butler-Biography，"The European Graduate School，" http：//www.egs.edu/faculty/judith-butler/biography，2017-12-18.

程。在她看来，主体不是一个个人，而是一个语言学结构；不是给定的，而是一直在形成中的。巴特勒总是在问"谁会成为一个主体？什么才能算得上是一个生命？"①

这种追问，实质上是那个萦绕哲学史几千年的千古大问——"我是谁？"——的现代变体。在这个经济全球化迅猛发展的时代，在这个"时空压缩"的时代，处处都是资本主义发展所带来的"创造性破坏"，我们再也无法像前现代的人那样，能在稳定的时空之中寻找自己的身份认同。"身份"的确认从来没有像今天这样遇到这么多的挑战。福柯在《词与物》中的预言准确地勘测到了这个时代的痛处——"人将被抹去，如同大海边沙地上的一张脸"②。当流变的社会历史大潮一股脑儿地卷走了我们的历史时，我们是谁呢？我们又该以什么样的方式重新寻找自我呢？

紧紧把握住巴特勒的这一条研究主线，她那些玄奥艰涩、主题多变的著述，就变得有章可循了。

(二)巴特勒的写作方式

巴特勒的写作以艰涩难懂著称，其写作方式极具特色，对读者很有挑战性，除了其理论背景比较复杂之外，她总是遵循一种非线性的写作方式。巴特勒理论的研究者之一，美国女性主义理论家萨拉·萨利赫(Sara Salih)也说，巴特勒的著作本身就好像她所说的主体一样，总是

---

① "What is Critique? An Essay on Foucault's Virtue", in David Ingram (ed.) *The Political: Readings in Continental Philosophy*, London, Basil Blackwell, 2001, p. 20.

② ［法］米歇尔·福柯：《词与物——人文科学考古学》，莫伟民译，506页，上海，上海三联书店，2001。

处于过程之中，既没有固定的开头也没有固定的结尾，是一种非线性的写作，阅读巴特勒的著作很难像看字母表一样，能从 A 按顺序找到 Z。① 本书虽然会按照巴特勒的写作顺序，选取巴特勒早期的四本代表作作为本书的主要分析对象，但是也必须在此说明，巴特勒的著作之间缺乏一种清晰的、线性的逻辑线索，她的写作，是以主体为主题的讨论，是发散式的、展开的。如萨拉·萨利赫所言，"过程"与"形成"的观念对于理解巴特勒的文章具有很重要的作用②。当然，巴特勒的这种写作方式并不是没有原因的，她将写作的方式也看作自己进行理论论争的工具之一，对此我们会在第一章进行进一步的讨论。

　　巴特勒的理论引起了很大的争议，毁誉参半。一方面，她被认为是美国最著名的性别理论家，是最经常被引述的"学术明星"③。而且，除了性别理论，她的理论还被用于多个学科领域。但另一方面，巴特勒的观点也被很多学者诟病，比如，著名女性主义理论家、被誉为身体研究理论的"教母"级人物的学者苏珊·柏杜（Susan Bordo）就认为，巴特勒将性别问题变成了一个语言问题，忽略了作为物质的身体是性别的主要内容。④ 关于巴特勒引发的争议，我们会在第五章进行进一步的讨论。

---

　　① 　Sara Salih, *Judith Butler*, New York, Routledge, 2002, p. 3.

　　② 　*Ibid.*, p. 3.

　　③ 　Thomas Rhiel, "Judith Butler, Big-deal Academic, Coming to Columbia," *Columbia Daily Spectator*, November 10, 2010, http: //spectrum. columbiaspectator. com/spectrum/judith-butler-big-deal-academic-coming-to-columbia, 2010-11-10.

　　④ 　Susan Hekman, "Material Bodies," *Body and Flesh*: *A Philosophical Reader*, ed. Donn Welton, Blackwell Publishing, pp. 61-70.

三、国内外巴特勒研究现状综述

(一)国内研究现状综述

虽然巴特勒在西方世界的影响甚大，但国内对她的引入与研究尚处于起步阶段。在译介方面，最早将巴特勒引入国内的是著名女性主义研究学者李银河女士，她于 2000 年出版了译文集《酷儿理论：西方 90 年代性思潮》，其中收录了巴特勒的《模仿与性别反抗》。李银河在文集的序言中对巴特勒的理论进行了简要的介绍，指出了巴特勒在性别研究中的重要地位，这是巴特勒的理论进入国内的开始，也是巴特勒的性别理论被国内女性主义研究加以应用的开始。2003 年，由于巴特勒在身体研究和文化研究中的影响，汪民安、陈永国主编的《后身体——文化、权力和生命政治学》收入了巴特勒《身体至关重要》一书中的第一章"身体至关重要"。2006 年，陶东风主编的《文化研究精粹读本》收入了巴特勒《身体至关重要》的序言。巴特勒的身体政治理论开始得到关注。但是，对于巴特勒在左翼理论中的表述，国内引介得较少，仅有一本巴特勒与拉克劳、齐泽克合著的《偶然性、霸权和普遍性——关于左派的当代对话》，由胡大平、高信奇等共同翻译，于 2004 年出版。2008 年，巴特勒的电影评论文章《性别在燃烧——关于挪用与颠覆的诸问题》被翻译成中文。同年，台湾学者林郁庭在台湾翻译出版了巴特勒的《性/别惑乱：女性主义与身份颠覆》。到了 2009 年，巴特勒著作的中译本在大陆大量出版，分别是《性别麻烦：女性主义与身份的颠覆》、《消解性别》和《权力的精神生活：服从的理论》。同年，上海人民出版社组织翻译出版的美国学者凯文·奥尔森主编的《伤害＋侮辱——争论中的再分配、承认和代表权》一书收录了巴特勒与马克思主义女性主义者南茜·弗雷泽(Nancy Fraser)的论争，其中巴特勒的《纯粹的文化维度》首次被翻译成中文。2011年，巴特勒的又一本重要著作《身体之重——论"性别"的话语界限》的中译本也由上海三联书店出版。2013年，巴特勒的伦理学著作《脆弱不安的生命——哀悼与暴力的力量》由学者何磊、赵英男翻译出版。

在研究方面，迄今为止以巴特勒为研究对象的学位论文已有一定的数量。关于巴特勒理论的学术期刊论文的数量从2008年开始呈现明显的上升趋势。这些论文的主题分为四类：一类是书评，集中于对巴特勒单本著作的评述；一类是介绍性的文章，主要介绍巴特勒的述行性理论；一类是将巴特勒的研究与后女性主义的发展联系起来，论述巴特勒在后女性主义中产生的影响；还有一类是将巴特勒的性别述行性理论用于文学作品的分析。

从研究者来看，几位有代表性的研究者不得不提及。最早对巴特勒的理论进行较为全面的介绍的是复旦大学的何佩群教授，她的《朱迪思·巴特勒后现代女性主义政治学理论初探》①，将巴特勒的理论置于女性主义理论的发展过程中进行考察，将巴特勒对身体、性别的论述与其政治上的解放策略联系起来。这种将巴特勒的性别理论中的政治色彩揭示出来的研究，目前在国内十分少见。北京语言大学的李庆本教授的《朱迪斯·巴特勒的后女性主义理论》②，对巴特勒在性别理论研究中产

---

①　何佩群：《朱迪思·巴特勒后现代女性主义政治学理论初探》，载《学术月刊》1999年第6期。

②　李庆本：《朱迪斯·巴特勒的后女性主义理论》，载《云南大学学报(社会科学版)》2009年第3期。

生的影响进行了介绍，认为巴特勒的理论打破了性与性别的稳定性。严泽胜的《朱迪·巴特勒：欲望、身体、性别表演》①也是目前在介绍巴特勒的理论文章中引用率相当高、不能忽略的一篇，他将巴特勒的理论与主体问题紧紧联系在一起，由此将巴特勒看似散乱的论述串联起来，这种研究方法对本书的启发很大。还有一位重要研究者是《性别麻烦：女性主义与身份的颠覆》的中译者、中山大学副教授宋素凤女士。巴特勒的表述历来以艰涩难懂著称，但宋素凤的翻译精细准确，为巴特勒理论在国内的传播做出了很大的贡献。马元龙的《棘手的主体：自主抑或臣服？》②，将主体理论从马克思到巴特勒、齐泽克的发展进行了考察，并揭示了巴特勒与齐泽克的理论论争，准确地将巴特勒的理论定位于主体问题上。孙婷婷的《朱迪斯·巴特勒的述行理论与文化实践》，是国内关于巴特勒理论的总体介绍的第一本专著，以巴特勒的述行理论为核心，对巴特勒的理论发展做了一个清晰详尽的梳理。目前，学者都岚岚、王楠、何磊和孙婷婷等已经展开了对巴特勒思想的深入研究，是目前比较有代表性的几位研究者。

整体来说，国内研究呈现以下特点。第一，国内对巴特勒的译介已经比较成熟，巴特勒最为有名的《性别麻烦：女性主义与身份的颠覆》等几本著作已经引入，但还不够完整，比如，她关于憎恨言说（hate speech）的重要著作《令人激动的言辞》尚未翻译引入。第二，研究尚不够全面，研究者集中于外国文学研究领域，偏重于将巴特勒的性别理论

---

① 严泽胜：《朱迪·巴特勒：欲望、身体、性别表演》，载《国外理论动态》2004 年第 4 期。

② 马元龙：《棘手的主体：自主抑或臣服？》，载《外国文学》2009 年第 4 期。

用于文学文本的分析，特别是她的酷儿理论，而忽略了她之后所提出的政治理论，对于巴特勒与左翼批判理论的关系也很少涉及。第三，虽有对巴特勒的单本著作的书评出现，但是对她的著作进行深度的文本解读的研究尚少。第四，巴特勒研究在西方已经成为显学，然而国内学界对其利用情况明显不足，仅在文学批评中有些许运用。虽然巴特勒的性别理论在中国语境中可能过于激进，但笔者认为至少在文化研究和主体性哲学研究领域，巴特勒的理论应该得到更多的运用。简而言之，虽然何佩群教授从 1999 年开始就对巴特勒的理论进行分析介绍，但是到目前为止对巴特勒的研究依然还没有形成规模，只能说尚处于起步阶段。

(二)国外研究现状综述

英语学界对巴特勒的研究已经颇为成型。目前可以查询到的关于巴特勒研究的期刊论文已超过 200 篇，直接以巴特勒理论为研究主题的、比较有代表性的专著有 8 本，以巴特勒为一章的专著至少有 15 本，以巴特勒为题目的博士论文也有相当的数量。[①]

就笔者筛选的 8 部影响较大的巴特勒研究专著，按内容分为四类简述如下。

第一类：对巴特勒的基本理论进行介绍的导论性专著。西方学界对

① 比如，得克萨斯大学奥斯汀分校博士 Katherine Lowery Cooklin 的"Poststructuralist Subjects and Feminist Concerns：An Examination of Identity，Agency and Politics in the Works of Foucault，Butler and Kristeva,"伯克利神学联盟研究生院博士 Christina K Hutchins 的"Departure：Using Judith Butler's Agency and Alfred North Whitehead's Value to Read Temporality Anew,"华盛顿大学的博士 Paul Scott Axelrod 的 "Political Legitimacy and Self-loss（Thomas Hobbes，Judith Butler）"。

巴特勒的研究已经比较成体系，其最重要的特征是已经出现了比较全面的对巴特勒理论的介绍，也就是出现了导论性著作。这类专著的特点之一是都对巴特勒的性别理论进行了重点介绍，但又都没有止于性别理论，这些著作都提及了巴特勒的理论对其他领域的影响。其中比较有代表性的著作有三本。

被国内学者引用最多的一本是 2002 年出版的英国肯特大学讲师萨拉·萨利赫（Sara Salih）的《朱迪斯·巴特勒》（*Judith Butler*）[1]，萨拉·萨利赫还与巴特勒合编了《巴特勒读本》（*The Judith Buther Reader*）[2]，可见在某种程度上，巴特勒对萨拉·萨利赫的研究是认可的。萨拉·萨利赫的《朱迪斯·巴特勒》一书是英语学界第一部巴特勒研究专著，她准确地将巴特勒的理论聚焦于"主体"问题，认为巴特勒的理论促使读者不断地对"主体"之形成进行批判性的反思。这本书将巴特勒的理论置于它们形成的各种复杂的思想传统之中，将对巴特勒影响至深的黑格尔、弗洛伊德、拉康、福柯等的理论进行了简要的梳理，并按照时间顺序，用"主体"、"性别"、"性"、"语言"和"精神"五个概念对巴特勒的五本主要著作的内容及其影响进行了介绍。萨利赫强调，巴特勒的理论是一个开放的体系，但不会为政治策略给出一个既定的结果。该书最后还列出了巴特勒的作品年表与相关评论，对于进入巴特勒艰涩复杂的理论迷宫的研究者来说，这是一本不错的导读性的著作。

英国拉夫堡大学莫娅·劳埃德教授（Moya Lloyd）的《朱迪斯·巴特

---

[1] Sara Salih, *Judith Butler*, New York, Routledge, 2002.

[2] Judith Butler, *The Judith Butler Reader*, ed. Sarah Salih (with Judith Butler), Oxford, Blackwell, 2004.

勒——从规范到政治》(*Judith Butler: From Norms to Politics*)①也是一本相当有分量的书。这本书的特点是由巴特勒的性别研究转向到对其后的政治理论的评述。作者认为对性与性别关系的重思使巴特勒得以走向一种颠覆性的性别政治。作者认为不管人们是否同意巴特勒的理论，都不能忽略巴特勒对一些人们习以为常的观念的质疑，比如，性、性别、身体、能动性等概念。作为一本导论性的著作，作者并没有追求对巴特勒的思想进行一种大而全的介绍，而是紧紧抓住巴特勒对"一种可能的生活"的省思来梳理巴特勒的思想脉络。并且，此书是以文本分析为依托的，其研究方法非常值得借鉴。

英国赫尔大学讲师吉尔·贾格尔(Gill Jagger)对巴特勒的研究也非常值得重视，她在 2008 年出版了《朱迪斯·巴特勒——性别政治、社会改变和操演性的力量》(*Judith Butler: Sexual Politics, Social Change and the Power of the Performative*)②，此书不仅介绍了巴特勒的总体理论，还揭示了巴特勒所引发的争议，并将巴特勒的理论和社会实践联系在一起。这本书系统地介绍了巴特勒的理论及其所继承的理论传统，并且研究了她的理论对于理解主体性、能动性和政治实践的意义，认为她的理论对社会变革有一定的作用。总体而言，此书对巴特勒的介绍还是比较全面的。

第二类：对巴特勒理论所产生的影响进行全面介绍的著作。巴特勒的著作在很多领域都引起了回响，因此除了对她的理论进行介绍以外，

---

① Moya Lloyd, *Judith Butler: From Norms to Politics*, Cambridge, Polity, 2007.

② Gill Jagger, *Judith Butler: Sexual Politics, Social Change and the Power of the Performative*, London, New York, Routledge, 2008.

研究其理论所引起的回响的著作也开始出现。

在这类专著中，目前比较有代表性的是 2005 年出版的美国爱荷华州立大学华伦·布鲁门-菲尔德教授(Warren J. Blumen-feld)和美国康涅狄格大学玛格丽特·布林教授(Margaret Sonser Breen)主编的《巴特勒至关重要》(Butler Matters)①一书。这本书历时四年完成，汇集了人类学、考古学、社区研究、传播学、教育学、英语、社会学和妇女研究等各个学科的学者对巴特勒的评论，是目前少有的将对巴特勒的理论进行跨学科研究的文章结集出版的著作，从不同的研究视角对巴特勒在女性主义理论和酷儿理论中的贡献进行了评价。值得注意的是此书还收入了编者对巴特勒的访谈，收入了巴特勒对种族问题、"9·11"等政治事件的评论，可以用于了解巴特勒如何将自己的理论运用于实际的政治问题。

第三类：关于巴特勒在政治领域中产生影响的研究专著。虽然巴特勒以对性别理论的贡献而闻名，但她对政治理论产生的影响越来越受到重视。这类研究的可取之处在于，它不仅仅将巴特勒看作一个性别研究专家，还将其看作一个政治学家，一个激进民主政治的推行者。

在这些著作中，特别值得一提的是英国伦敦大学高级讲师埃莱娜·罗伊(Elena Loizidou)的《朱迪斯·巴特勒：伦理、法律、政治》②。此书主要研究的是巴特勒对伦理、法律、政治以及它们的相互关系的理解，

---

① Margaret Sonser Breen and Warren J. Blumen-feld, ed., *Butler Matters*, *Judith Butler's Impact on Feminist and Queer Studies*, Ashgate Publishing, 2005.

② Elena Loizidou, *Judith Butler*: *Ethics*, *Law*, *Politics*, New York, Routledge-Cavendish, 2007.

作者认为巴特勒对这些问题的研究可以归结为一个问题，即"我们如何能够拥有一种有价值的且有望实现的生活"。作者认为有两种理论贯穿了巴特勒的研究，即述行性理论和黑格尔的关于承认的学说，因此解读巴特勒也应该从这两种理论视角进行。因为，如何拥有一种更好的生活，也是人如何作为一个可被理解、被承认的主体的过程。作者提出了一个重要的观点：巴特勒的政治理论以及她对政治的理解是通过她对"身体"的阐释表达出来的。巴特勒的"具身化的主体"就是政治的行动者。身体是通过规范才能存在的，但是身体对规范的反抗又是使差异的生命得以被理解的条件，因为言语是无法穷尽身体的可变性的。对于了解巴特勒的理论在政治理论层面的影响，罗伊的研究很有借鉴价值。

英国布里斯托大学政治学教授特瑞尔·卡弗（Terrell Carver）和斯望西大学高级讲师萨姆·钱伯斯（Samuel A. Chambers）的合作研究也相当引人注目，他们合著的《朱迪斯·巴特勒与政治理论：麻烦政治》①将巴特勒的理论策略和政治观点命名为"麻烦政治"，认为其是一种不停地进行质疑，并将会改变原有的政治观念的理论。作者认为虽然巴特勒最为有名的是作为一名"性别麻烦"的制造者，但是她并不只是（巴特勒也一直拒绝承认自己是）"性别理论家"，她在政治领域也应该有其应有的地位，这一点在"9·11"事件之后更应得到重视，作者甚至认为巴特勒的时代刚刚到来。作者认为巴特勒的理论也将给政治理论带来"麻烦"，因为巴特勒质疑了历史和文化中的个人主体的存在，而在主体被解构之

---

① Chambers，Samuel Allen，and Carver，Terrell，*Judith Butler and Political Theory：Troubling Politics*，New York，Routledge，2008.

后，没有了哲学范畴依托的个人应该如何进行政治行动呢？作者认为这个问题会给政治理论带来新的东西，会在质疑原有观念的自然性的基础上，为对民主的理解带来开放性。作者还认为通过描述巴特勒关于异性恋的省思，这可以发展一套关于颠覆的理论，而巴特勒著作中关于规范的政治学应该成为政治学研究的核心。

卡弗与钱伯斯除了自己书写关于巴特勒的著作之外，还合编了一本《朱迪斯·巴特勒的不稳定的政治：重要的相遇》(*Judith Butler's Precarious Politics：Critical Encounters*)①，这本书为政治学理论与巴特勒的理论对话提供了一个平台，收集了 13 篇来自不同研究领域的学者的文章。这些文章不是对巴特勒的政治理论的介绍，而是政治学家们对巴特勒理论的回应以及应用。此书视角广阔，涵盖了从 20 世纪 80 年代至 2008 年的对巴特勒核心作品的回应，从政治学的各个方面入手，发掘出较为全面的批判性视角。这本书与其说是关于巴特勒的理论研究，不如说是应用了巴特勒的理论去理解这个时代，用笔者的话来说，这本书是一种"介入"。书内各个专题既与传统的政治学理论有关，又触及了那些政治理论必然要触及的哲学命题。总的来说，这本书很好地反映出巴特勒的理论与现实问题的对话。

第四类：将巴特勒的理论用于宗教学研究的专著。巴特勒本人成长于一个犹太教家庭，也是在犹太学校中首次接触到哲学，她近年来的研究也多与宗教学有关，所以她的理论被用于宗教学研究并不奇怪。这类

---

① Chambers, Samuel Allen, and Carver, Terrell, *Judith Butler's Precanious Politics：Critical Encounters*, New York, Routledge，2008.

研究近来有越来越显著的趋势，并且已经出现了合集，比较有代表性的是出版于 2006 年的《身体的引用：宗教与朱迪斯·巴特勒》。① 这本书收集了不同领域的宗教学学者们应用巴特勒的理论所撰写的论文集，并收录了巴特勒的回应。宗教是人类文化的一部分，即使不关注宗教的人也难以摆脱其影响。在当代社会，宗教既可能成为冲突的源泉，也可能成为某种文化传统的不被承认的原因。并且，宗教也和性别、性属一样（有时也和它们纠缠在一起），是语言、物质性、理论和政治以某种复杂的方式混合在一起的处所。② 此书的主要文章都出自宗教学研究中比较有代表性的领域，比如，圣经研究、神学、伦理学和宗教史。基督教传统的神学家和伦理学家，从巴特勒的理论中汲取资源去应对新时代的挑战。他们也从宗教学的角度对巴特勒的理论提出了挑战，对巴特勒的理论进行了扩展和深化。这本书的问世，是巴特勒的理论被用于某个具体领域的典范。

从目前英语学界对巴特勒的研究状况来看，有如下几个特点。第一，导读性、介绍性的内容占了大多数，这应该和巴特勒的理论比较艰涩有很大的关系。人们常常不得不通过巴特勒研究专家的解读来了解巴特勒的思想。第二，巴特勒的性别理论依然是人们了解她的最初原因，但她由性别理论走向身体政治学，乃至她激进民主政治的转变也开始得到关注，人们开始试图用她的理论来研究少数族群的身份问题。第三，巴特勒在学界制造的几个新名词，比如，"述行性"、"强制性异性恋矩

---

①　Ellen T Armour，Susan M St Ville，*Bodily Citations：Religion and Judith Butler*，New York，Columbia University Press，2006.

②　*Ibid*.，p. ix.

阵"、"性别戏仿"等，激起的争论并未消散，并且在政治学领域也引起了越来越大的反响。目前，巴特勒研究依然是英语学界的热点。

(三)巴特勒研究的难点及前景

虽然巴特勒的理论已经引起了很大的关注，并且得到越来越多的研究，但是不能不承认的是，我们要真正对巴特勒进行深入研究并不是易事。

首先，巴特勒艰涩迂回的行文风格是对研究者的一大挑战。在英语学界，巴特勒素以语言晦涩著称，并且十分喜欢运用问号。1998 年她还曾因一个超长句子而"荣膺"美国《哲学与文学》杂志所颁发的"最差写作奖"第一名。但巴特勒辩称，她的行文风格也是她的政治策略的一部分。并且，对于她自己抛出的"述行性"、"异性恋矩阵"、"性别戏仿"等名词，她也从未给出具体的解释，而是以一种风格化的写作方式，让词义在写作的过程中呈现。研究者要真正读懂她，就必须穿透她的语言迷障，把握她的思想内核。

其次，巴特勒涉及的思想资源甚为庞大，除了她经常提到的黑格尔的思想、女性主义思潮、语言学理论和精神分析理论四股思潮之外，还包括古希腊哲学、犹太教的伦理学，还有现当代的尼采、海德格尔、德勒兹等的理论，另外她对马克思主义传统中的葛兰西、当代的拉克劳、齐泽克、南茜·弗雷泽、斯皮瓦克等哲学家的理论也有所涉及。而她所热衷的电影评论、文学研究和大众文化批判更是理解她的理论的重要媒介。这意味着我们要理解巴特勒的思想，就要有广阔的视野和深厚的理论功底，这对研究者的学力实在是巨大的考验。

最后，巴特勒是个相当高产的学者，现在仍十分活跃，并且她喜欢不停地修正自己之前的理论，所以研究者对巴特勒本身的文献的跟进也很重要。因此，如何消化和筛选巴特勒的文献，也是一项富有挑战性的工作。

虽然巴特勒研究在国内的进展尚有很长的路要走，但笔者认为至少有两条路径是值得深入的。一是在女性主义政治斗争领域，通过巴特勒分析后女性主义理论对传统女性主义理论的推进和批判，国内学者研究女性主义政治实践的走向。当下女性主义讨论依然在"差异与平等"的问题上争论不休、陷入僵局，女性主义运动也有走向学院化、精英化的趋势，巴特勒的理论是对这种困局的反映，也是对这种情况的反思。二是在主体哲学领域，巴特勒的论题虽然广泛，但其哲学根基始终都是"主体"问题，这条线索贯穿其理论的始终，即"主体是通过什么样的程序而得以存在的？主体是被用什么样的方式来建构的，以及这些建构方式是怎么运作的？为什么会失败？"[①]巴特勒在主体问题上的思考为我们提供了什么样的启示，是一个值得挖掘的主题。

基于此，本书的写作主要采取文本学分析的方式，立足于对巴特勒原著的细致解读，去捕捉巴特勒的思想变化脉络。本书的主体部分，共分为五章，分别是对巴特勒的思想背景、她面对的问题的介绍，以及对她早期的四本著作，即《欲望的主体》、《性别麻烦：女性主义与身份的颠覆》、《身体之重：论"性别"的话语界限》和《权力的精神生活：服从的理论》的分析，最后讨论她用自己的理论去解释现实的政治问题所激起的争议。选择这几本书作为主要的分析对象的原因是：一方面，这几本

---

① Sara Salih, *Judith Butler*, New York, Routledge, 2002, p. 2.

著作均以主体问题为讨论中心，具有一定的连续性；另一方面，这几本著作，能捕捉到巴特勒思想的微妙变化。如果说在《性别麻烦：女性主义与身份的颠覆》中，巴特勒还是一个以性别理论著称的女性主义研究学者，那么到了《身体之重：论"性别"的话语界限》，她已经开始转变为一个身体政治学家，以福柯式的"生命政治学"为其研究重心，而到了《权力的精神生活：服从的理论》一书及其之后的著作，巴特勒已经超出性别问题的狭窄领域，成为一个在公共话语中发声的激进民主政治家，她的研究重心是主体如何在权力中被塑造和管制，主体又如何寻找反抗之道。

我们将会在巴特勒的思想演变过程中，跟着她进行一场思想史的旅行。从某种意义上来说，巴特勒是一个在思想文本中进行越界的书写者，她挑战了学科之间、性别之间，以及话语之间的界限，并在一次次的越界中，提出自己的新观点，为生活寻找更多的可能性。

第一章 | 巴特勒的思想资源

克里斯蒂娃是"互文性"概念的较早的提出人之一；萨义德是对"纯文本性"意识形态提出"世俗性批评"的第一人；萨拉·萨利赫认为，巴特勒可能是指出理论家和哲学家的写作并不孤立，而与其他人的理论紧密相连的第一人。巴特勒认为，理论家的写作是没有原创性和独特性的。巴特勒这么说的原因有两个方面：一方面是因为，她认为他们的著作总是和前人的理论处于一种辩证的关系中；另一方面还因为，在她看来，所有的叙事都是和先前的论述处于同一种意义系统之中的。[①] 把握这一点对于后面理解巴特勒的理论具有很重要的作用，因为对于巴特勒来说，很难

---

① Sara Salih, *Judith Butler*, New York, Routledge, 2002, p. 5.

说哪些理论是她自己的"原创"，她总是借助其他理论家的理论来进行论述，并且总是将讨论域置于复杂的政治斗争中，所以我们必须对她写作的政治背景和理论背景进行一定的了解，才能进入她思想的内核。

另外，我要清楚地声明的是，在这本书中，我无法将所有在巴特勒的论述中产生影响的思想家的思想进行一个完整全面的、详尽的介绍，也不会对巴特勒的全部著作进行分析和讨论。因为，"巴特勒的阅读是无中心的"[1]，她的写作同样是发散的。鉴于巴特勒思想的复杂性和表述的抽象性，以及她的高产性，研究者对她的理论进行完整全面的介绍是不可能在一本书中完成的。所以，我将本书的论述集中在巴特勒早期的博士论文、其成名作《欲望的主体》、《性别麻烦：女性主义与身份的颠覆》及姐妹篇《身体之重：论"性别"的话语界限》，以及其后的《权力的精神生活：服从的理论》[2]中，并对相关的论述和她后期思想的发展进行一些简单的描述。虽然不能对巴特勒的著作进行全面介绍，但是我认为这四本书及其相关文献，已经涉及巴特勒的核心思想和主要话题，足以让读者对巴特勒有一个比较深入的了解。

如有些学者总结的，巴特勒所涉猎的话题可以总结为五个关键词：主体、性别、性、语言和精神。[3] 这些话题不是按时间顺序依次展开的，而是在她每本著作中交错出现的，我们会在本书重点分析的四本主

---

[1]　Moya Lloyd, *Judith Butler*: *From Norms to Politics*, Cambridge, Polity, 2007, p. 23.

[2]　后文正文中将多次提及《性别麻烦：女性主义与身份的颠覆》、《身体之重：论"性别"的话语界限》、《权力的精神生活：服从的理论》三部著作，为简明起见将省略副标题。——编者注

[3]　Sara Salih, *Judith Butler*, New York, Routledge, 2002, p. 14.

要著作中不断涉及这些话题。在讨论这些话题的过程中，本书将集中讨论的问题为：（1）集中评论巴特勒的身体政治学理论的缘起和发展；（2）聚焦于巴特勒与认同政治的争论，这其中以其与传统女性主义的争论为代表；（3）评价其在理论发展中产生的学理上的和现实中的影响。

在对她的理论进行介绍之前，我们必须要做的一项重要的工作是，对她的思想背景有一个大致的了解。我们会在这一章看到，巴特勒的思想是在西方社会发生复杂变化的情况下，受多种理论的影响而成的。正是在深受马克思主义思想影响的新社会运动中，在女性主义理论和法国黑格尔主义思潮的发展等多重语境影响之下，巴特勒才形成了自己独特的理论资源库。她既深受黑格尔、福柯、德里达、阿尔都塞的影响，也汲取了马克思主义、女性主义、法国身体理论的精粹。我们还会在后面的章节看到语言学家奥斯汀的理论、哲学家尼采的理论和精神分析理论对巴特勒的影响。我们会看到，虽然巴特勒汲取了这些思想家和思想流派的思想，但她和其中任何一派都不能画等号，相反，她对各个思想家的理论进行了一种意想不到的整合。

一、时代背景

作为一个思想家，巴特勒的一个重要特点是，她不是一个纯粹待在书斋中的学者，而是一个一直积极参与现实社会运动的社会活动家。巴特勒理论的生产情境与社会运动紧密相关，1999 年，她对《性别麻烦》的写作进行说明的时候，说道："它不仅是从学院里，也是从我参与其中、风云际会的各种社会运动里，并且是在美国东岸——在本书写成之前，我在那儿居住了十四年之久——的女同志、男同志社群的语境里生产的"，她还说，"在安身于学院的同时，我也在学院之墙外过着生活。"①因此，我们要理解巴特勒，首先要了解她的理论所面对的时代背景，了解"学院之墙外"的世界。

（一）新社会运动的兴起

20世纪60年代后期以来，西方的社会运动出现了一些新的特点。从20世纪70年代到80年代，发达资本主义国家的社会经济结构完成了从福特主义到后福特主义的内在转变，从以福特制生产方式为基础的后组织化资本主义，转向了以弹性生产方式为基础的后组织化资本主义，西方国家的资本主义发展为全球化的资本主义，西方社会发生了重要的变化。② 传统的阶级政治退居二线，那些工人阶级大规模反抗资本主义的运动渐渐沉寂下去，取而代之的是妇女运动、民权运动、同性恋解放运动、和平运动、反核运动和生态运动等特殊群体所进行的社会运动，这些运动带来了很多政治上的改变。有学者将这些运动称为一种特别的"运动产业"，或者"运动家族"，这一家族包括生态学运动、妇女运动、擅自占地者运动，以及其他各种为被歧视的少数派的权利而动员的运动（如同性恋者运动）③。这些

---

① ［美］朱迪斯·巴特勒：《性别麻烦：女性主义与身份的颠覆》，宋素凤译，11页，上海，上海三联书店，2009。

② 参见仰海峰：《西方马克思主义的逻辑》，306页，北京，北京大学出版社，2010。

③ 参见［瑞士］汉斯彼得·克里西等：《西欧新社会运动——比较分析》，张峰译，9页，重庆，重庆出版社，2006。

社会运动的关怀重点、抗议主题、组织形式、价值取向都完全不同于传统的阶级斗争，因而被研究者称为"新社会运动"。我们可以给这个运动一个简单的界定：

> 在当代发达国家兴起的、为实现一定的社会进步目标，由分属不同国家、民族、阶级和阶层的成员参加、采取多种多样的形式和方式开展的一种抗议和反对现存政府及其实行的某一政策的广泛的群众性的斗争。①

这个时期，就思想的发展而言，以现代性为主题的西方哲学开始转向到以后现代性为主题的后现代思潮。② "后马克思主义"的左翼思潮也在这个时期迅速地发展起来，这股思潮试图对新社会运动进行一种理论上的阐述，在实践上试图把新社会运动和传统社会主义运动的目标连接起来，提出在晚期资本主义情况下对社会主义策略进行新的思考，这些理论主张对左翼理论产生了巨大的影响，也引起了激烈的争论。③ 这股在法国"五月风暴"之后兴起的思潮，代表了西方马克思主义哲学经历的一次逻辑转换。一批西方马克思主义者离开经典的马克思主义，转向更加激进的并且是在后现代思潮中直接表现出来的后马克思批判思潮。这

---

① 吴广庆、王谨主编：《西方新社会运动初探》，1 页，北京，中国人民大学出版社，1993。

② 参见仰海峰：《西方马克思主义的逻辑》，306 页，北京，北京大学出版社，2010。

③ 参见付文忠：《新社会运动与国外马克思主义思潮：后马克思主义研究》，1 页，济南，山东大学出版社，2009。

股思潮的特点在于，明确地表示不赞成马克思主义，但又自认为承袭了马克思的某种批判性遗产，其中的代表有德鲁兹、布尔迪厄、鲍德里亚和齐泽克等。① 后马克思主义认为，新的政治认同是"非经济主义逻辑"的认同，这些政治认同从来都不是事先既定的，而是由各种因素复杂地建构起来的，用拉克劳与墨菲的话来说，这种政治是一种后现代政治哲学。② 凯尔纳对新社会运动做过这样的界定：

> 到了80年代，从对这一时期的政治运动的关怀中，产生出了对性别政治、种族政治、主体立场政治等的不同强调，而这些东西通常都被笼统地称为"后现代政治"。结果，各种边缘化群体和个人都为后现代理论所吸引，用它来言说他们立场的特殊性，并强调他们同其他团体和个人的差异。事实上，后现代政治可以看成是聚集在"认同政治"(politics of identity)和"差异政治"(politics of difference)两面大旗之下。差异政治试图用被从前的现代政治所忽略的那些范畴(如种族、性别、性偏好等)来建立新的政治团体；认同政治则试图通过政治斗争和政治信仰来建立政治和文化认同，以此作为政治动员的基础。③

---

① 参见张一兵：《20世纪70年代以来国外马克思主义的重大理论趋势和表现》，见张一兵、胡大平：《西方马克思主义哲学的历史逻辑》，416页，南京，南京大学出版社，2003。

② 参见付文忠：《新社会运动与国外马克思主义思潮：后马克思主义研究》，3页，济南，山东大学出版社，2009。

③ [美]道格拉斯·凯尔纳、[美]斯蒂文·贝斯特：《后现代理论：批判性的质疑》，张志斌译，267页，北京，中央编译出版社，1999。引文有改动。

在新社会运动中，传统的阶级政治让位于认同政治与差异政治。认同政治认为，一个人的认同，不管是女人、同性恋者或者亚裔美国人，都是集体政治（collective politics）的基础。认同政治有两个目标：一是克服对人进行压迫与边缘化的规范，这种规范阻碍了集团成员参与民主；二是创造集团自我决定的机会。

新社会运动带来的变化是同社会宏观转型息息相关的，"这种转型首先意味着传统分裂的弱化，人们摆脱了传统的阶级、宗教和家庭的纽带。结果是前所未有的程度上的个体化，但不是结构的和文化的束缚解体"①。也就是说，新社会运动的参与者有着非常突出的个人主义倾向，他们没有明确的行为规范和目的，也不再有严密的组织和固定的角色，往往围绕种族、移民、民权、性别、环境、社会福利、社会公正等引起公众高度关注的重大社会和政治问题提出抗议和诉求，强调不以阶级为中心形成政治认同，他们认为在身份、教育和代际类型等方面的共同之处大于阶级共性。在传统工人运动逐渐消弭的发达国家，"新社会运动"以社会审视者和批判者的形象出现在社会政治舞台上，它是当代西方发达国家深刻表达社会矛盾的产物和表现，也是当代西方社会历史发展的一个重要组成部分。

对于巴特勒来说，新社会运动是她所面对的最大的社会情境。对于她来说，一方面，新社会运动的进行使她所面对的现实问题变成在新的历史背景中思考少数族群的社会运动的走向问题。比如，在新社会运动

---

① ［瑞士］汉斯彼得·克里西等：《西欧新社会运动——比较分析》，张峰译，10页，重庆，重庆出版社，2006。引文有改动。

中，以认同为基础的运动，特别是妇女运动和同性恋运动，在代表他们的成员发声的时候遭遇到了一些困难。巴特勒的成名作《性别麻烦》就是在认同政治遭遇到质疑和争议的时候出现的。

另一方面，巴特勒的理论和后马克思主义有着千丝万缕的关系。巴特勒虽以性别理论成名，但花费了大量精力进行身体政治学研究，并且被一些唯物主义学者指责为过分关注语言，而忽略社会实践。但是不要忘记，巴特勒一直都是一个处于左翼阵营中，对资本主义的文化统治进行批评的人。"巴特勒政治努力的焦点和传统左翼人士是一样的：如何才能进行真正有效的反抗？如何才能真正削弱或者取代现存的社会象征秩序？"①有学者指认，巴特勒是具有很强的马克思主义色彩的学者，

> 人们肯定会注意到马克思的幽灵对巴特勒的写作的影响。毕竟，是马克思尖锐地提出了"社会关系独立于社会意识"（social relations independent of our will）。马克思对商品关系的自然化、对其虚假的历史性的暴露对巴特勒也有影响。②

实际上，除了对马克思某些理论的借鉴，巴特勒最核心的关注点——对主体形成的思考——是和马克思主义理论一脉相承的。从她的理论和马克思主义理论的承继关系上看，她甚至可以被理解为一个后马克思主义者，她和这个阵营中的学者一样，一方面对资本主义社会进行

---

① 马元龙：《棘手的主体：自主抑或臣服？》，载《外国文学》2009 年第 4 期。

② Samuel Allen Chambers and Terrell Carver, *Judith Butler and Political Theory: Troubling Politics*, New York, Routledge, 2008, p. 31.

激烈的批判，另一方面又和马克思主义保持一定的距离。① 在后马克思主义思潮中，她所处的理论脉络，是从葛兰西经阿尔都塞到拉克劳与墨菲形成的一条以霸权的话语链接为主题的后马克思主义的激进民主策略理论，有学者指出，这是一条具有政治哲学意蕴的后马克思主义思路。②

我们知道，马克思从社会关系的角度来解释人的本质，也指出了社会存在决定社会意识，人们的种种意识都是在生产活动中形成的。但是，马克思虽然在《德意志意识形态》中对意识形态进行了阐发，并指出了意识形态本身的独立性和能动性，但没有说明人的主体是如何受控于某种意识形态的，这个问题由西方马克思主义的多位干将，譬如，卢卡奇、阿尔都塞等进行了阐发。巴特勒的主体理论就处在阿尔都塞的理论线索上，阿尔都塞在他的《意识形态和意识形态国家机器》中，将意识形态的能动性与人的主体形成联系在了一起。在以霸权的话语链接为主题的后马克思主义的激进民主策略理论中，阿尔都塞的意识形态理论与多元决定论起到了理论的中介作用。③ 在阿尔都塞那里，主体的建构并不是一个形而上学的问题，在资本主义社会，这是一个政治经济学问题，即劳动力的再生产和生产关系的再生产。他通过发展马克思的国家学说和意识形态理论，用更加精细的笔触描绘了意识形态是如何作用于一个主体的形成的。他的学生福柯，在他的基础上，将自己的研究触角伸向

---

① 参见张一兵：《20 世纪 70 年代以来国外马克思主义的重大理论趋势和表现》，见张一兵、胡大平：《西方马克思主义哲学的历史逻辑》，416 页，南京，南京大学出版社，2003。

② 参见仰海峰：《西方马克思主义的逻辑》，307 页，北京，北京大学出版社，2010。

③ 同上书，308 页。

更幽微的、毛细血管般细致的社会生活的深处，将在马克思、阿尔都塞那里的相对宏大的国家理论，用他的"微观物理学"的独特方式，转变成一种更注重细节的主体形成学说。福柯对巴特勒的影响非常之大，甚至可以说得上是对巴特勒影响最大的思想家。

和马克思、阿尔都塞一样，福柯也认为，主体尚未获得对自己生活的控制权，其存在处处都有社会生活的痕迹。在《规训与惩罚》中，福柯对监狱、学校、军营和医院的机构进行了不同于阿尔都塞的分析，其最大的不同在于，他是从"惩罚"而不是从"教化"的角度来讨论这些机构的。福柯重思了什么是"规训"，对他而言，

> 具有全景敞视结构的规训型社会的特点主要在于对规训的颠覆：这些规训远非一些只起否定作用（禁止、驱逐、阻止）的封闭机构，而是一些开放而灵活的机制，这些机制在"遍布于社会中的监控中心"基础上不断延展自身。①

君主社会中的严厉暴烈的规训，在现代社会中转变成一种监控的程序。在规范的要求之下，为了造就有用的个体而不断地发挥作用，这种个体就是现代社会所需要的"主体"。福柯对巴特勒产生重大影响的地方在于，他认为通过"规训"，权力不仅仅是压迫性的，还是生产性的。在对个人进行"规训"的过程中，权力将个人对象化，对个人进行检查、裁

---

① ［法］勒布朗：《臣服：阿尔都塞、福柯、巴特勒》，见［英］莱姆克等：《马克思与福柯》，陈元等译，43页，上海，华东师范大学出版社，2007。引文有改动。

决，并生产出关于个人的知识，这样的一种规训的权力是具有生产性的。"它生产现实，生产对象的领域和真理的仪式。个人及从他身上获得的知识都属于这种生产。"①

而这种规训，是通过对身体执行一种严格的纪律来进行的。规训权力对身体的活动进行了精细的规划，并在时间上严格控制，对人的每一个动作、行为、过程都有严格的时间限定，并对人体的姿态反复操练，不放过身体的任何一个部位，将身体变成一个工具。"这是一种操练的肉体，而不是理论物理学的肉体，是一种被权威操纵的肉体，而不是洋溢着动物精神的肉体，是一种受到有益训练的肉体，而不是理性机器的肉体。"②通过对身体姿态的精密设计和控制，肉体被顺利驾驭，变得有用也变得顺从，这个过程就是把特定的个体变成符合要求的主体的过程。

> 为了控制和使用人，经过古典时代，对细节的仔细观察和对小事的政治敏感同时出现了，与之伴随的是一整套技术，一整套方法、知识、描述、方案和数据。而且，毫无疑问，正是从这些细枝末节中产生了现代人道主义意义上的人。③

马克思对经济结构、生产关系的论述，到福柯这里就成了对权力的论述。权力与身体的关系，即生命权力（biopower），成为福柯的主体理

---

① ［法］米歇尔·福柯：《规训与惩罚》，刘北成、杨远婴译，218 页，北京，生活·读书·新知三联书店，1999。

② 同上书，175 页。

③ 同上书，160 页。

论的关键词。国家，必须在权力关系的基础上才能运转，"只有扎根于一系列多样的、不明确的、构成作为消极的重要权力形式之必要基础的权力关系，才能维持自身"①。福柯比阿尔都塞走得更远的地方在于，权力，在福柯这里，是微观的，是弥漫于日常生活的层面的，在社会的每个毛细血管里无休无止地实践着、渗透着。

综上所述，从马克思开始，经过阿尔都塞、福柯的发展，主体理论不断得到修正、补充，但其中有些东西是一脉相承的。马克思指出了社会存在对人的影响，指出人是存在于特定的社会关系中的人，主体必须被置于社会生活中去理解。阿尔都塞进一步指出，为了劳动力的生产和生产关系的再生产，国家机器是如何通过意识形态作用于主体的生成的。接着，福柯将主体的生成理论推向了更加微观的日常生活层面，将主体与身体规训联系在一起，让我们看到权力是与对人体的规划分不开的。吸收了福柯理论的巴特勒，不再直接对马克思所说的生产关系进行探讨，而是走向了福柯式的对权力的批判，所以说巴特勒既处于马克思主义思想的演变链条中，又和马克思主义理论保持着某种微妙的距离。巴特勒就是在这个基础上，发展出了自己的主体理论。

阿尔都塞和福柯将马克思对主体的思考推进到了更加微观的领域，和人们的文化生活乃至日常生活联系在一起。但是，他们在解释权力对主体的全面塑造、控制的过程中，并没有说明主体是如何将这种控制内化的，也没有指出主体是不是可以反抗这种无所不在的控制。这些，恰

---

① [法]米歇尔·福柯等：《福柯集》，杜小真编选，438页，上海，上海远东出版社，1998。

恰就是巴特勒接着要做的事情。

法国学者勒布朗认为，人们在分析权力关系的范围时往往会用两种方式来思考个体在其中是如何转变为主体的：要么是强调权力的外在方面，即通过自己的力量产生身体的行为、联想以及最终产生一种主体的功能；要么是强调权力的内在方面，特点在于去思考对权力关系的依赖并能看到对权力关系的主观赞同。①

阿尔都塞的《意识形态和意识形态国家机器》和福柯的《规训与惩罚》都着眼于前一个方面，巴特勒则从后一个方面对主体问题进行了阐发。阿尔都塞和福柯，都揭示出了主体如何被一种权力关系，也即意识形态或者纪律所形塑的，也就是说，这种权力关系通过对主体的肉体和精神施加影响而迫使其服从。巴特勒同意并吸收了这种观点，并进一步试图揭示在权力的依附关系中的主观世界是怎样的，也就是进一步解释为什么主体会在权力的影响下产生一种心甘情愿的服从。我们将会在第四章对这个问题进行深入的讨论。

并且，如有学者指出，"在主体的建构这个问题上，阿尔都塞全部关注的是意识形态的训唤（interpellation），福柯关注的则是规训和惩罚。这就导致二者具有一个相同的局限，那就是对反抗估计不足"②。而巴特勒始终思考的是主体的反抗如何可能，我们有没有可能在权力的控制之下寻找一种别样的、更自由的生活。对反抗的可能性的追寻，是巴特勒一以贯之的理论诉求，我们将在后面几章的讨论中，始终思考这个问题。

---

① 参见[法]勒布朗：《臣服：阿尔都塞、福柯、巴特勒》，见[英]莱姆克等：《马克思与福柯》，陈元等译，40—41 页，上海，华东师范大学出版社，2007。

② 马元龙：《棘手的主体：自主抑或臣服?》，载《外国文学》2009 年第 4 期。

接下来，我们再来了解一下在新社会运动中，巴特勒所直接面对的具体的社会运动——女性主义运动和同性恋政治的发展。

(二)女性主义运动的发展

作为新社会运动中的重要组成部分，女性主义运动的发展是巴特勒最为关心的。从 1792 年，玛丽·沃斯通克拉夫特(Mary Wollstone-craft)完成了历史上第一部重要的女权主义理论著作《女权辩护》开始，西方女性主义理论已经走过了 200 多年的历史。女性主义的历史发展，一直有着不同的分期方法，如"两次浪潮"、"三次浪潮"、"四次浪潮"、"代际说"等。在我国，被学界最为接受的当属"两次浪潮"说，这种分期方法认为，第一次女性主义浪潮产生于 18 世纪末，以争取妇女在政治上的平等为目标，为妇女争取选举权；第二次女性主义浪潮则开始于20 世纪 60 年代，这时候女性主义理论研究得到了长足的发展，以自由主义女性主义、激进主义女性主义和马克思主义女性主义为直接代表。这次浪潮波及范围极广，涉及欧美各个发达国家，并使女性主义理论在学术研究领域生根发芽。西蒙娜·波伏娃的《第二性》、凯特·米利特的《性的政治》、贝蒂·弗里丹的《女性的奥秘》等重要的女性主义理论著作都在这个时期得以传播并产生影响。

第一次妇女运动的女性主义先驱们取得了很大的成就。通过她们的努力，妇女们在选举权、教育和就业方面获得了比以前更多的权利。从这个意义上来看，第一次妇女运动是成功的。但是，从另一方面来看，传统的性别分工并没有得到根本的改变，女性依旧在家庭和社会中受到歧视，并且这种歧视变得更加隐蔽，女性主义者们发现，对于女性来说，选举权、教育权和就业权的获得只是一种表面的平等，真正的平等并没有实现。所以，在第二次妇女运动中，女性主义者的斗争目标发生了改变。

首先，对不平等的批判不再是停留在社会现实层面的批判，而是针对性别歧视的观念进行的批判。女性主义者的目标是批判性别主义、性别歧视和男性权力。[①] 比如，在以自由主义女性主义为指导的女性主义者那里，消除两性差别，使两性趋同是她们的奋斗目标。贝蒂·弗里丹就在她的《女性的奥秘》中猛烈地抨击了将温顺服从划归为女性独有气质的观点，她认为，关于女性的"神话"是荒谬的，这种神话认为女人的最高价值和唯一使命就是她们自身女性特征的完善，并且这种本性的完善，只存在于由男人主宰一切，女人在性方面温顺服从和对孩子的母爱之中。[②] 特别值得一提的是葛罗莉亚·斯坦能的观点，她提出一个假设——"假如弗洛伊德是费丽丝"，她将弗洛伊德的生涯的承担者变成一个女性，这种错位使人看到了性别等级的荒谬。

其次，在得到了就业权之后，第二次妇女运动的女性主义者们面对的不再是妇女能否就业的问题，因为到了 20 世纪下半叶，妇女的就业已经非常普遍了。但是，女人们依然很难在平等的就业机会和传统母亲的角色之间取得平衡。在这个问题上，女性主义者内部出现了不同的声音，有人认为女人应当在劳动市场上和男人平等竞争，有人则认为应当争取对女性的特殊保护政策。这个问题也可以转化为另一个问题：女性是应该认同并模仿男性的生活方式，还是应当创造一种女性自己的生活方式。

[①] 参见李银河：《女性主义》，26 页，济南，山东人民出版社，2005。

[②] 同上书，30 页。

最后，第二次妇女运动的女性主义者们开始对公、私领域的界划进行挑战，她们提出"个人问题就是政治问题"的口号，强调了身体在性别政治中的重要性。第二次妇女运动的重要内容之一，就是反对选美，将女性从美貌竞争的压力中解放出来。女性总是用男性的审美方式来判断、评价女性的身体，因此过于注重外在的形象，而忘记内在的身体感受。在这个过程中，"女性永远在与模特的幽灵做不公平的竞争，以绝大多数女性镜子中平凡的自我形象与模特做泯灭女性自信心的竞争"①。

另外，在理论特点上，第一次妇女运动虽然也有文化女性主义、激进女性主义、马克思主义女性主义等女性主义理论的发展，但这些理论对这次运动的影响没有自由主义女性主义巨大。在自由主义女性主义的影响下，第一次妇女运动强调男女本性上的相同，重视对教育权的争取，而且对理性的推崇是她们的特点之一。但到了第二次妇女运动，自由主义女性主义在理论上的领先地位被其他派别的女性主义理论消解了，女性研究呈现出百花齐放、各不相让的姿态。特别是激进主义女性主义、马克思主义女性主义、文化女性主义和精神分析女性主义，都提出了很多具有启发意义的理论，在第二次妇女运动期间他们掀起了一次影响至今的女性研究热潮。

但是，在第二次女性主义思潮尚处高峰的时候，社会中出现了对它的质疑。② 到了 20 世纪 80 年代，一股新思潮的注入使女性主义运动进入了一个新时期，这个思潮即后现代主义思潮，女性主义运动也进入了

---

① 李银河：《女性主义》，33 页，济南，山东人民出版社，2005。
② 参见［美］贝尔·胡克斯：《女权主义理论：从边缘到中心》，晓征、平林译，5 页，南京，江苏人民出版社，2001。

发展的"第三次浪潮"。与女性主义一样，后现代主义本身是一个庞大松散的理论思潮，然而以启蒙理性为代表的宏大叙事的合法性，是后现代主义思潮较为一致的消解目标。在相当长的一段时间内，后现代主义与女性主义是两个并行发展的政治文化流派，而且关注的焦点各不相同，后现代主义更偏重于哲学上的创新，女性主义则更关注社会批判。按照南希·弗雷泽（Nancy Fraser）与琳达·尼科尔森（Linda Nicholson）的观点，"它们二者之间一直保持着一种令人深感不安的距离"，而且"各自对对方作出了一些重要的批判。后现代主义认为女权主义理论没有能够摆脱本质主义的影响；而女权主义则认为后现代主义仍是男性中心主义的，而且在政治上过于天真"①。

　　在新社会运动中，后现代主义和女性主义理论开始出现了合流，在后现代主义思潮的影响下，女性主义运动出现了新的动向。女性主义者们开始致力于女性文化的理论建构，关注女性主义内部的多元文化身份和性别的多元属性，巴特勒的理论就是在这股思潮中发展起来的。在后现代主义的影响下，女性主义者们认为，"女性"应该由单数的"woman"变成复数的"women"。女性主义者们面临的问题变为如何一方面能应对女性之间的差异性，另一方面又能保持一种统一的政治行动的可能性。② 有一部分女性主义学者，被定义为差异女性主义，又称解构女性主义，其理论资源涉及英美文化圈中的克里斯蒂娃、伊里加蕾、西苏

---

　　① ［美］南希·弗雷泽、琳达·尼科尔森：《非哲学的社会批判——女权主义与后现代主义的相遇》，见李银河主编：《妇女：最漫长的革命——当代西方女性主义理论精选》，127—128 页，北京，中国妇女出版社，2007。引文有改动。

　　② Moya Lloyd, *Judith Butler: From Norms to Politics*, Cambridge, Polity, 2007, p. 5.

克，以及拉康、福柯和德里达。巴特勒直接吸收了这一批学者的理论，这些学者的思想虽然各不相同，但都同样认为，主体是处在过程中的，在某种意义上说是永远处于未完成中的。他们也都认为，语言、话语/权力对主体的建构有重要的作用。他们都反对一个同一的"女性"概念。他们所遭到的质疑是，如果女性不存在，那么女性主义解放如何进行？如果主体是权力、话语、语言等的结果，那么它如何改变自己的屈从状态？我们会在本章的第三节对这股思潮进行详细的介绍，这里姑且存而不论。我们还会在下文看到，巴特勒的很多著作都在回答这些问题。

(三)同性恋政治的挑战

最后，我们要简单提及的是巴特勒的理论产生的另一个背景，即与女性主义运动变化相伴的同性恋政治的变化。从男同性恋运动、女同性恋运动到酷儿运动，和女性主义运动一样，这些政治运动也是一个分裂的、碎片化的、政治性的运动。

在某种程度上说，理解男性和女性同性恋运动要比把握像环境运动这样的工具性运动更为复杂。后者的目标实现几乎百分之百地取决于外部世界——对手、权力当局和盟友，而在男性和女性同性恋运动的历史上，针对权力当局和反对对手的阵线是随着内部倾向的活动而改变的。①

---

① [瑞士]汉斯彼得·克里西等：《西欧新社会运动——比较分析》，张峰译，189页，重庆，重庆出版社，2006。引文有改动。

　　和女性主义运动一样，男女同性恋之间，不同阶级、种族的同性恋之间的紧张程度不断提高，早期同性恋团体中的认同开始分裂。对此，很多理论家提出的解决问题的一个方法是以"不看作'自然的和普遍的'，而看作'社会的和历史的'逻辑去看待认同问题"①，将认同看作一种社会建构。20世纪80年代，在同性恋运动中产生了另一种转变，即在福柯的理论影响下，统一的同性恋认同被认为是规范化的和规训的，同性恋内部出现了本质论和建构论的对立。向社会建构论的转变是酷儿理论与政治开始的标志。双性恋（bisexuality）运动的出现也是酷儿运动兴起的原因。

　　"酷儿"原本是对同性恋的一种贬义性的称呼。但在今天的美国，人们对于同性恋越来越宽容。2015年6月26日，美国最高法院做出一项历史性的裁决。美国最高法院的9名大法官以5比4的结果裁决同性婚姻合法，这意味着同性伴侣今后可在全美50个州注册结婚。同性婚姻合法化问题在美国已经被争论了数十年，美国社会在这个问题上也由最初的排斥转向了认同。实际上，在美国最高法院做出裁决之前，全美50个州中已经有37个州允许同性伴侣注册结婚。但这只是同性恋群体在争取平等权的道路上的一个阶段性进展而已，在世界范围内对性少数群体的偏见依然非常普遍，这使得性少数群体仍然不断地投入为边缘人群争取合法权利的运动中去，在这个过程中，他们喜欢自称"酷儿"，由此这个词从一个贬义的指称逐渐转化为一种对自我的认可和赞许。有学者

① Moya Lloyd, *Judith Butler: From Norms to Politics*, Cambridge, Polity, 2007, p. 9.

总结说，"酷儿"一词经历了历史的演变，具有多义性：它既可泛指某人的性格或行为奇怪、古怪、不同寻常；又可以特指同性恋，是指称其病态、变态的贬义称呼，还可以指同性恋的自我肯定。[①] 如今，酷儿运动已经不仅仅局限于同性恋群体，还包括所有边缘人群争取平等权的活动，酷儿也不仅仅指同性恋人群，还与种族、阶级问题相交错。巴特勒是酷儿运动的代表性人物，其核心理论在酷儿理论和性别理论中影响很大，她为那些二元规范之外的男性和女性提供了一种建构身体和认同的另类路径，挑战了主体认同的稳定性。所以，巴特勒的书被酷儿政治视为奠基作之一。

简要了解了巴特勒的理论产生的社会背景之后，我们要进入她的理论语境之中，巴特勒的理论背景非常庞杂，本章只涉及其最核心的关于欲望、主体、性别和身体问题的理论背景，至于她与精神分析理论的争论，她的语言学背景，我们会在具体讨论她的著作时进行论述。

二、女性主义理论的发展

随着时代的发展，女性主义者们所面对的现实环境发生了变化，原有的女性主义理论已经不足以解释女性在新时代中所面对的压迫，比如，在对待父权制的问题上，女性主义者们发现只把目光放在性别上已经不够了。在女性主义运动史中，父权制一直是女性主义理论家们的批

---

① 参见都岚岚：《酷儿理论等于同性恋研究吗？》，载《文艺理论研究》2015 年第 6 期。

判对象。著名的女性主义学者凯特·米利特在《性的政治》中指出，我们的社会是父权制的，"我们的军队、工业、技术、高等教育、科学、政治机构、财政，一句话，这个社会所有通向权力（包括警察这一强制性的权力）的途径，全都掌握在男人手里"[①]。但是，随着女权主义运动的不断深入，越来越多的女性投入到社会劳动大军之中，在不同的工作岗位上和男性一起竞争，女性不再囿于家庭（私人领域）之中，纷纷走入公共领域参与各种工作。在这种情况下，男性对于女性的优越地位受到了挑战，女性的生存状态也得到了一定的改观，甚至有人认为在经济不断发展的 21 世纪，女性已经渐渐不再受歧视，女性主义对父权制的种种控诉是多余的。但是，女性主义者们敏锐地发现，女性依然处于经济发展的边缘地带，虽然女性已经进入公共领域成为生产大军的一员，与男性并肩劳动，但是传统的家庭义务和父权制的文化观念依然左右着绝大多数女性的生活。特别是第三世界国家的女性、少数族裔的女性、女同性恋等女性群体纷纷提出，原有的女性主义理论并没有为她们发声，没有为她们争取应有的权益，这些理论是白人中心主义的。如有学者指出，"当代女性主义面对后现代主义对宏大叙述的瓦解，少数族裔妇女、第三世界妇女和同性恋妇女提出的'差异'问题，原有的方法论已经不足以适应当代复杂多变的社会文化环境"[②]。也就是说，女性主义研究仅仅关注父权制已经不够了，还要寻找女性主义理论发展的新方向。

---

① ［美］凯特·米利特：《性的政治》，钟良明译，38—39 页，北京，社会科学文献出版社，1999。

② 黄华：《权力，身体与自我——福柯与女性主义文学批评》，3 页，北京，北京大学出版社，2005。引文有改动。

在理论的边界不断受到冲击的情况下，在 20 世纪 70 年代到 90 年代，西方女性主义理论产生了一个明显的理论变化，它开始大量地吸收后现代主义、后结构主义等以"后"为特点的理论资源，为自己开辟新的理论空间。"女权主义理论在 20 世纪 80 年代最重要的变化可能来自后结构主义或后现代主义对它的重大影响。"①

巴特勒就是在这个变化过程中以性别理论成名的。在为巴特勒进行理论定位前，我们有必要先了解一下这股向"后"转的女性主义理论的特点。

(一)向"后"转的女性主义理论

当代西方女性主义思潮的一个重要特征在于，它吸收了后结构主义哲学的思想资源，特别是后结构主义者米歇尔·福柯的权力和话语理论、雅克·拉康的心理学和语言学理论，以及雅克·德里达的差异/延异理论和解构理论。这些理论资源与第二波女性主义浪潮是完全不同的。从某种意义上来说，在第二波女性主义浪潮的代表性理论中，不管是自由主义女性主义、激进主义女性主义还是马克思主义女性主义，都是以启蒙主义为其思想根基的，如莫林·马克尼尔（Mauren McNeil）指出："第二浪潮女权主义的先驱自认是启蒙主义的女儿。她们的认识论继承了启蒙主义认识论的许多前提。"②启蒙主义推崇理性，贬低欲望，

---

① ［美］约瑟芬·多诺万：《女权主义的知识分子传统》，赵育春译，257 页，南京，江苏人民出版社，2003。

② 莫林·马克尼尔的观点，转引自苏红军：《成熟的困惑：评 20 世纪末期西方女权主义理论上的三个重要转变》，见苏红军、柏棣主编：《西方后学语境中的女权主义》，9 页，桂林，广西师范大学出版社，2006。

并且在认识论上，更倾向于宏大叙事。上述几大主要女性主义流派所提出的妇女争取平等和解放的理论都建立在一些宏大叙述的基础上。这些宏大叙述在政治、认识论和哲学上大多企图跨越历史、社会和文化，具有追求同一性和普遍主义的倾向，比如，许多涉及女性的社会建构，女性的社会角色、家庭和母爱等。再比如，有些第二浪潮女权主义者认为，女权主义只有一个历史，因此应该有一个统一的理论，他们还认为女权主义是一个内在一致的、和谐的社会工程。可见，"传统的女性主义流派有一个共同的理论前提，那就是假设一种整体的性别压迫模式，即认为妇女受到结构上的不平等待遇。这种理论假设与女性主义的政治目标相连，同时也成为传统女性主义理论的基石"①。

但是，

琳达·尼克森指出的："这些理论多带有（启蒙主义）宏大叙述的本质主义和非历史主义的倾向，对历史和文化的多元性不够重视。"南希·弗雷泽和尼克森认为这一时期的一些著名的女权主义理论，如南希·查德洛（Nancy Chodorow）关于母女关系的理论，实质上建构了一个围绕假定的、跨文化的妇女活动的亚宏大描述。②

---

① 黄华：《权力，身体与自我——福柯与女性主义文学批评》，10 页，北京，北京大学出版社，2005。引文有改动。

② Nancy Fraser and Linda Nicholson, "Philosophy；An Encounter between Feminism and Postmodernism," *Communication* 10/3（4），1990，p. 27. 转引自苏红军：《成熟的困惑：评 20 世纪末期西方女权主义理论上的三个重要转变》，见苏红军、柏棣主编：《西方后学语境中的女权主义》，9 页，桂林，广西师范大学出版社，2006。

另外，

> 第三世界女权主义者查拉·提·墨罕提（Chandra T. Mohanty）在
> 其著名的《在西方的视野下》（*Under Western Eyes*）一文中进一步批判
> 了女权主义的宏大叙述的殖民主义本质。她指出，西方女权主义以启
> 蒙主义的现代化为标准来衡量第三世界的妇女和父权制度，把第三世
> 界的父权制描述为野蛮文化，把第三世界妇女想象为非历史的、比西
> 方妇女更受压迫的、被动的受害者。她指出，这种认识推崇西方至上
> 论，无视第三世界国家父权社会的多样性和妇女之间的差异。①

比如说，启蒙女权主义的分析并不适用于黑人妇女，因为"女奴并
没有因社会化而享有有闲阶级白人妇女的生活；但另一方面，她们又不
可能不受'对真正女性的崇拜'这一意识形态的影响，即女人应当依赖、
柔顺、善持家务、虔诚且脆弱"②。著名女性主义者贝尔·胡克斯就认
为，黑人女性并不为自己可以从事户外繁重劳动的强健体魄而自豪，反
而喜欢模仿白人"淑女"的行为，并宁愿穿裙子而不是裤子在田间劳作。

---

① Chandra T. Mohanty, "Under Western Eyes: Feminist Scholarship and ColonialDis-
course," in *Third World Women and the Politics of Feminism*, eds. Chandra T. Mohanty, Ann
Russo and Laurdes Torres (Bloomington and Indianapolis, Indiana University Press, 1991)，转
引自苏红军：《成熟的困惑：评20世纪末期西方女权主义理论上的三个重要转变》，见苏
红军、柏棣主编：《西方后学语境中的女权主义》，9页，桂林，广西师范大学出版社，
2006。

② ［美］约瑟芬·多诺万：《女权主义的知识分子传统》，赵育春译，34页，南京，
江苏人民出版社，2003。

黑人女性既没有被束缚在家里，也没有被禁止从事"男性化的"体力劳动。激进女性主义分析方法可能更适用于她们，但是 19 世纪的妇女解放运动并没有将其早期对黑人妇女的关注坚持到底。胡克斯提出，在美国，女权主义从来没有在那些遭受性压迫损害最严重，每天受到精神、身体和灵魂的摧残的妇女——那些无力改变她们的生活状况的妇女——中出现过。她们是沉默的大多数。她还指出，还有很多受压迫的女性并没有享受到女权主义的成果，因此对女性解放的研究依然重要，并且为了扩大女性主义运动的范围，女性主义的研究应该和阶级、种族问题结合在一起。① 与之相对的是，吸收了"后"学的女性主义者们，开始将目光转向对"身份政治"的思考，强调妇女之间存在的种族、阶级的差异性，以应对第三世界国家以及少数族裔妇女对女性主义提出的挑战。用巴特勒的话来说，这是"地方文化向国际女性主义提出的问题"②。我们看到，"女性主义向身份政治的过渡，标志着当代女性主义理论的转型，身份政治使女性主义者能够更理智地面对差异，不仅包括性别差异，还包括种族、阶级、性趋向等方面的差异"③。

"后女性主义"这个术语本身为自身的定义带来了积极的意义，这种积极意义在于，后女性主义本身成为一个不断变化的过程，没有一个固

---

① 参见［美］约瑟芬·多诺万：《女权主义的知识分子传统》，赵育春译，34—36 页，南京，江苏人民出版社，2003。

② ［美］朱迪斯·巴特勒、［英］欧内斯特·拉克劳、［斯洛文尼亚］斯拉沃热·齐泽克：《偶然性、霸权和普遍性——关于左派的当代对话》，胡大平等译，28 页，南京，江苏人民出版社，2004。

③ 黄华：《权力，身体与自我——福柯与女性主义文学批评》，4 页，北京，北京大学出版社，2005。引文有改动。

定的理论形态，因为它不断发展和改变着自身。但这并不是说，过去的女性主义和殖民主义之间的对话——不管这种对话是现代主义式的还是父权主义式的——已经被后女性主义超越了，而是说，后女性主义对此二者都采取了一种批判的立场。比如，我们上文提到的席卷美洲、英国和欧洲的"第二波"女性主义运动，虽然这次运动波澜壮阔、色彩斑斓、成果显著，但同时也是矛盾百出，最后因为主张父权主义和帝国主义是万恶之源这样的观点而陷入几近停滞不前的局面。对此，"后女性主义提出了激烈的反对和挑战"①。

但是，后现代女性主义的出现也引起了很大的争论，因为后现代主义对主体的消解和去政治化的倾向，不仅要颠覆传统的男权中心主义的秩序，还与传统女性主义理论有了明显的裂痕。后现代主义女性主义的一个特征是，她们的研究重点不再是实实在在的物质世界和社会体制，而是语言、文化和话语实践等看不见、摸不着的另类空间。这与现代资本主义社会的权力形式的显著变化有着直接的关系。随着高科技的应用和自动化程度的日益提高，西方社会在劳动分工上的性别隔离日益消失。人们在使用技术时的性别差异越来越小了，很多妇女已经可以和男性一样从事大部分的工作。但是，父权制往往用隐秘的方式和资本主义统治联系在一起，与其他社会权力结构相互"连锁"，而且是摸不着、抓不到的结构，女性主义者们已经无法进行启蒙主义意义上的革命。如今，现代权力结构已经变成碎片化的、不稳定的，与之相对应的是，女

---

① ［英］伊丽莎白·赖特：《拉康与后女性主义》，王文华译，30 页，北京，北京大学出版社，2005。

权主义已然很难进行传统意义上的推翻父权社会的革命运动。所以，妇女争取解放的斗争形式必须改变。[①]

另外，后现代女性主义与女性主义"学院化"的过程分不开，这股思潮的主要成员以女性知识精英为主，比如，西苏、伊里加蕾、克里斯蒂娃、斯皮瓦克等，巴特勒也是其中一员，她是大学里的研究人员。英国、美国、法国女性主义的理论在这些学者的理论中融汇了。并且，与以往女性主义理论不同的是，她们对男性学者的理论持一种批判性的欢迎态度，大量吸收这些学者的理论以促进女性主义理论的发展，"后现代女性主义通过对男性精英理论的借用、解构和置换，对女性主义文学批评取得知识界的合法地位起到了很大的促进作用"[②]。

总的来说，向"后"转的女性主义理论对传统的女性主义理论提出了多方面的挑战，并带来了女性主义理论的转向。巴特勒的理论即脱胎于这股思潮，具有这股思潮的性别理论的基本特点。她的理论旨趣会有"身体"的痕迹，这跟法国女性主义理论的发展有直接关系，所以，我们还要了解一下，法国女性主义理论中的"身体转向"。

(二)法国女性主义理论的身体转向

法国女性主义理论涉及的话题很多，比如，文化建构与性别认同的

[①]　参见苏红军：《成熟的困惑：评20世纪末期西方女权主义理论上的三个重要转变》，见苏红军、柏棣主编：《西方后学语境中的女权主义》，20页，桂林，广西师范大学出版社，2006。

[②]　黄华：《权力，身体与自我——福柯与女性主义文学批评》，13页，北京，北京大学出版社，2005。

问题、主体性与语言的关系、公私领域对性别关系的影响、具身化的问题，以及性、性向和种族关系问题等。① 巴特勒的论域基本涉及了法国女性主义理论的所有这些问题，并且这些都可以从身体政治学的角度进行阐发。她之所以关注"身体"，是因为这和法国哲学的传统有直接的关系。和别的国家不同，"身体"虽然在哲学史上长期处于被压抑的状态，但法国哲学对"身体"问题的研究却源远流长。我国学者杨大春曾经对身体问题在法国哲学中的发展进程进行了简洁明了的总结，在国内学界独树一帜。他将身体问题放在早期现代、后期现代和后现代三个时间阶段里进行考察。这三个阶段的特征分别是：笛卡尔所代表的早期现代哲学，从总体上看是意识哲学，关注的是内在的心灵，在纯粹身体和纯粹心灵的二分中抑"身"扬"心"；以柏格森的生命哲学、萨特和梅洛-庞蒂的现象学存在主义为代表的法国后期现代哲学，开始消解意识哲学，不同程度地疏远心灵，通过强调心灵的肉身化和身体的灵性化而赋予身体以重要地位；以福柯、德勒兹等人为代表的后现代哲学，推动了心灵和身体的物性化进程，表现为欲望的极度张扬，力图消解意识哲学的最后残余。②

在这条线索中，当代法国女性主义学者们受第三阶段的后现代哲学影响较大，在福柯、德勒兹的理论影响下，法国女性主义对身体、欲望、语言、权力之间的关系十分关注，并将此应用于对女性主义理论的研究中。笔者将在这里有选择地讨论埃莱娜·西苏（Helene Cixous）、

① Dani Cavallaro，*French Feminist Theory*，London，Continuum Press，2007，p. x.

② 参见杨大春：《从法国哲学看身体在现代性进程中的命运》，载《浙江学刊》2004年第 5 期。

露丝·伊里加蕾(Luce Irigaray)和茱莉亚·克里斯蒂娃(Julia Kristeva)的理论。一个原因是，她们的作品是主流法国女性主义理论中最具代表性的，被称为法国女性主义的三驾马车，还被认为是法国女性主义理论研究中的"神圣三位一体"(the holy trinity)[①]；另一个原因是，她们代表了法国女性主义理论中的身体转向的思潮，而这个思潮和巴特勒有直接的关系。

我们先来简单了解埃莱娜·西苏、露丝·伊里加蕾的学说，两者都是从女性文学的角度出发，将女性书写和身体联系在一起，提出"阴性书写"(feminine writing)的写作理念，认为女性应该参与写作，并且要写自己、写女性。她们都认为在历史上，女性一直被粗暴地排斥在书写的领域之外，就像女性的身体被忽视一样。在她们看来，文本与身体之间有某种相似性，她们之后的克里斯蒂娃就说过，一个变化中的身体和一本打开的文本之间是类同的。我们的经历都写在身体上，所以身体同文本一样可以被阅读。并且，身体不仅仅是文本，还是一种有性别的文本，我们对性别的思考要和对语言的思考联系在一起。[②] 这种将性别直接代入文本的做法，使"身体写作"(body writing)成为 20 世纪下半叶各国文学创作的潮流之一。而埃莱娜·西苏、露丝·伊里加蕾就是其中最重要的代表。

---

① Lynne Huffer，Maternal Pasts，*Feminist Futures*：*Nostalgia*，*Ethics*，*and the Question of Difference*，CA，Stanford University Press，1998，p. 21. 转引自刘岩：《差异之美：伊里加蕾的女性主义理论研究》，3 页，北京，北京大学出版社，2010。

② Dani Cavallaro，*French Feminist Theory*，London，Continuum Press，2007，p. 115.

　　埃莱娜·西苏是法国第一个悍然宣告"我不是女性主义者"的女作家，她批判人文学科里的女性主义研究者脱离现时而转向过去，认为她们的努力纯粹是"主题研究"，而她自己是"不生产理论"的。她最为人所接受的是对所谓"父权二元思考"的分析，她曾列出这样的二元对立列表：积极/消极、太阳/月亮、文化/自然、父亲/母亲、理智/情感、易理解的/易感的、逻辑/感觉。西苏认为，在西方哲学传统中，这些词组都等同于男人/女人的对立，它们被深深涵盖在父权价值系统中，每一组对立都能被分析出一种优劣位阶，"阴性"的那一边总被视作负面、无力的范例，女性的身体也是属于后一个位阶的。西方的哲学和文学思想一直深陷于这些无尽的优劣二元对立中，它们最终都会回到最基本的男/女对立中。这些对立，并不是中性的，而是等级制的，是带着价值色彩的。因为不管我们选择哪一对词组，其下隐藏的范式都可追溯到男/女对立，包括不可避免的正面/负面的价值判断。[1]

　　为了对抗这种等级制，西苏提出一种从女性身体出发的"阴性书写"，以此来重建女性的身体和其快感之间的自然关系，她的《美杜莎的笑》(*The Laugh of the Medusa*)即被视为"阴性书写"的宣言，她以犀利的语言指出，这是一种具有颠覆力量的写作方式，以女性的身体作为写作的出发点和灵感的来源。西苏在文中向女性发出这样的口号：

　　　　写你自己。必须让人听到你的身体。只有那时，潜意识的巨大

---

　　① 参见[美]托莉·莫：《性/文本政治——女性主义文学理论》，王奕婷译，124页，台北，巨流图书有限公司，2005。

源泉才会喷涌。我们的气息将布满世界……写作，这一行动不但能实现女人解除对其性特征和女性存在的抑止关系，从而使她得以接近其原本力量；这种行为还将归还她的能力与资格、她的欢乐、她的喉舌，以及她那一直被封锁着的巨大的身体领域……①

这种新的写作方式和传统的逻各斯中心主义是不同的，它将语言和身体勾连起来。对于书写的方式，西苏描述一位妇女在公共集会上的讲话并以此作为范例：

　　她不是在"讲话"，她将自己颤抖的身体抛向前去；……她在飞翔；她是在用自己的身体支持她言说中的"逻辑"。她的身体在讲真话，她在表白自己的内心。事实上，她通过身体将自己的想法物质化；她用自己的身体表达自己的思想。……她将自己的经历写进历史。②

如果说西苏开始将女性的身体作为一个对抗父权制的斗争场所，那么另一位为女性的写作理论做出显著贡献的法国女性主义哲学家露丝·伊里加蕾则将这个斗争场所进一步深入到哲学传统的深处。她提出的"女人话"（womanspeak）与西苏的"阴性写作"较为相似，也是一种建立在女性身体和性欲基础上的书写语言，且由于其深厚的学术功底，她走得比西

---

①　黄华：《权力，身体与自我——福柯与女性主义文学批评》，119 页，北京，北京大学出版社，2005。引文有改动。

②　同上书，119 页。引文有改动。

苏更深、更远。

伊里加蕾是一个活跃在学术圈的学者，她的博士论文《他者女人的窥镜》(*Speculum of the Other Woman*，1974)使她被逐出拉康的弗洛伊德学院，可见她的作品对父权制学术体制造成了多大的困扰。在这之后，她又出版了一本书集《此性非一》(*This Sex Which is Not One*，1977)，对《他者女人的窥镜》的理论做出了进一步的发展。

伊里加蕾对巴特勒有直接的影响，这首先表现在两者都对精神分析学说有重要的借鉴和批判价值。伊里加蕾发现精神分析呈现出的世界是男性的世界，女人只是男性眼中"被阉割"的男人。俄狄浦斯情结充满了男性一厢情愿的投射，女人被描述成"匮乏"，在阴茎羡慕的心理作用下，女儿从与母亲的紧密关系中被割裂放逐。在以男性为中心的俄狄浦斯结构中，女人因为缺憾而必须借助种种伪装进入男性欲望的体系。从弗洛伊德到拉康，精神分析建立在以男性为中心的"阳具叙述"上，以阳具作为文化生产与再现的意义中心，这是一个单一性别的文化，女人作为"他者"只是这个单一性别原型的反射，只能依照男性中心的差异位置被定义，甚至有时候得出的是否定式的定义。为反转女性在象征秩序中被放逐的境遇，伊里加蕾强调必须在我们的文化中，通过女人自己的身体、自己独特的欲望模式，建立一种可以关照到女人这一性别的话语和语言。对于伊里加蕾而言，女人的性是多元的而非单一的。

伊里加蕾指出，弗洛伊德对阴性特质的分析始于女人的神秘感。对于他来说，阴性特质是一种需要用科学的光芒来照亮的黑暗大地，所以弗洛伊德会追问"什么是女人?"。伊里加蕾认为，弗氏的光明与黑暗的区分，已经透露出他屈服于最古老的"阳具统治"(phallocratic)的哲学传统。

弗洛伊德对性差异的理论是基于视见的差异（visibility of difference）：由眼睛决定何谓真理而何又不是。① 因此，对于弗洛伊德来说，性差异的基本事实就是男性有明显可见的性器官——阴茎，而女性没有；当弗洛伊德观察女人的时候，显然他什么也看不到，他无法以视觉之外的方式去思考，所以弗洛伊德才会提出"阴茎羡慕"理论，女性的性差异是以男性为标准而被理解成所谓没有男性特征的，或非男性的。这点对伊里加蕾的论点很重要：在我们的文化中，女人是处于再现系统之外的，阴性特质被视为禁止的事物，因此必须在符号之间，在被实现的意义之间，以及字里行间来将这些被禁止的事物解读出来。

伊里加蕾后来又在《此性非一》中提到："说一个女人被阉割了，等于是以同一的欲望的律法来铭刻她，即欲望。男人在思考时，不仅将他希望复制自己（和对其己身反思）的欲望投射到女人身上。"②因此，女性阉割情结只是一种男性同一逻辑的产物。女人不仅是他者，如波伏娃发现，更是男人的异己。这就是为什么伊里加蕾认为父权论述将女人置于再现系统之外：她是不在场的、负面的，如黑暗大陆般，再了不起也不过是个劣等的男人。在父权文化里，此种阴性特质（或不管可能是哪一种）是被压抑的；只有在被当作男人窥视的异己时，它才以其"能被接受"的形式回返。

————————————

　　① 　和巴特勒一样，伊里加蕾的引文出处通常很难辨识，在《窥视镜》的后记，她阐述她通常喜欢完全不标示引言出处。伊里加蕾辩称，既然女人是被理论排除的，她不必照此理论规定的方式来使用它。

　　② 　[美]托莉·莫：《性/文本政治——女性主义文学理论》，王奕婷译，161页，台北，巨流图书有限公司，2005。引文有改动。

　　于是，伊里加蕾对她的"女人话"进行了描述，倡导一种带着浓烈阴性特质的书写语言。《此性非一》一书中最有名也是最声名狼藉的段落就是，伊里加蕾在回到女人和其语言的问题，以显示女人如何逃脱父权逻辑时所做的论述。她认为要打破菲勒斯中心的同一逻辑，只有让被压抑的女性重新寻找一个主体的位置，寻找她们自己的语言。因为"如果我们不发明一种语言，如果我们不寻找我们身体的语言，那么为我们故事伴奏的手势将会太少了。我们将厌倦那总是重复的几套，而没有让我们的欲望表达出来，没有实现"①。这种新的语言与女性的身体独特的性征相连。

　　"她"永远是她自身的它者。无疑地这就是为什么她被说成是情绪化、难以理解、很烦、善变的——更别说在她的语言中，"她"的意思往各个方向去，但"他"却无法察觉任何意义的一致性。矛盾的话语对理性逻辑来说似乎有点疯狂，对已经有预设立场的他，当然是听不到的。在她的陈述中——至少她还有勇气发言——女人不断重新碰触自己。她只是不太将自己和一些絮聒、赞叹、只说一半的秘密，以及讲到一半的语句分开——当她返回那里，只是又重新从另一个愉悦或痛苦的地方出发。

　　我们必须用不同的方式来聆听她，才能听到一个"其他的意义"，这个意义总是不断编织自己，同时也不停下来拥抱话语，并将话语抛开，以避免被固定住、不能再移动。因为，当"她"说某样

----

① 黄华：《权力，身体与自我——福柯与女性主义文学批评》，125 页，北京，北京大学出版社，2005。引文有改动。

东西时，那已经与她的本意不一样了。再者，她的陈述也从未类似任何事物。其特色就是邻近性，互相碰触。当它们离这邻近性过远时，她停下来，再从"零"重新出发：她的身体——性器官。

因此要女人把她的意思说确实，要她们重复（自己），让意义更清楚，都是没用的。每当你意外地认为自己抓住她的意思时，它们早就不知道论述机制哪里去了。它们经验的领域和你的并不同，你可能误以为与它们分享同领域。所谓"它们自身中"的意思就是在沉默、多重、散漫、触摸的私领域中。如果你坚持问她们在想什么，她们只会回答：没什么，什么都想。①

这段著名的关于"女人话"的描述，是为了说明女性如何逃避父权制法则，返回女性自身及其语言的过程。这里产生的问题是，伊里加蕾提供的答案是否适得其反，将女性本质主义化了，将女性再一次与生物性的存在联系在一起，使得"女人"还是父权逻辑的产物，为此伊里加蕾也受到了很多批评。②

除了伊里加蕾，克里斯蒂娃在《恐怖的权力：论卑贱》中的身体理论也受到了巴特勒的关注。在这本书中，克里斯蒂娃将卑贱与性别身份的获得联系在一起。③ 克里斯蒂娃宣称，"使人卑贱的并不是清洁或健康

---

① 转引自［美］托莉·莫：《性/文本政治——女性主义文学理论》，王奕婷译，175—176 页，台北，巨流图书有限公司，2005。引文有改动。

② Dani Cavallaro, *French Feminist Theory*, London, Continuum Press, 2007, p. 119.

③ 参见［法］朱莉娅·克里斯蒂瓦：《恐怖的权力：论卑贱》，张新木译，147 页，北京，生活·读书·新知三联书店，2001。

的缺乏，而是那些搅混身份、干扰体系、破坏秩序的东西"①。克里斯蒂娃用与身体相联系的"卑贱"概念为儿童如何获得语言、如何在社会中获得一个稳定的表达的位置做出了解释。② 她认为，只有通过对"清洁的和适当的"身体的划定，象征秩序及其内部的性和心理同一性的获得才成为可能。

> 卑贱证明了符号驱动的碎片化冲动的象征性控制权的危险和临时性本质，它试图毁坏和打破身份、秩序、稳定性。通过卑贱，身体一点一滴卷入意指进程，形象、观念和感觉被"观念表象"或意指连结和表现。③

克里斯蒂娃关注身体是如何具有某种界限的作用的，以及我们的社会是如何在"正当的"社会性和主观性的基础上排斥不当、不洁的，以及如何努力地去摆脱在"干净和适当的"自我的肉体中可能存在的混乱因素的。

> 作为一个社会和言说主体获得一个象征地位的能力，承担一种隐秘的肉体性模式，尤其是那些代表什么被认为是不可接受的，不清洁或反社会的。主体必须掩藏自身的一部分，以便获得一个稳定

---

① ［法］朱莉娅·克里斯蒂瓦：《恐怖的权力：论卑贱》，张新木译，6 页，北京，生活·读书·新知三联书店，2001。

② 参见［美］伊丽莎白·格罗斯（Elizabeth Gross）：《意指的身体》，薛征译，见高宣扬主编：《法兰西思想评论》第 4 卷，139 页，上海，同济大学出版社，2009。

③ 同上书，139 页。

的自我，这种拒绝的形式标明了它临时获得的任何身份，并向崩溃和不稳定敞开。①

克里斯蒂娃的理论贡献在于，她指出了那些被排斥出主体位置的身体运作永远不可能被完全抹杀，而是徘徊在主体身份的边缘，以扰乱和瓦解的方式威胁明显的统一和稳定性。她努力要论证的是这种完全的排除是不可能实现的。而主体对这种不可能性的认识所引起的感觉和态度，她称之为"卑贱"。② 这种划分方式是具有排斥性的，而其中划分卑贱与否的界限该如何打破呢？克里斯蒂娃认为，身体不一定是在我们进入文化和语言系统之后形成的观念，它也是一种符号所不能捕捉的剩余（excess），这样的身体，是母性身体。③

克里斯蒂娃提出了一种从母性出发的性别伦理学。她关注的性别联合体并不是男人和女人，而是母亲和儿童。按照精神分析的概念，女人的性和女性的性行为不被视为自足的术语，而要放置在同菲勒斯的关系中进行界定。因此，（前俄狄浦斯的、符号学的）母亲是阳具的母亲，后俄狄浦斯的或象征性的母亲是被阉割的母亲，那些不是母亲和不想成为一个母亲的女人，正受到男性情结的控制。这种伦理学的挑战意义在于，它以妊娠时期主客体界限的模糊为基础，克里斯蒂娃发现在怀孕过

---

① ［美］伊丽莎白·格罗斯：《意指的身体》，薛征译，见高宣扬主编：《法兰西思想评论》第 4 卷，139—140 页，上海，同济大学出版社，2009。

② 同上书，140 页。

③ Dani Cavallaro, *French Feminist Theory*, London, Continuum Press, 2007, p. 126.

程中，自我与他者的界限是暧昧的。身体里那个"他者"并不完全是他者，同时自我也不再是彻底的自我，生育使自我的一部分变成他者，因而这打破了自我与他者、主体与客体的对立。这种伦理学的模型来自母亲对孩子的爱，主体与他者通过爱而不是律法联系起来，它包含了对孩子的母爱和自我之爱。但母性之爱不应仅仅是针对某一个他者，还应面对整个种群和全体。克里斯蒂娃进一步诉求一种超越母子之间的爱的伦理，母性可以成为符号界与象征界的桥梁，母亲既可以进入象征秩序，也无须放弃自己的异质性。由此母性躯体成为一种"社会性枢纽"，它既保持稳定又威胁稳定，既保障种族的延续又以其可疑的身份威胁象征秩序的统一性。①

(三)巴特勒的理论出发点

通过对后结构女性主义以及受其影响的法国女性主义的身体转向的分析，我们可以看到巴特勒在研究其性别理论的时候，出发点何在。巴特勒的写作方式、研究主体和前两者有着直接的关系。

首先，在理论特色上，巴特勒和后结构主义女性主义是一脉相承的。苏红军在《成熟的困惑：评 20 世纪末期西方女权主义理论上的三个重要转变》中对女性主义的"后"转进行了相当精辟的总结：第一个转向是，逐步扬弃西方启蒙主义建立在宏大叙述基础上的认识论；第二个转向是，对妇女问题的研究重点从社会体制和物质的角度转向对语言、文

———————

① 参见刘怀玉、周可可：《从诗学革命到女性政治——西方学界关于克里斯蒂娃思想研究述评》，见高宣扬主编：《法兰西思想评论》第 4 卷，206 页，上海，同济大学出版社，2009。

化和话语实践的研究；第三个转向是，从追求男女平等转向强调妇女之间的差异。① 巴特勒的性别理论恰恰具有这三个方面的特征，她甚至可以说得上是女性主义理论向"后"转的奠基人之一。英国学者安吉拉·麦克罗比（Angela McRobbie）就指出，巴特勒为处于断裂、解散、分解和无休止的争论中的女性主义政治学提供了一种基本的民主样板。②

其次，在关注的主题上，巴特勒直接受法国女性主义理论的影响，对身体问题的讨论贯穿其理论的始终。我们将在第四章看到，巴特勒多次借鉴了伊里加蕾对精神分析理论的分析方式，并将其对女性身体的思考作为其权力理论的出发点。而巴特勒和克里斯蒂娃一样，将身体与主体联系在一起。我们将在第二章看到，她对克里斯蒂娃提出的"母性身体"的颠覆力量进行了反思，并从将"卑贱"与否作为一种划分标准的理论中得到不少启示。克里斯蒂娃对卑贱物反抗的可能的重视，使巴特勒重新思考身体具有的能动性。

最后，巴特勒的理论背景，在很大程度上和法国女性主义是一致的。她们都具有浓厚的精英气息，都有着相当"厚重"的知识背景。法国女性主义浸淫于欧洲哲学，尤其是马克思、尼采和海德格尔的理论，德里达的解构主义以及拉康的精神分析中，这很可能是因为法国女性主义理论家理所当然地认为她们的读者和她们一样，有足够的理论背景。虽

---

① 参见苏红军：《成熟的困惑：评 20 世纪末期西方女权主义理论上的三个重要转变》，见苏红军、柏棣主编：《西方后学语境中的女权主义》，3—39 页，桂林，广西师范大学出版社，2006。

② 参见[英]安吉拉·麦克罗比：《文化研究的用途》，李庆本译，95 页，北京，北京大学出版社，2007。

然这些理论并不是她们故意写得如此晦涩，但这些理论家的写作方式确实很少为读者的理论基础让步，以致这些理论对于外行人来说，那些不具备"合适的"理论背景、习染同等知识精英气息的读者将难以进入。

了解了巴特勒理论的社会背景和理论背景之后，我们开始进入她的写作之中，很多人关注巴特勒的性别理论，却往往忽视她的其他哲学背景。实际上，哲学，尤其是黑格尔哲学对巴特勒的影响非常大，我们就从她对黑格尔哲学的解读开始巴特勒的理论之旅。

三、法国黑格尔主义传统与欲望的主体

巴特勒在 1999 年版的《欲望的主体》的序言中说道："在某种意义上说，我所有的著作都在一组黑格尔式的问题域的框架之中，欲望与承认有什么关系，主体的建构何以包含着一种与他异性的根本的建构性关系？"①我们会在后面几章的分析中看到，巴特勒对黑格尔遗留的"欲望与承认的关系"的问题的关注贯穿了巴特勒的研究始终。

她写于 1984 年的博士论文《恢复与发明：黑格尔、科耶夫、依波利特和萨特的欲望》(The Projects of Desire in Hegel, Kojeve, Hyppolite, and Sartre, 1984)讨论了黑格尔的思想在法国的接受过程，但是这时候她对后结构主义还没有太多的关注。然而，在 3 年后以她的博士

---

① Judith Butler, *Subjects of Desire*: *Hegelian Reflections in Twentieth-Century France*, New York, Columbia University Press, 1999, p. xiv.

论文为基础的《欲望的主体》一书出版时，她的讨论范围出现了变化，她更关注德里达、拉康、克里斯蒂娃、福柯和德勒兹等带有后结构主义色彩的思想家的著作。其后的《性别麻烦》中后结构主义的色彩就更浓了。可以说，巴特勒对其博士论文的修改，是她不断地探询后结构主义理论的开始。我们对巴特勒的著作的讨论，也是从她 1987 年出版的《欲望的主体》开始的。

(一)《欲望的主体》：探询主体问题的开始①

巴特勒以女性主义理论成名，但其出版的第一本学术著作《欲望的主体》却是一本哲学著作，巴特勒在这本书中讨论了黑格尔在《精神现象学》中的思想是如何在法国两代哲学家中得到接受和传播的。对于法国黑格尔主义哲学，她是这样界划的：第一代，是从 20 世纪 30 年代到 40 年代，科耶夫和依波利特首先将黑格尔哲学介绍到了法国，接着，萨特、华尔(Jean Wahl)和波伏娃对他们的思想进行了阐发；第二代，则以德里达、拉康、福柯、克里斯蒂娃和德勒兹为代表。② 巴特勒认为，选择这个课题既具有哲学意义，又具有政治意义，她认为在过去一个世纪之中，所有伟大的哲学思想，比如，马克思的思想、尼采的思想，还有现象学、德国存在主义和精神分析学说，都能在黑格尔那里找到其开端。③

① 此节的部分内容已以前期成果的形式修改发表于《集美大学学报(哲学社会科学版)》2016 年第 1 期，发表时文字有改动。

② Judith Butler, *Subjects of Desire：Hegelian Reflections in Twentieth-Century France*, New York, Columbia University Press, 1999, p. viii.

③ *Ibid.*, p. 61.

从哲学史的角度来说，这本书讨论的主题——黑格尔哲学在 20 世纪法国的接受和变异，确实称得上是思想史研究的重大课题，对于追溯和理解在思想文化领域影响巨大的法国现当代思潮（如存在主义、后现代主义等）的发生、演进具有重要的理论意义。从这一点来看，巴特勒的选题眼光是相当犀利精准的。

此书分为四章，以对黑格尔的《精神现象学》的讨论为开端。在《精神现象学》中，黑格尔说明了意识的运动的逻辑，意识是从最基本的形态向最高形态"绝对精神"不断发展的。巴特勒的兴趣集中于《精神现象学》的开始部分，特别是在有关意识和自我意识的章节，其兴趣特别浓厚。黑格尔在这些部分讨论了主奴辩证法。但和黑格尔不同的是，巴特勒并没有讨论黑格尔所描述的朝向绝对精神的运动的整个过程，而是通过对法国黑格尔主义的理解，将自己的讨论域限定在黑格尔关于欲望与自我意识的关系的讨论中。她要追溯的是，对欲望的表述在法国哲学中是如何发展的，并以此驳斥黑格尔的形而上学式的主体，[①] 将其视为一种"本体论上的乐观"[②]。在《欲望的主体》的第二部分，巴特勒主要讨论了科耶夫和依波利特对黑格尔的发展和修改，这种改动对法国黑格尔主义产生了重大的影响。紧接着，巴特勒在此书的第三部分讨论了萨特对欲望、自我与他者关系的问题的研究。在书的最后一个部分，巴特勒则开始关注萨特之后的法国哲学家们对黑格尔的所谓"后"或者"反"黑格尔式的修改阐发，这些阐发来自拉康、德里达、德勒兹、福柯和克里斯蒂

———————————

① Judith Butler，*Subjects of Desire*：*Hegelian Reflections in Twentieth-Century France*，New York，Columbia University Press，1987，p. 7.

② *Ibid.*，p. 8.

娃。值得注意的是，在此章的结尾，巴特勒对克里斯蒂娃和福柯的研究对其后来的研究方向有很大的影响，对克里斯蒂娃和福柯的简短讨论，预示着巴特勒从对黑格尔的欲望主体的再解读，向"身体的历史"，特别是对性别的关注转变，从巴特勒其后的著作来看，这个转变对她是非常重大的。可以说，"巴特勒在《欲望的主体》中通过对法国两代哲学家的'欲望主体批判'的系谱分析，为自己勘测出一个理论运作的方向，即从身体、性别的角度施行对形而上学主体观的批判瓦解"①。

巴特勒在此书中的目标是，探索那个从黑格尔开始被不断描述的"欲望"概念，是如何在法国思想中被阐发修改的。和很多后结构主义者一样，巴特勒不同意将黑格尔的哲学当作一种总体化的哲学，或者将其看作一个无所不包的、封闭的系统。相反，她更强调黑格尔哲学的开放性。同时，巴特勒又认为，黑格尔哲学的法国评论者们并没有脱离黑格尔主义的框架，与其说他们改变了黑格尔哲学的基础，不如说他们加强了黑格尔哲学的影响，在试图寻找或者取代黑格尔的"欲望的主体"的时候，他们也在给予它新的生命。有趣的是，如有学者所说，巴特勒自己的著作也"和黑格尔哲学之间有一种辩证的关系"②。

(二)法国黑格尔：对主体的另类解读

下面我们来看在巴特勒的笔下，法国的两代黑格尔主义的后裔，是

---

① 严泽胜：《朱迪·巴特勒：欲望、身体、性别表演》，载《国外理论动态》2004 年第 4 期。

② Moya Lloyd, *Judith Butler*: *From Norms to Politics*，Cambridge，Polity，2007，p. 14.

如何一步一步使黑格尔的那个走向自足、完满的绝对精神的主体，被流放、分裂乃至解体的。巴特勒认为，法国人对黑格尔的接受是以"欲望"为重点的，法国哲学家们对黑格尔的接受史就是一系列对欲望的评说史，是对一种自主的主体的质疑。①《精神现象学》可以被视为一部成长小说(Bildungsroman)②，是主体的旅行史。在黑格尔那里，主体并不是始终同一的，而是处于不断发展、不停地克服他异性的过程之中的。而欲望，就是推动着主体不停前进的动力，并且，欲望总是要经历从满足到不满足，再到满足的过程，主体也就在这个过程中经历跌宕起伏的命运。黑格尔认为主体最终会走向绝对的知识，到达其目的地，结束流浪和放逐，但以科耶夫为肇始的法国哲学则对此保持怀疑，并由此展开了探讨。

　　法国黑格尔主义从黑格尔对自我意识的论述中生发出来。在黑格尔的精神哲学中，"绝对"在人那里回到它自身，但这必须经过一个漫长而艰巨的辩证发展过程。精神若要将自身实现为绝对精神，就必须从自身的低级阶段开始，逐步地达到完全的自身完满。为此，自我意识要从自身中除去一般意识的因素，但是其对象仍然是一个独立的非我。自我意识只有通过取消它的对象的这种独立不依的自存才能克服这个内在矛盾，才能使自己发展为充分的自我意识。这个过程所产生的冲动，即取消对象的独立自存的冲动，就是本能或欲望。自我意识会在欲望的推动下，通过毁灭和消耗对象来实现它的目的。比如，饥饿，要消耗掉食

---

　　① Judith Butler, *Subjects of Desire*: *Hegelian Reflections in Twentieth-Century France*, New York, Columbia University Press, 1987, p. x.

　　② *Ibid.*, p. 17.

物，取消掉它在世界中的独立存在，使其成为自己的一部分，它才会停止作为非我而与自我相对。司退斯指出，在黑格尔看来，

> 一切别的欲望具有同样不可缺少的内在性质。它是冲动，即通过使它的客体成为我自身的纯粹的附属物并因而成为我和我的世界的一部分而取消它的客体的独立性、消灭客体的自我存在。在它的最简单的形式中，它采取实际上消灭客体的形式。①

在黑格尔那里，自我意识具有了某种二重性，它对外表现为克服外界的他异性的冲动，要确定外界不存在，以扩充自己，同时，它对内则表现出一种"反身性"（reflexivity），以认识自我。通过自己与自己的分离，"我"才分化为认知的我和作为认知对象的我，意识才演变为自我意识。

于是，那个具有他异性的对象，就是激发自我的欲望的源泉，为了获得满足，主体不得不不断地去克服他者的存在。但是，这里会遇到一种困难，就是在他者也是一个具有自我意识的存在的时候，我们如何让他者不存在呢？黑格尔由此预设了人与人之间必然存在的战争关系，为了存在，人与他人必须进行战争。黑格尔通过其著名的主奴辩证法来说明人与人之间是如何为了存在而进行斗争的。

在战争中，有些人因为害怕死亡而成了奴隶，而那些敢于战斗到最后的人则成了主人，主人由此摆脱了物性，让所有的劳动都由奴隶负

---

① ［美］W. T. 司退斯等：《黑格尔哲学》，廖惠和、宋祖良译，316 页，北京，中国社会科学出版社，1989.

责。主人原本应该由此得到满足，但是具有讽刺意义的是，自我只有通过摧毁它的对象才能得到满足这一点表明，它在自我满足这一点上是依赖于对象的。因为如果对象没有一个独立不依的存在，自我就不能摧毁它的独立性，因而也就得不到它自己的自我满足。如果奴隶成了只具有物性（thingness）的物的存在，那么奴隶就不具有自我意识，主人也就得不到满足。主人需要另一个自我意识的承认，"自我意识是自在自为的，这由于、并且也就因为它是为另一个自在自为的自我意识而存在的；这就是说，它所以存在只是由于被对方承认"①。所以，从这个意义上来说，自我是依赖于对象的，对象也在这个角度上得以成为一种独立不依的存在。在对象的独立性被摧毁的活动中，它的独立性再次出现了。"精神现在所达到的观点是：并非自我只把它自身看做是世界上唯一的自我意识的独立的存在，而是它现在也把别的自我看做是自我意识的存在。这种一切自我的彼此相互承认是普遍的自我意识。"②用黑格尔的话来说，奴隶经过劳动，通过改造外物，在自己的劳动产品中发现了自我意识的存在，奴隶在整个过程中，先是恐惧，然后是服从，最后在对事物的陶冶中发现了自我意识。③ 而主人因为其绝对的自由，成为消极的消耗者，永远无法得到满足，于是才有了后来的斯多葛主义、怀疑主义

---

① ［德］黑格尔：《精神现象学》上卷，贺麟、王玖兴译，122 页，北京，商务印书馆，1981。

② ［美］W. T. 司退斯等：《黑格尔哲学》，廖惠和、宋祖良译．320 页，北京，中国社会科学出版社，1989。

③ 参见［德］黑格尔：《精神现象学》上卷，贺麟、王玖兴译，131 页，北京，商务印书馆，1981。

以及苦恼意识。①

黑格尔的精神现象学后来还在不断发展，但因为以科耶夫为肇始的法国20世纪哲学只将目光放在欲望与相互承认的问题上，而巴特勒也是沿着这些思想家的论题，去探索欲望的主体命运的。所以对黑格尔的思想我们就先说到这里。

科耶夫的《黑格尔导读》对黑格尔哲学在法国的传播产生了巨大作用，在科耶夫那里，主体是一个不断追求承认的英雄角色，他将黑格尔的主奴辩证法解读为一种死亡哲学，主奴辩证法是为相互承认的荣誉而斗争的辩证法。"唯有相互的承认能完全地和最终地实现和满足人"②，正是因为人愿意接受为了纯粹的荣誉而战，去承受死亡的风险，人才得以第一次伫立在自然世界中。正是甘心死亡，通过语言揭示死亡，人才最终达到绝对知识或智慧，从而完成历史。巴特勒认为，科耶夫欲望的主体是"英雄主义"的，试图通过一种与他者的、具有辩证法色彩的相遇来获得自我意识。科耶夫的主体通过欲望认识自己，但欲望却只有通过对他者的否定才会得到解决。

但是，主体之间真的可以实现相互承认吗？在主体的旅程中，是不是真的可以克服所有危险，到达绝对知识？在这个过程中，主体和他者的关系到底是怎样的呢？这些是伊波利特所要考虑的问题。科耶夫的

---

① 参见[德]黑格尔：《精神现象学》上卷，贺麟、王玖兴译，139—140页，北京，商务印书馆，1981。

② [法]科耶夫：《黑格尔导读》，姜志辉译，代序，22页，南京，译林出版社，2005。

"人类主体的英雄叙事"①在伊波利特那里变成了另一个故事。与科耶夫不同，伊波利特看到的是欲望之无限和满足之不可能。在巴特勒眼中，伊波利特的主体比科耶夫的更具有悲剧色彩。他认为，"绝对"和"存在"都不是既定的、具有最终形态的，而是一个变化的过程，是绝对不会结束的。② 主体就是主体所经历的东西，它不是实体，而只是不会结束的、不断重复的经历。因而，主体总是处于动荡之中的，永恒的无家可归感萦绕着它。这种观点到萨特那里被进一步推进，萨特认为，黑格尔的欲望只能通过一种艺术的想象来得到满足③，萨特认为主体只是一种"具身的、历史的存在着的自我"④。萨特同样拒绝了黑格尔的那个在辩证过程中最终到达绝对精神的主体，他的存在主义式的能动者缺乏这种同一性，并且他取消了作为他的作品中的存在和文学形式的基础的主体。⑤

　　以上所有作者都把欲望看作一种匮乏(Lack)，这样主体需要把外界不断地化入自身之内，主体的同一性已经遭到了挑战。巴特勒认为，在法国黑格尔哲学的第二代传人中，德里达、拉康、福柯、克里斯蒂娃和德勒兹都对黑格尔的主体进行了进一步的解构。比如，德里达就认为，主体不可能获得"绝对存在"，主体是在语言中被建构的，语言本身是开放的、未完成的，所以主体本身也是无法完成的，他将黑格尔的主体放

---

① Judith Butler, *Subjects of Desire: Hegelian Reflections in Twentieth-Century France*, New York, Columbia University Press, 1987, p. 79.

② *Ibid.*, p. 84.

③ *Ibid.*, pp. 96-97.

④ *Ibid.*, p. 93.

⑤ *Ibid.*, p. 98.

置于一个过程之中去理解。① 黑格尔的主体终会到达绝对知识，而德里达的主体则不会。

在这一批哲学家中，对巴特勒影响最大的莫过于福柯。福柯是通过尼采的《论道德的谱系》去理解黑格尔的主体的，因此巴特勒甚至将福柯的理论看作"对黑格尔的尼采式重构"②。巴特勒着重考察了福柯的《尼采·谱系学·历史》和《性经验史》这两部作品。在对前一文献的解读中，福柯通过尼采对主人道德和奴隶道德的解说，改写了黑格尔的主奴辩证法，认为欲望的主体只是一种虚构。因此，欲望的缺乏也只是一种文化的建构，是权力作用的结果。他考察了欲望的形成机制，认为欲望由压制性法律产生，是法律权力通过规训实践，在历史中制造出来的。在福柯那里，权力既是压制性的，也是生产性的，有解放作用，欲望只是权力的产物。福柯在《性经验史》中所提出的"压抑假说"，挑战了统治者与被统治者这样的二元对立结构，权力变成多元的、杂多的。③ 这种杂多性，隐藏着反抗的可能，这就是所谓能动性（agency）。

从黑格尔到福柯，欲望被消解了，主体被解构了，欲望成为历史的产物，主体则被认为是权力的后果。值得注意的是，巴特勒在此书的最后，通过福柯和克里斯蒂娃的理论，指出黑格尔对欲望的讲述应该让位于对身体的特殊的、历史性的叙事。巴特勒认为，对欲望的主体的批评和对身体的历史的书写会成为未来哲学研究的方向，这是"黑格尔的欲

---

① Judith Butler, *Subjects of Desire: Hegelian Reflections in Twentieth-Century France*, New York, Columbia University Press, p. 179.

② *Ibid.*, p. 180.

③ *Ibid.*, p. 225.

望叙事的最终结束"①。对欲望的真正了解，要落脚于对一个文化中的身体的研究。并且，通过克里斯蒂娃，巴特勒认为，这个身体，是一个性别化的身体。我们看到，巴特勒在博士论文中已经初显身体研究的端倪，为她后来的《性别麻烦》的写作预示了方向。

(三)黑格尔对巴特勒的影响

在这里，笔者并不打算对《欲望的主体》的原创性、丰富性进行太多的介绍，笔者的主要目的，是要解释黑格尔对巴特勒其后著作的影响。

笔者认为，黑格尔对巴特勒的影响是多方面的，这主要可以从四个方面来把握。

第一，经由法国黑格尔的影响，巴特勒的主体观总是与对欲望的探讨联系在一起的。我们看到，巴特勒的《欲望的主体》的主题就是欲望和主体的关系，在巴特勒那里，黑格尔的《精神现象学》不再是一本关于哲学真理体系的书，而是一系列"指引性的小说"(instructive fictions)，这些小说体现了主体性与欲望的关系。② 小说的主人公在欲望的驱使下不断旅行，不断经历失败，欲望的主体能够在一些暂时的承认中得到偶尔的满足，使其坚持下去，并且不被那些颠沛流离所摧毁。巴特勒认为，黑格尔笔下的主人公"会带着一种强迫性的形而上学的诚实，走向他与

① Judith Butler, *Subjects of Desire：Hegelian Reflections in Twentieth-Century France*, New York, Columbia University Press, 1987, p. 235.

② *Ibid.*, p. 15.

世界最终的辩证的和谐"①。但是，巴特勒所看到的那个主体，是经过福柯的理论洗涤之后的主体，不再是带着喜剧色彩的、能够走向完满的主体，而是一个忧郁的主体，并且是一个不断地性别化的欲望的主体。这种主体观很自然地会将巴特勒导向对性别化身体问题的讨论。

第二，通过法国黑格尔主义哲学的解读，巴特勒开始关注主体与他者的关系。在论述法国黑格尔主义对黑格尔的欲望问题的解说过程中，巴特勒不得不不断地触碰到"承认"的问题，这个问题贯穿其后的很多作品(譬如，《战争的框架》影响了她对宜居的生活方式的寻找，《权力的精神生活》展现了她对精神分析中的哀伤角色的建构的研究，以及《消解性别》表达出她对身体的脆弱性的讨论)。在主奴辩证法中，主体是一个海德格尔式的"绽出的"(ex-static)主体，一个总是外在于自己的主体，主体只有在与他者的关系之中才能被人了解。巴特勒一直都在思考人与他人的关系，思考与他人的关系是如何建构了自我，并且不断尝试在不同的生命状态中寻找不同的存在价值。因为只有得到承认的人，才可以成为一个"在社会意义上可见的人"。

第三，黑格尔的辩证法对巴特勒产生了巨大的影响。在某种意义上看，主奴辩证法也可以被理解为一种关于辩证法的思考，对于巴特勒来说，黑格尔的影响还在于其对辩证法的运用。在黑格尔那里，相反的观念总是联系在一起的，比如，理性与情感、自由与决定论、普遍与特殊，其中的一方需要它的反面来定义。后来在讨论性别问题时，巴特勒

① Judith Butler, *Subjects of Desire*: *Hegelian Reflections in Twentieth-Century France*, New York, Columbia University Press, 1987, p. 22.

对同性恋与异性恋的看法与对黑格尔的辩证法的理解有关。在一般常识中，同性恋与异性恋是不能并存的，异性恋只能以反对同性恋的方式存在。但是在巴特勒看来，异性恋需要甚至依赖于同性恋的存在才得以存在。另外，对于巴特勒来说，辩证法意味着一种开放式的思考方式，如萨拉·萨利赫所说的，对于巴特勒来说，辩证法是一个结果开放的过程。① 因此，巴特勒并不是一个会解答所有她提出的问题的学者，她只是提出或者推进另一种思考的可能性，却不一定给出既定的答案。对于她来说，给出一个既定的真理式的答案，很可能会是一种危险的反民主的解决问题的方式，因为这很可能成为对某些边缘群体进行压迫的意识形态的工具，比如，某些右翼群体将同性恋看作"非自然"的、错误的存在，这就是对什么是自然的、对的有了一种既定的答案的结果。巴特勒从辩证法的角度出发，反对这种不能相容的二元对立的思考方式。

第四，很容易被忽视的是，黑格尔的写作方式也对巴特勒产生了影响。巴特勒对黑格尔的写作方式是相当推崇的，她认为黑格尔的写作方式本身就是一种意义的表达。我们在前面提到，巴特勒将黑格尔的《精神现象学》中那个朝着绝对知识奋勇跋涉的主体看作一个一步步地走向自足、统一的英雄式主体，主体经历着走向绝对精神的旅程。对于这个旅程，巴特勒认为"旅程本身"②，是一种"精神的朝圣"③。更重要的是，巴特勒认为这种旅程要在黑格尔的写作方式中去把握。她认为，黑格尔

---

① Sara Salih, *Judith Butler*, New York, Routledge, 2002, p. 4.

② Judith Butler, *Subjects of Desire：Hegelian Reflections in Twentieth-Century France*, New York, Columbia University Press, 1987, p. 21.

③ *Ibid.*, p. 17.

的句子中修辞的变化方式，表明了语法和人类主体的复杂性，证明了人们的说话方式对所说内容具有的本质意义。[①] 修辞的多重形式让我们进入多样的意识中，黑格尔的句子总是未完成的，其意义也是无法穷尽的，"黑格尔的句子上演着它们要表达的意义"[②]。它们的写作方式对它们要表达的意义有着直接的影响，如有学者指出的，黑格尔的写作方式体现着精神的辩证运动。[③] 为了理解那个旅途中的主体，阅读本身成为一种朝向总未到达目的地的方式，阅读成为一种哲学式的旅行。[④] 当然，黑格尔的写作中是不是真有这样的关系并不是我们所关注的问题，我们要关心的是，巴特勒是如何在自己的写作中显示出这种写作方式与意义之间的关系的。

　　巴特勒经常受到的批评之一，就是其写作的晦涩和暧昧（opacity）。我们在导论中也曾提到，在英语学界，巴特勒素以语言晦涩著称，并且十分喜欢运用反问、夸张、比喻和暗示等修辞方式。1998 年她还曾因一个超长句子荣获美国《哲学与文学》杂志所颁发的"最差写作奖"第一名。我们必须承认的是，巴特勒的文字具有很低的可读性。巴特勒自己也会有意无意地在自己的著作中承认这一点，比如，她在《身体之重》中就说过，"我使用的是否认了这一时序性的文法——我无疑也在同时为

---

　　① Judith Butler, *Subjects of Desire: Hegelian Reflections in Twentieth-Century France*, New York, Columbia University Press, 1987, p. 18.

　　② *Ibid.*, p. 20.

　　③ Moya Lloyd, *Judith Butler: From Norms to Politics*, Cambridge, Polity, 2007, p. 20.

　　④ Judith Butler, *Subjects of Desire: Hegelian Reflections in Twentieth-Century France*, New York, Columbia University Press, 1987, p. 20.

其所使用——只是因为，我没有复制拉康的时常令人叫苦不堪的文体（我自己的文体已经足够令人难以忍受）的欲望"①。

她之所以使用艰涩的文体，是因为在写于1999年的《性别麻烦》再版序言中进行了正面回应，她是这样解释的，首先，改变文体也是挑战规范的一种方法。她认为有人，

> 低估了阅读大众对阅读复杂的、挑战性的文本的能力与欲望，尤其是当那个复杂性不是毫无理由的，当那个挑战是为了质疑那些被视为理所当然的真理，当对那些真理的想当然的态度的确带来压迫的时候。②

文体并不是可以由一个人自觉选择和控制的。"文法也好，文体也好，都不是政治中立的。学习那些决定什么是可理解的言语的规则，是一种反复灌输、引导到规范化的语言的一个过程，而拒绝遵守规则的代价是丧失了可理解性本身。"她还指出，"如果认为一般所接受的文法是表达激进观点的最佳媒介，那将会是一个错误，因为文法对思想，更确切地说，对什么是可想的本身强加了诸多限制"③。她后来甚至将性别问题和语言问题联系在一起，认为"性别本身通过文法规范而获得自然化，

---

① ［美］朱迪斯·巴特勒：《身体之重：论"性别"的话语界限》，李钧鹏译，86页，上海，上海三联书店，2011。

② ［美］朱迪斯·巴特勒：《性别麻烦：女性主义与身份的颠覆》，宋素凤译，序(1999)，12页，上海，上海三联书店，2009。

③ 同上书，序(1999)，13页。

那么要在最根本的认识论层次上改造性别，其中一部分就要从挑战那使性别得以成形的文法来进行"[1]。

她还认为，对清晰的要求可能会让我们忽略一些东西，

> 在"清晰"的符号下暗渡的是什么？当清晰度已经宣告达成，而我们没能调动某种批判的怀疑精神，我们将付出什么代价？谁设计了"清晰"的准则，这些准则又是为了谁的利益服务？坚持透明度是所有沟通的必要条件，这样狭隘的标准排除了些什么？"透明"又隐蔽了什么？[2]

可见，巴特勒是将自己的写作方式作为一种政治质疑的手段来使用的。用莫娅·劳埃德的话来说，巴特勒的写作和她之后提出的述行性理论一样，是具有述行性的，[3] 是通过提问、转喻等方式对原有的规范的哲学体系的挑战，以打开思考的空间。

值得注意的是，巴特勒对自己的著作本身也持一种辩证的态度，她常常回到自己原来的讨论域，再次对自己之前的理论进行反思，与自己的作品保持一种辩证的关系。就像巴特勒看待黑格尔的精神的旅行一样，她总是朝向一个开放的、没有具体承诺也没有最终解决答案的未来。

---

[1]　[美]朱迪斯·巴特勒：《性别麻烦：女性主义与身份的颠覆》，宋素凤译，序(1999)，13 页，上海，上海三联书店，2009。

[2]　同上书，序(1999)，13 页。

[3]　Moya Lloyd, *Judith Butler: From Norms to Politics*, Cambridge, Polity, 2007, p. 22.

小 结

巴特勒的思想，产生于风雨际会的社会斗争之中，也产生于复杂多样的理论沉淀之中。我们要体会她的理论之精妙，必须了解她的理论之缘起。需要再次强调的是，巴特勒的思想资源并不仅仅局限在马克思主义理论、女性主义理论和黑格尔哲学之中，她对语言学的吸收，对精神分析的批评，也是她的思想脉络中不可缺少的一部分，这些吸收和批评，都以论战的方式蕴含在她后面的著作之中。这些理论，我们还会在后面不断介绍和提及。

《欲望的主体》是巴特勒识别和拆解女性主义主体的稳定性的哲学出发点。[①] 理解了巴特勒在博士论文中对哲学史的解读方式，我们就不难理解为什么她后来会把对性别问题的讨论转化成为一个哲学"问题"，这种"问题式"在她最基本的理论贮备中就已经决定了，哲学是其绕不开的理论基地。这也是为什么她后来能将性别问题转化为一个探讨自启蒙运动以来一直存在的"知识主体"的单一性和"普遍性"的认识论问题。[②]

巴特勒的博士论文虽然和她之后讨论的性别、身体政治学研究没有直接的关联，但是她同时期的三篇文章已经预示着她之后的理论走向。她写于1986年的《波伏娃的〈第二性〉中的性和性别》（*Sex and Gender in Simone de Beauvoir's Second Sex*），写于1987年的《性与性别的变化：

---

① 参见王楠：《从性别表演到文化批判——论朱迪斯·巴特勒的政治伦理批判》，载《妇女研究论丛》2015年第2期。

② 参见王楠：《性别与伦理——重写差异、身体与语言》，载《妇女研究论丛》2013年第6期。

波伏娃、威蒂格和福柯》（*Variations on Sex and Gender*：*Beauvoir，Witting and Foucault*）为之后的《性别麻烦》做了理论上的铺垫，出版于她的博士论文之后的《福柯和身体铭刻的矛盾》（*Foucault and the Paradox of Bodily Inscription*）对福柯的《性史》第一卷、《规训与惩罚》中的身体理论进行了讨论，巴特勒后来的《身体之重》对此文中的话题进行了展开分析。在这些文章中，我们能看到对巴特勒产生直接影响的思想家的身影。至于巴特勒具体是如何开始她的理论建构的，这就要从她的成名之作《性别麻烦》开始谈起。

第二章 ｜ 重思"性"与"性别"

　　从博士论文开始，巴特勒就已经开始显示出对性别研究的兴趣，后来更是以性别理论著称。巴特勒自己也承认对女性主义理论有着浓厚的兴趣，她在一次采访中说：

　　　　因为我在很年轻的时候教授女性主义，写作有关女性主义的题目。我的博士论文与"欲望"有关，那是一个政治性的问题，但也是一个哲学问题。我总是被女性主义中的性自由的传统所吸引。我也总是很担心女性主义中的规范性和压迫性倾向。①

---

① Regina Michalik，"The desire for philosophy：Interview with Judith Butler，"http：// www. lolapress. org/elec2/artenglish/butl _ e. htm, 2017-12-26.

在很多人眼里，巴特勒是且只是一个女性主义者。虽然笔者并不认为巴特勒仅仅是个性别理论家，但是必须承认的是，巴特勒的身体政治学及其后对规范暴力的反思，都是以性别理论为出发点与切入点的。所以，我们要了解巴特勒，必须先理解她的性别理论，特别是其极具争议性的"述行性"（performativity）理论。

我们先从巴特勒的成名作《性别麻烦》说起。巴特勒在写作这本书的时候还比较年轻，在学术界也还没有获得稳固的地位，她自己也说道："这本书是为几个朋友写的，在我的想象中，可能有一两百个人会去读它。"①她没有想到的是，《性别麻烦》后来成为 20 世纪 90 年代被引用得最多的女性主义著作，被翻译成 20 多种语言，并且因其中包含的理论极具颠覆性，而被认为"冲击了女性主义的基础"②，备受各种女性主义研究者的关注。在这本书里，巴特勒大量援引了后结构主义的理论，将研究的关注点投注在"女性是如何被塑造成一个性别化的主体"这个问题上，她认为在西方文明史中，关于主体的思考要在女性主义的主体性研究中得到新生；她认为，自己援引的这些理论也会因为在性别文化研究中被挪用而得到推进。

《性别麻烦》的理论背景相当庞杂，最突出的一点是其浓厚的法国色彩。巴特勒在这本书中吸收了大量法国思想家的思想，但同时她也指出，《性别麻烦》虽然根植于"法国女性主义"，但不完全是法国理论的结晶。因为法国女性主义本身是一种美国建构，与法国的实际理论有差

---

① ［美］朱迪斯·巴特勒：《消解性别》，郭劼译，212 页，上海，上海三联书店，2009。

② Moya Lloyd, *Judith Butler: From Norms to Politics*, Cambridge, Polity, 2007, p. 2.

距。所以她说：

> "法国理论"不是本书唯一的语言。它来自与女性主义理论，与
> 关于性别的社会建构特质的论辩，与精神分析和女性主义，与盖
> 尔·鲁宾关于性别、性欲与亲属关系的卓越的研究成果，与以斯
> 帖·牛顿关于扮装的开创性研究、莫尼克·维蒂格杰出的理论与小
> 说写作，以及与人文学科中的男同志和女同志观点的长期交流。①

可见此书的理论背景之复杂。

在写作《性别麻烦》的同时，巴特勒也写作了一些与性别理论有关的文章，在这一章中我们也将会有所涉及，但《性别麻烦》将会是我们关注的焦点，因为这本书涉及了巴特勒的性别理论的三大核心问题，这三大问题也贯穿在巴特勒的整个身体政治学理论之中。第一，对女性主义政治主体的颠覆性反思；第二，与精神分析理论的交锋；第三，提出了她的"述行性"理论。我们将在此章中对这些问题进行一一分析。

一、什么是"女人"

作为一个学者，巴特勒的一大特色在于，她的理论的生产情境是与

---

① ［美］朱迪斯·巴特勒：《性别麻烦：女性主义与身份的颠覆》，宋素凤译，序 (1999)，4 页，上海，上海三联书店，2009。

社会运动紧密相关的。对于《性别麻烦》，她说道："它不仅是从学院里，也是从我参与其中、风云际会的各种社会运动里，并且是在美国东岸——在本书写成之前，我在那儿居住了十四年之久——的女同志、男同志社群的语境里生产的。"让巴特勒深受鼓舞的是，这本书也在现实的社会运动中产生了影响，她说道："这本书直到今天仍持续在学院外流传，这是最令我感到鼓舞的经验之一。"①

那么，在现实的社会运动中，是什么触动了巴特勒的思考呢？

笔者认为，这首先来自她对女性主义运动的反思，我们在第一章的社会背景介绍部分提到，第三世界女性、少数族群的女性对以西方白人为代表的女性主义运动的合法性进行了质疑，认为其并不能代表所有的女性去为女人们争取应得的权益。"女性"本身已不再是铁板一块的统一体，巴特勒也在一次采访中提到了女性主义运动所发生的变化：

> 美国女性主义运动曾经在很长一段时间都是我们的一个样板。它是激进的、强大的。现在这种集体性的运动已经不再存在了。现在更像是个体在战斗，个体一次次的一起工作。②

女性主义运动的变化，引起了巴特勒的思考方式的变化。

于是，我们触及巴特勒的核心问题之一——对女性主义运动的主体

---

① ［美］朱迪斯·巴特勒：《性别麻烦：女性主义与身份的颠覆》，宋素凤译，序（1999），11 页，上海，上海三联书店，2009。

② Regina Michalik, "The desire for philosophy: Interview with Judith Butler," http://www.lolapress.org/elec2/artenglish/butl _ e. htm, 2017-12-26.

的合法性的反思，即对"女人"这个范畴的合理性的反思。

(一)"女人"何以可能

传统的女性主义运动，不管是自由主义女性主义、激进主义女性主义还是马克思主义女性主义等流派，都是以女性的普遍经历为出发点的，试图为全体女性争取平等的权利，这种政治运动的基石，是"女人"的共同的权利诉求、共同的压迫经验，这一点在巴特勒看来，是不成立的。在巴特勒的研究中，这些女性主义运动中所坚持的认同范畴是知识、权力、话语的虚构产物，而不是身体的自然结果。它们并不先在于知识、权力、话语，而是后者的产物。《性别麻烦》的目的，是建立一种批判的系谱学，一种关于作为认同范畴的性、性别、性属、欲望和身体的系谱学，也是关于建构它们的二元框架的系谱学。这个二元框架是强制性异性恋(compulsory heterosexuality)和菲勒斯中心主义的产物。

在《性别麻烦》1999 年版序言中，巴特勒指出，以往的女性主义理论假设存在着"女人"这种身份，这个身份不仅在话语里提出一种女性主义的共同利益和目标，还构成了一个女性主义用以进行行动的主体。女性主义运动通过这个主体获得了一种政治上的再现，但没有人去思考"女人"这个范畴本身到底是不是自然存在的。如果不是的话，"女人"又是如何建构起来的？巴特勒敏锐地察觉到，"女人"作为一个主体性的概念，并没有将所有的女性包含进来，在"女人"这个性别范畴中，一种看不见的筛选在发生。这种筛选是有某种标准的，对此，巴特勒指出，"政治和语言再现的领域先设定了一套主体形成的标准，结果只有被认可是主体者才能得到再现。换句话说，必须先符合作为主体的资格才能得到再现"①。在巴特勒看来，在女性主义政治运动中，"女人"作为一个行动的主体，并不是先在的，而是在外力的作用下形成的，这个外力，是某种隐形的权力。从这个角度来说，探寻女人成为主体的过程，就是探讨权力是如何产生作用的过程。

在对女性主义运动的省思中，巴特勒尖锐地指出，女性主义的主体原本应该是用来推动某种不合理的政治体系的解放的行动者，但实际的情形却是，作为主体存在的"女性"本身就是这个政治体系的话语建构。将"女人"再现为女性主义的主体，是再现政治的结果，如果不加批判地诉诸一个这样的体系来解放妇女，是搬起石头砸自己的脚。女性身份与男权压迫一样，都不具有普遍性。坚持女性经验的普遍性，是对多元性的否定，"坚持妇女范畴具有一致性与一体性，实际上是拒绝承认那些建构各种各样具体的'女人'的文化、社会与政治等交叉成因所具有的多元性"②。在第三世界国家的女性纷纷要发出自己的声音的背景下，巴特勒提出，在女性主义运动中，我们首先要让不同的"女人"进行对话，同时也要接受一个状况，就是只要有对话，就会有分歧、破裂、分裂和异见。

当然，这种会带来分裂的对话，并不是那生产出具有普遍性的"女人"概念的权力所允许的。巴特勒指出，

> 我们必须先诘问那些决定和限制对话的可能性的权力关系，不

---

① ［美］朱迪斯·巴特勒：《性别麻烦：女性主义与身份的颠覆》，宋素凤译，2 页，上海，上海三联书店，2009。

② 同上书，20 页。

然这个对话模式有再度堕入自由主义模式的危险：假设所有说话的能动者都站在平等的权力位置上，在发言时对什么构成"一致意见"与"统一"有着同样的预设，并且，也认为这些是需要追求的目标。①

所以，要建立这样的对话，首先必须对权力模式进行质疑。

从历史上看，女性主义运动的演变过程本身已然揭示出，"女人"这个范畴本身是不完整的，是无法囊括阶级、年龄和族群等人的丰富性和多样性的。巴特勒对"女人"这个范畴进行反思的政治意味在于："女人"概念的不完整性并不是坏事，也许恰恰可以作为剔除权力的强制规范性的一个切口，从而对权力的统治产生一种怀疑。这对女性主义运动的好处在于，

没有了女性主义行动必须建立在某种稳定、统一、大家都认同的身份上这样的强制性预期，那些行动也许就可以较快地启动，而且对一些认为这个范畴的意义永远是有待论辩的"妇女"而言，也显得合拍一些。②

所以，巴特勒认为，女性主义的联盟政治并不需要一个扩大的"妇女"范畴，也不需要一个一下子就能呈现其内部的复杂性和多元性的自我。性

① ［美］朱迪斯·巴特勒：《性别麻烦：女性主义与身份的颠覆》，宋素凤译，21页，上海，上海三联书店，2009。
② 同上书，21页。

别，只能被看作一个复杂的联合体。从这个角度出发，巴特勒对"性别"的内涵进行了某种展望，认为，

> 它最终的整体形式永远地被延宕，任何一个时间点上的它都不是它的真实全貌。因此，开放性的联盟所支持的身份，将因应当下的目的，或被建构或被放弃。它将是开放性的一个集合，容许多元的交集以及分歧，而不必服从于一个定义封闭的规范性终极目的。[①]

如果说，对女性主义政治运动的反思使巴特勒开始了她的女性主义理论之旅，那么，她的理论出发点是什么呢？她又是如何反思"女人"作为一个一致性的概念的不合理性的呢？笔者认为，她的省思是从对性别的"去自然化"开始的。在她看来，"女人"这个主体生成的过程，是一个排除性的过程，更重要的是，这种排除实践会在政治的司法结构建立之后隐藏起来，甚至变成一种"自然"，这让我们觉得，"女人"天然就是一个统一的、不具有内部矛盾性的主体。经过自然化之后，司法权力就可以将自己生产的东西宣称为理所当然的自然存在。

在巴特勒那里，将"女人"这个概念去自然化的方法之一，就是将其与具体的社会历史实践联系起来，将"女人"这个看似孤立的概念放置于具体的社会生活之中。在她看来，"女人"其实拥有多重身份，并不是一

---

① ［美］朱迪斯·巴特勒：《性别麻烦：女性主义与身份的颠覆》，宋素凤译，22页，上海，上海三联书店，2009。

个稳定的能指，这个词并不能包含一切，因为每个人都是处于不同的历史语境之中的，因此性别的建构也不可能是连贯统一的，性别总是与话语在不同的种族、阶级、族群、性和地域等范畴所建构的身份形态中交相作用。甚至"父权制"也不是一个大一统的概念，因为简单的"父权制"这个概念无法解释性别压迫在各种具体的文化处境中的不同运作方式。因此，巴特勒认为，"'性别'是不可能从各种政治、文化的交会里分离出来的，它是在这些交会里被生产并得到维系的"①。对女性主义的普遍基础的假设，实际上是在建构一个理论家们想象中的"第三世界"，或者"东方"的概念。在这种想象中，"性别压迫很微妙地被解释为一种本质的、非西方的野蛮性的症候"②。因此，"妇女共同地屈从经验"往往是一种生产，为父权制建立一种普遍性的特质。

为了分析"女人"作为一种想象是如何产生的，巴特勒在《性别麻烦》中借助了福柯改造尼采的一种批评研究方法——"系谱学"方法。福柯于1971年发表的《尼采·谱系学·历史学》一文在巴特勒的博士论文中被提及。这篇文章在福柯的研究中占据了重要的位置。此文的英译者认为，这篇文章是"典型地体现了福柯解说自己与这些对其思想发展而言具有非常根本的意义的渊源之间关系的试图。就理解福柯的目的而言，这篇文章的重要性无法低估"③。在这篇文章中，福柯提出了他的"系谱

①　[美]朱迪斯·巴特勒：《性别麻烦：女性主义与身份的颠覆》，宋素凤译，4 页，上海，上海三联书店，2009。

②　同上书，4 页。

③　[法]福柯：《尼采·谱系学·历史学》，朱苏力译，见贺照田主编：《学术思想评论》第四辑，379 页，沈阳，辽宁大学出版社，1998。

学"的研究方法。

福柯的"系谱学"概念来自尼采的《论道德的谱系》，尼采的研究者、法国哲学家吉尔·德勒兹（Gilles Deleuze）清晰地解释过尼采的这个概念：

> 系谱学既意指起源的价值，又意指价值的起源。它既反对绝对价值，又不赞成相对主义或功利主义价值。系谱学意指价值的区分性因素，正是从这些因素中价值获得自身价值。因此，系谱学意味着起源或出身，同时又意味着起源时的差异或距离。它意指起源中的高贵与卑微，高贵与粗俗，高贵与颓废。高贵与粗俗、高等与低等——这些是真正具有系谱学意义和批判意义的因素。①

可以说，系谱学，是一种研究起源的历史方法。福柯拒绝以一种本质主义的方式来看待历史，而认为"这些事物都没有本质，或者说，它们的本质都是一点点地从外在于己身的形式中制作出来的"，而"在事物的历史开端所发现的并不是其不可改变的源始同一性；而是对其他事物的分解"②。这种研究方式，把历史细节化、离散化了，对研究对象的来源追本溯源必然会触及对象本身之外的各种影响因素，这些因素的存在会"动摇那些先前被认为是固定不变的东西，碎裂了先前认为是统一的东

---

① ［法］吉尔·德勒兹：《尼采与哲学》，周颖、刘玉宇译，3页，北京，社会科学文献出版社，2001。

② ［法］福柯：《尼采·谱系学·历史学》，朱苏力译，见贺照田主编：《学术思想评论》第四辑，382页，沈阳，辽宁大学出版社，1998。引文有改动。

西，显示了先前被想象为自我保持一贯的东西实际上有着多样的性质"①。这种研究方法，是将对象看作诸种外在因素的结果，在寻找对象的起源的过程中，找到这些外在因素到底是什么，从而破除对对象的本质主义的理解。

在性别研究中，这样的研究方法有助于我们去探究女性的主体性是如何在现代性中被创造出来的。② 巴特勒就将系谱学的研究方法用于对"女人"这个概念的研究。从历史的角度来说，对"女人"这个概念的理解不是静止不变的。以往在女性主义内部，特别是在激进女性主义和文化女性主义那里，女性主义者们往往试图寻找女性有别于男性的特质，并以此为基础去建立一个没有父权压迫、由女性自己来掌控的美好世界。但在巴特勒看来，那种认为"女性具有独特性，独立于霸权和男权文化之外"的观点，实际上是一种建构，而使这种建构得以辨识的前提，就是男性和女性的二元分立，这种分立使女性的"独特性"完全脱离了具体的历史文化语境，而且使性别和阶级、族群等建构剥离开来。在这种架构之中，"女人"成为一个悬空的想象。

与这种本质主义的思考方式相反，巴特勒认为，"女人"并不是一种可以自我确证的、本质性的认同，而是一种在语言和话语之中形成的认同。系谱学方法，就是要用来追踪这个过程。她并不致力于寻找性别的源头、女性欲望的内在的真实性或者某种纯正的性别身份，相反，她对

---

① ［法］福柯：《尼采·谱系学·历史学》，朱苏力译，见贺照田主编：《学术思想评论》第四辑，386 页，沈阳，辽宁大学出版社，1998。引文有改动。

② 参见［英］斯科特·拉什：《谱系学与身体：福柯/德勒兹/尼采》，曹雷雨、王燕平译，见汪民安等编：《福柯的面孔》，439 页，北京，文化艺术出版社，2001。

这些起源性的探索持一种批评态度。她要做的是——找出让这种女性身份认同出现的条件到底是什么。她的系谱学方法质问的是——"将那些实际上是制度、实践、话语的结果，有着多元、分散的起源的身份范畴，指定为一种起源或原因，这样做的政治着眼点是什么"①。作为一种历史研究的方式，"真理"甚至知识都不是系谱学研究的目标。如巴特勒自己所说的，"系谱学"不是事件累积起来的历史，而是对被称为"历史"的那个东西得以出现的条件的探究，因为历史得以出现的环节并不是那么容易被辨识出来的。② 巴特勒试图用这种方法，探讨"什么是女人"。

在这里，需要引起我们注意的是，虽然对"女人"作为一种再现的主体持怀疑态度，巴特勒并不是要完全拒绝再现政治，并不是要对权力进行彻底的拒绝，她认为这是不可能的，因为和福柯一样，她认为所有的理论的立场实际上都是内在于权力的场域的，她能做的只是对权力场域的自我合法化的实践进行一种系谱学的批评而已。这种批评的出发点，只能是马克思所说的"历史的当下"，"我们的任务是在这个建构的框架里，对当代司法结构所生产、自然化以及固化的身份范畴做出批判的论述"③。

因此，巴特勒式的女性主义系谱学的任务，是去追溯女性主义司法

① ［美］朱迪斯·巴特勒：《性别麻烦：女性主义与身份的颠覆》，宋素凤译，序（1990），3 页，上海，上海三联书店，2009。

② Judith Butler, "Revisiting Bodies and Pleasures", *Theory, Culture and Society*, 16（2），1999，p. 15.

③ ［美］朱迪斯·巴特勒：《性别麻烦：女性主义与身份的颠覆》，宋素凤译，6 页，上海，上海三联书店，2009。

主体的生产的政治前提。当然，这种做法会挑战"女人"作为一个主体的合理性，动摇之前的女性主义政治的基础，但在巴特勒看来，揭示权力的运作机制，比拥有一个稳定的主体更为重要。"女性主义主体这个身份不应该成为女性主义政治的基础，如果主体的形成是在一个权力场域里发生，而由于对这个基础的主张，这个权力场域在一般的规律下是被掩盖的话。"①

巴特勒对权力的隐秘路径的追溯，是从对"生理性别"（sex，下面我们有时会将其简称为"性"）与"社会性别"（gender，下面我们有时会简称为"性别"）的关系的重思开始的。从巴特勒的系谱学的角度来说，性和性别与其说是话语和实践的原因，不如说是它们的结果。用马克思的方式来说：

> 问题不在于某个无产者或者甚至整个无产阶级暂时提出什么样的目标，问题在于无产阶级究竟是什么，无产阶级由于其身为无产阶级而不得不在历史上有什么作为。它的目标和它的历史使命已经在它自己的生活状况和现代资产阶级社会的整个组织中明显地、无可更改地预示出来了。②

换句话说，作为一个主体，并没有创造话语、实践，反而是话语、实践通过决定一个人的性、性别和性象（sexuality），从而创造了一个主体。

---

① ［美］朱迪斯·巴特勒：《性别麻烦：女性主义与身份的颠覆》，宋素凤译，7页，上海，上海三联书店，2009。

② 《马克思恩格斯文集》第1卷，262页，北京，人民出版社，2009。

巴特勒的系谱学要追溯的就是这个主体形成的过程，并且她将指出，在这个过程中，作为结果的主体并不是既定的。

(二)"性"即"性别"

马克思早就说过，"黑人就是黑人。只有在一定的关系下，他才成为奴隶"①。从波伏娃说"女人并不是生就的，而宁可说是逐渐形成的"②开始，生理性别(sex)和社会性别(gender)的区分渐渐成为女性主义运动的基石，在第二次女性主义浪潮中更是达到了高潮。这种区分，首先被用来反驳"生理即命运"的观点，其基本观点在于，不管生理性别在生物学上是如何不可撼动的，社会性别是文化建构的。社会性别和生理性别不存在因果关系，也不那么固定，男人和男性可以指向女性身体，女人和女性也可以像意指女性身体一样指向男性身体。③ 相对于生理性别的独立性，社会性别具有流动性，从而具有多元性，这潜在地挑战主体的统一性。

巴特勒的颠覆性在于，相对于上述观点，她进一步认为生理性别和社会性别的二元性也应该受到质疑，她认为这个二元选项也可能是一个

---

① 《马克思恩格斯选集》第 1 卷，344 页，北京，人民出版社，1995。

② ［法］西蒙娜·德·波伏娃：《第二性》全译本，陶铁柱译，309 页，北京，中国书籍出版社，1998。

③ 关于社会性别的讨论，参见两篇极具代表性的文章，一篇是琼·W. 斯科特的《性别：历史分析中一个有效范畴》，见李银河主编：《妇女：最漫长的革命 当代西方女性主义理论精选》，120—140 页，北京，中国妇女出版社，2007。另一篇是周颜玲的《有关妇女、性和社会性别的话语》，见王政、杜芳琴主编：《社会性别研究选译》，378—396 页，北京，生活·读书·新知三联书店，1998。

可变的建构，应该受到系谱学的探讨。与其说作为一种生理性别的"女人"是一个自然现象，还不如说"女人"是一种行动。因为这个"由各种不同的科学话语生产的生理性别表面上的自然事实"①，很可能是为了别的政治或者社会利益服务的。如果生理性别的不可变性受到挑战，那么它很可能和社会性别一样，是文化建构的，而非自然事实，从这一点上看，它很可能也是一种社会性别，生理性别和社会性别的区分是无法成立的。两者的关系，也不再是自然与文化的关系，生理性别并不是先于文化的、前话语的，它被生产为前话语，是"社会性别所指定的文化建构设置的一个结果"②。

巴特勒重思"性"与"性别"的关系，其目标有两个，一是将作为生理性别的"性"去自然化，二是找出"性"被自然化的机制所在。虽然巴特勒继承了理论对社会建构力量的揭示，但是她认为，当波伏娃说"女人并不是生就的，而宁可说是逐渐形成的"的时候，虽然波伏娃承认了社会性别是建构的，但她的论述依然有着一种笛卡尔式的身心二元论的内核③。波伏娃的理论依然隐含着一个先在的能动者，一个"我思故我在"的主体（cigito），这个主体以某种方式获取或者采用一种社会性别，并且在原则上，这个主体还可以采用另一种性别。波伏娃实际上提出要把

---

① ［美］朱迪斯·巴特勒：《性别麻烦：女性主义与身份的颠覆》，宋素凤译，10页，上海，上海三联书店，2009。

② 同上书，11页。

③ "笛卡尔式的二元论"认为，人的身体与精神之间始终存在着一种鸿沟，精神是智慧与理性的来源，而身体则总被难以控制的欲望所支配。关于笛卡尔的二元论的研究，可参见 Niall Richardson and Adam Locks, *Body Studies：The Basics*, London and New York, Routledge, 2014, pp. 7-10。

女性建构成一个在哲学上类似于男性所要建构的存在主义的主体。同时，虽然波伏娃看到了女人是在一种文化强制下变成女人的，但是在波伏娃那里，这种强制性是不可能从生理性别得出来的，而仅仅与社会性别有关。并且，巴特勒看到，波伏娃认为社会性别是建构的观点其实暗含了某种对身体的看法，即认为身体是被动的，是文化律法的接受者。但同时，巴特勒在波伏娃的身体理论中找到了一丝裂隙，因为如果从波伏娃“身体是一种情境”这个角度来看，身体始终是处于文化建构中的。① 从某种意义上说，我们实际上是无法诉诸一个没有被文化意义阐释过的身体的。巴特勒抓住了波伏娃这一点，又比波伏娃多走了一步，她认为“生理性别不能构成一个先于话语的解剖学上的事实”②，生理性别很可能自始至终都是社会性别。

在西方哲学的长久历史中，身体往往是作为精神的对立面存在的。在西方文明史中，

> “身体”成了被动的媒介，受到文化意义的镌刻；或者它是一个工具，通过它某种专擅和诠释的意志决定着自身的文化意义。不管是哪种情况，身体都只是被当作一个工具或媒介，一整套的文化意义跟它只属于外在的联系。③

---

① Judith Butler，"Performative Acts and Gender Constitution：An Essay in Phenomenology and Feminist Theory"，*Theatre Journal*，Vol. 40，No. 4（Dec.，1988），p.524.

② ［美］朱迪斯·巴特勒：《性别麻烦：女性主义与身份的颠覆》，宋素凤译，12页，上海，上海三联书店，2009。

③ 同上书，12页。

但是，深受法国现代哲学影响的巴特勒并不认同这个传统，她认为，"身体"这个范畴本身，就是一种建构，因为并没有一种先于社会性别标记的身体存在。因此，通过反思"性"与"性别"的关系，我们要重新设想"身体"，不再将身体仅仅看作媒介或工具，而要思考身体是如何处在社会性别的标记中，并通过这些标记形成的。

波伏娃的"主体"观是和身体联系在一起的，巴特勒进而对波伏娃的"主体"观念进行了省思。在《第二性》中，波伏娃认为"主体"一直都是男性的，女性则一直处于"他者"的位置。① 相对于代表理性与普遍性的男性来说，女性是特殊的、肉身的、物质的。波伏娃所要追求的，是让女人成为一种存在主义的主体，能被一种抽象的普遍性框架包含其中。这种观念虽然有值得商榷之处，但是也隐含了对抽象男性认识论主体超脱肉身具现的特质的某种重要批判。这个男性的抽象主体，否认自己受到社会标记的肉身具现，而把这种自己厌弃的肉身具现投射到女性的领域，最后把身体重新命名为女性。于是，"身体与女性的联系，以一种神奇的互动关系作用：女性由此而被局限于她的身体，而悖论地，被全盘否定的男性身体成为承载一个表面上彻底自由的非物质性工具"②。

针对这一点，波伏娃认为女性身体应该是女人获得自由的情境和媒介，而不是一种被定义和限制的本质，这对批判抽象的男性主体有着积极的意义。但是巴特勒认为，波伏娃还是维持了传统哲学的精神与身体

---

① 参见［法］西蒙娜·德·波伏娃：《第二性》全译本，陶铁柱译，6—10页，北京，中国书籍出版社，1998。

② ［美］朱迪斯·巴特勒：《性别麻烦：女性主义与身份的颠覆》，宋素凤译，16页，上海，上海三联书店，2009。

的二元论划分。这种划分从柏拉图、笛卡尔，到后来的胡塞尔、萨特一直延续下去。灵魂与身体的二分，支持着政治上和精神上的臣服和等级关系。精神与男性、身体与女性的联系，是"精神战胜身体"的深化在男性与女性的关系之间的上演。① 由此，我们要推敲固有的性别等级的不合理性，必须对精神和身体的二元区分进行重新思考。在这一点上，波伏娃并没有在性别这个维度标示这种二元区分，在她对生理性别和社会性别的区分中，身体只是社会性别的载体罢了。对此，巴特勒同意伊里加蕾的看法，即女性身体实际上被划出了可意指的范畴，波伏娃试图从二元对立的辩证关系体系中寻找女性被贬低的原因，而伊里加蕾则尖锐地指出，这个二元对立关系本身就是男性中心主义的意指结果，女性在其中根本没有位置。②

波伏娃对女性主义理论的贡献之大毋庸置疑，作为存在主义哲学重要的代表作之一，《第二性》弥补了存在主义哲学在建构主体的问题上只考虑男性而不考虑女性的问题，指出未来社会应该是男女两性都成为主体的社会。在《性别麻烦》中，巴特勒一方面承认了波伏娃在哲学上的激进性，但也借女性主义者莫尼克·威蒂格（Monique Wittig）③的作品指出了波伏娃的存在主义理论中存在的问题。第一个观点是，"生理性别范畴既不是不变的，也不是天生自然的，而是对这个自然范畴的一种特

---

① Niall Richardson and Adam Locks，*Body Studies*：*The Basics*，Londan and New York，Routledge，2014，pp. 7-10.

② 伊里加蕾通过对精神分析理论的批评进行了她的论证，参见［法］露西·伊利格瑞（又译为露丝·伊里加蕾）：《他者女人的窥镜》，屈雅君等译，139 页，郑州，河南大学出版社，2013。

③ 莫尼克·威蒂格（Monique Wittig，1935—2003）：法国著名女同性恋作家。

殊的政治运用，以服务于生殖性欲的目的。换句话说，我们没有理由把人的身体划分为男性和女性这样的性别，如果不是因为这样的区分符合异性恋的经济需要，而且可以给异性恋制度一个自然的假象"①。威蒂格认为，生理性别和社会性别之间是没有区别的，生理性别这个范畴本身就是社会性别，被用于维持异性恋二分结构。她认为，"女人对于我们来说并不存在"②，因为"女人"这个生理性别实际上是一种对身体的、政治的和文化的阐释，它不是天生的，而是在政治力量中被自然化的。

威蒂格的第二个观点是：女同性恋不是女人。她认为女人只是作为一个稳定、巩固与男人的二元对立关系的词语存在，并且这个关系是异性恋。女同性恋拒绝了性别范畴，不是男人也不是女人。③ 通过这种拒绝，女同性恋的存在暴露出性别范畴的假定，实际上它是随着历史发展而改变的文化建构。在威蒂格的描述中，女同性恋这个范畴从根本上质疑了稳定的生理性别和社会性别的划分。

通过威蒂格的讨论，巴特勒将波伏娃的问题转化为"这个机制什么时候出现在文化场景中，将人类主体转换为一个性别化的主体？"④我们知道，波伏娃承认女人的范畴会在社会文化中发生改变，但是她认为生理性别是天生的，是一出生就有了的，并且会终生相伴的，是作为一个

---

① ［美］朱迪斯·巴特勒：《性别麻烦：女性主义与身份的颠覆》，宋素凤译，146页，上海，上海三联书店，2009。

② ［法］莫尼克·威蒂格：《女人不是天生的》，见李银河主编：《妇女：最漫长的革命》，39页，北京，中国妇女出版社，2007。

③ 同上书，36页。

④ ［美］朱迪斯·巴特勒：《性别麻烦：女性主义与身份的颠覆》，宋素凤译，145页，上海，上海三联书店，2009。

合格的人的必要属性。对于她来说，生理性别具有不可改变的事实性，而社会性别则是后天获得的。但是，巴特勒认为主体的性别化过程在生理性别上就已经开始了。

巴特勒认为，是性别标记让身体成为"合格"的人类身体，如果没有这些标记，某些身体就不能进入"人"的领域。婴儿成为一个人的时候，是在"是个男孩还是女孩？"这个问题有了答案的时候，"那些不能划入两种性别其中一个的身体不属于人类的范畴，它们事实上构成了非人类、贱斥者（the abject）的领域，人类世界是通过与它们的对比反衬建构起来的"[①]。

巴特勒试图借助莫尼克·威蒂格的作品，去证明通过身体得以表现出来的"生理性别"，实质上是被话语所塑造的。在威蒂格的作品中，"性别"是通过话语生产的，她拒绝参与这个意指体系，也不相信在这个体系中能找到颠覆之处，她想要反抗话语权力的压制，就要彻底颠覆这个体系才行。生理性别其实已然是一个结果，它看上去没有前因，实际上这是因为前因难以找到。身体的生物属性，使其"看上去"属于自然的秩序，但它实际上是一种"想象的结构"。"我们变形的身体被他们称为'自然'，即一种被假定是先天存在的而不是受到压制的性质"[②]，身体所具有的种种实际上并不连贯的特征，被"生理性别"强行加入了一种人为的统一性。"'生理性别'既是话语的也是感知的，它标志了一套具有

---

① ［美］朱迪斯·巴特勒：《性别麻烦：女性主义与身份的颠覆》，宋素凤译，145页，上海，上海三联书店，2009。

② ［法］莫尼克·威蒂格：《女人不是天生的》，见李银河主编：《妇女：最漫长的革命》，34页，北京，中国妇女出版社，2007。引文有改动。

历史偶然性的认识体制——通过强行塑造物质性身体所由以被感知的那个关系网络而形成认知的一种语言。"①因此，巴特勒在威蒂格的小说里读出，"身体的'完整性'和'统一性'，时常被认为是正面的理想，但它们其实是被用来达到分裂、限制和统治的目的"②。"语言通过言说主体（speaking subjects）的语内表现行为（locutionary acts）而获得创造'社会真实'（the socially real）的权力"。对于威蒂格来说，"语言是一套不断重复的行为，由此产生了真实—结果，这些真实—结果最后又被误认为'事实'，从整体来看，一再重复的命名性差异的实践，创造了这样的自然区分的表象。对生理性别的'命名'是一种掌控和强制的行为，是制度化的操演，它要求依照性差异的原则对身体做话语/感知的建构，从而创造并制定社会真实"③。

男人、女人，是政治的范畴，而不是自然的事实。威蒂格说，语言"在社会身体上铸造各种形式的真实"④。对于巴特勒来说，语言在产生这种作用的过程中，是具有强制性的，不是随意能够摆脱的。

> 当话语要求一个言说的主体为了要发言而必须参与那个压迫的框架——也就是理所当然地认定那个主体本身的某种不可能性或不可理解性——的时候，话语变得具有压迫性。⑤

---

① ［美］朱迪斯·巴特勒：《性别麻烦：女性主义与身份的颠覆》，宋素凤译，149页，上海，上海三联书店，2009。
② 同上书，150页。
③ 同上书，150页。
④ 同上书，151页。
⑤ 同上书，151页。

在威蒂格看来，异性恋假设在话语中就有这样的强制力——你要么是异性恋，要么就不存在。这个语言体系有着巨大的权力，各种观念、范畴和抽象概念，都能对所谓它们建立或诠释的身体造成有形的和实质的暴力。科学和理论在这里成为一种统治的形式，它们是权力的表达。

但威蒂格认为，生理性别是可以进行改变的，身体的性、性别和欲望的一致性一旦崩解，生理性别的自然性也就会消失。她与波伏娃不同的地方就在于，波伏娃将身体看作一种自然物质，一种表面形态，一个客体，而她却将身体看作一种有目的的控制手段，看作被生产和维系的一种"理念"，身体的物质性是有弹性的、可以改变的。所以她致力于证明身体的自然性其实是一种建构，是由一种夹杂着或隐含了政治利益的语言所塑造的，而要挑战这种建构的方法，同样也是语言，她要用语言去重新建构身体，"使之超越压迫性的生理性别范畴"[①]。

那么，解构之后何为呢？

巴特勒认为，威蒂格除了解构身体的自然性之外，还揭示出一种身体的"能动性"，这种能动性产生于多个不同的权力中心。在身体之间复杂的文化交换里，能动性得以产生。在这里，巴特勒触碰到了一个很重要的问题，即"政治能动性何以可能"的问题，那个先在的身体被抽离之后，"个人与政治的能动性的起源不是来自个人的内在，而是在身体之间复杂的文化交换里、通过这些交换产生的；在这些交换中，身份本身

---

① ［美］朱迪斯·巴特勒：《性别麻烦：女性主义与身份的颠覆》，宋素凤译，164页，上海，上海三联书店，2009。

不断地变动，事实上，身份本身只有在一个动态的文化关系领域的语境里，被建构、被瓦解而重新流通"①。能动性的产生不再寄希望于个体的内在本质，而寄希望于文化关系的再建构。

同时，巴特勒虽然强调了女同性恋的革命潜质，但她认为还要防止女同性恋在反对二元体制的时候，自己本身也成为一种同样的强制性范畴。巴特勒的激进意义以及她之所以在酷儿理论中占有重要的位置，就在于她看到——女同性恋的情欲，不仅仅是对异性恋、女人、生理性别的挑战，还是对"女同性恋"这个范畴本身的挑战。可悲的是，威蒂格似乎陷入了这样一个误区，她认为只有彻底摆脱异性恋语境，也就是成为女同性恋或者男同性恋，才能使异性恋体制垮台。这样，女同性恋只有两种政治选择：彻底的服从或者彻底的革命。② 因而，她在建构男女同性恋的身份之时，实际上也运用了异性恋强制体系中的排除方式，并且假设了一种完全不受异性恋规范制约的同性情欲的存在，仿佛异性恋和同性恋是决然二分的。巴特勒认为，这样反而"建制了它企图克服的那个极度依赖的关系：这样一来，女同性恋主义将需要异性恋制度"③。所以，将女同性恋建构为一种完全被异性恋制度排除的欲望形式，反而会取消其斗争的潜力。因为女同性恋本身，就是在异性恋体制中被建构的，同性恋文化依然存在于异性恋文化这个大的框架之中。这样的斗争策略，将取消女同性恋在异性恋体制内部进行重新意指的能力。

---

① ［美］朱迪斯·巴特勒：《性别麻烦：女性主义与身份的颠覆》，宋素凤译，166页，上海，上海三联书店，2009。
② 同上书，159页。
③ 同上书，167页。

巴特勒所选择的斗争方式和威蒂格是不一样的，她不认为要在异性恋体制之外进行反抗，因为权力的二元结构会在不断地增衍中被超越，权力中的内在颠覆比外在批判更有意义——这是在废墟之中而不是之外的重建。巴特勒认为，挑战"生理性别"，如威蒂格所做的那样，并不是斗争的目的，她进一步要做的应该是"彻底地挪用以及重新调度身份范畴本身"①，在身份的范畴之中，她要表达多元的性别话语，使性别的范畴永远受到质疑。

巴特勒批判性地吸收了威蒂格的理论，对波伏娃的"性"与"性别"的区分进行了反思，她挑战了"性"与"性别"之间的分别，在肯定身体的文化特质的过程中否定了生理性别的自然性。她对"性"与"性别"的重思，对于女性主义来说是爆炸性的，她将女性主义政治带向了一种身份政治的斗争。"女人"变成一个处于社会情境中的身份，而不是一个先在的生理性的存在。这种转变，使"性"这个生理范畴卷入政治斗争的旋涡之中，并且在巴特勒的分析中，不断显示出其作为一种权力工具的重要性。我们接着看，性别在成为一种政治身份的过程中，背后隐藏着什么样的权力运作机制。

(三)性别作为一种"身份"

在揭示了"性"与"性别"的划分的脆弱性和不稳定性之后，巴特勒将性别与"身份政治"联系在一起，因为在她看来，"性别"是具有排除性的，与人的"身份"的形成直接相关。身份的背后，是权力和话语的机

---

① ［美］朱迪斯·巴特勒：《性别麻烦：女性主义与身份的颠覆》，宋素凤译，168页，上海，上海三联书店，2009。

制；性别政治，就是强制性异性恋与阳具逻各斯中心主义(phallogocen-trism)的共同作用。这两者，就是巴特勒的性别理论的主要批判目标。[1]

巴特勒巧妙地将传统对"人的身份"的构成问题的思考，在性别问题中转化为，

> 在何种程度上，关于性别成形与区分的管控性实践(regulatory practices)建构了身份，建构了主体内在的一致性，也就是人始终如一的特质？在何种程度上"身份"其实是一种规范的理想，而不是经验的一种描述特征？支配性别的管控实践，又如何也支配着文化上对身份的理解概念？[2]

通过提问方式的转换，她要证明"'人'的'一致性'与'连续性'，不是有关人的一些逻辑或分析的要素，而其实是社会所建构与维系的理解规范"[3]。

巴特勒认为，在身份获取的过程中，那些不符合强制性异性恋与阳具逻各斯中心主义的人的存在，对"普遍的人"这个概念提出了质疑。为了证明这一点，巴特勒提出了一个重要的概念——"文化的可理解性"

---

① 如巴特勒指出，"强制性异性恋与阳具逻格斯中心主义(phallogocentrism)被理解为一种权力/话语体制，它们通常从非常不同的途径回应性别话语这个中心问题：'语言如何建构生理性别范畴？'"[美]朱迪斯·巴特勒：《性别麻烦：女性主义与身份的颠覆》，宋素凤译，序(1990)，3页，上海，上海三联书店，2009。

② [美]朱迪斯·巴特勒：《性别麻烦：女性主义与身份的颠覆》，宋素凤译，23页，上海，上海三联书店，2009。

③ 同上书，23页。

(cultural intelligibility)，即某物在文化中得以存在，得以被理解。在性别界划中，"可理解的"性别是"那些建立和维系生理性别、社会性别、性实践与欲望之间的一致与连续关系的性别"①，其他性别是不具有文化的可理解性的。性、性别与欲望之间，在某个合法的身份中必须具有一致性，而这恰恰是巴特勒所要质疑之处。

巴特勒认为，我们是通过一种文化矩阵来理解性别身份的，这个文化矩阵要求某些"身份"不能"存在"，从性别的角度来看，这个文化矩阵，也被称为"异性恋矩阵"(the heterosexual matrix)。巴特勒在《性别麻烦》中解释了这个概念的来源和作用：

> 我用异性恋矩阵这个词来指称文化理解的坐标图，通过它，身体、社会性别与欲望获得自然化。我援用莫尼克·威蒂格"异性恋契约"(heterosexual contract)的概念，其中一少部分也援引艾德利安·瑞奇（Adrienne Rich）"强制性异性恋"(compulsory heterosexuality)的概念，来描述用以理解社会性别的一种霸权性的话语/认识模式，这个模式假定身体要有一致性、要有意义，就必须有一个稳定的社会性别来表达稳定的生理性别（阳刚表达生理上的男人，阴柔表达生理上的女人）；而社会性别是通过强制性异性恋的实践，以二元对立、等级的方式来定义的。②

---

① ［美］朱迪斯·巴特勒：《性别麻烦：女性主义与身份的颠覆》，宋素凤译，23页，上海，上海三联书店，2009。

② 同上书，7页。

而那些被排除在这个矩阵之外、不能存在的性别身份，指的是"那些社会性别风貌不符合生理性别的身份，以及欲望的实践并非'根据'生理性别或社会性别而来的身份"。通过"文化的可理解性"这个概念，巴特勒指出，身份建构过程中具有一些人们难以察觉的排除性特征。被排除掉的身份，是不可理解、不被看见的。但是，不被看见，并不代表这些性别身份不存在，相反，这些性别身份的存在和不断增加，挑战了这个理解范畴的合法性，为揭示出这个理解范畴的管控作用提供了契机，也"因此在这个理解矩阵的框架里，打开了一些可与之抗衡、具有颠覆性的性别无序矩阵"①。巴特勒不仅想将认同的范畴去自然化，还想找到反抗和改变的可能。她想证明异性恋体制及其所依赖的性差异的二元体制是不稳定的，这种不稳定恰恰是反抗的切口。②

一直处于社会运动前线的巴特勒指出，比如，虽然规范的性欲强化了规范的性别，但某些性实践会使性别变得不稳定。女同志、男同志等新的性别形式的出现会带来某种性欲和语言上的"本体的危机"，会质疑那个一直在主流社会中具有合法性的"异性恋框架"。这些挑战，会成为一种"麻烦"。巴特勒在解释她的"性别麻烦"的时候说道，"一个人之所以是女人，是因为在主导的异性恋框架里担任了女人的职责；而质疑这个框架，也许会使一个人丧失某种性别归属感"③。这就是一种"性别麻

---

① ［美］朱迪斯·巴特勒：《性别麻烦：女性主义与身份的颠覆》，宋素凤译，24页，上海，上海三联书店，2009。

② Gill Jagger, *Judith Butler: Sexual Politics, Social Change and the Power of the Performative*, London, New York, Routledge, 2008, p. 18.

③ ［美］朱迪斯·巴特勒：《性别麻烦：女性主义与身份的颠覆》，宋素凤译，序(1999)，5页，上海，上海三联书店，2009。

烦"。巴特勒要说明的是，"在规范异性恋的情境下，对性别的管控有时候是用来维护异性恋制度的一个方法"，这种管控是排斥那些"性别麻烦"的。

巴特勒还将自己的批判提升到了哲学的高度。在身份问题上，巴特勒认为波伏娃和威蒂格都看到，将女性等同于性（sex），将女人这个范畴与她们的身体外在的性化特征混同，是拒绝给予女人自由和自主权的表现，就好像这些理应是男性所享有的一样。威蒂格希望能让女人拥有一个普遍的主体身份，但是巴特勒认为威蒂格的哲学基础是一种实在形而上学，她认为虽然威蒂格为女同性恋的解放运动提供了理论支持，对"女同性恋"和"女人"这两个称谓进行了区分，但是威蒂格"却从为前性别化的'人'——以自由为其特性——辩护着手。这样的做法不仅肯定人类的自由具有前社会的性质，同时也认可了那应为性别范畴的生产和自然化负责的实在形而上学"①。

巴特勒对威蒂格的批评触及了威蒂格的哲学基础。在后结构主义那里，人本主义之主体的实在的大写的"我"（"Ⅰ"）是一种幻觉，是语言的语法结构的产物，而不是一种语言学范畴再现的统一的、连贯的存在。② 巴特勒对主体的后结构主义式的理解，根植于其对"实体形而上学"的尼采意义上的批判。巴特勒认为，对实在形而上学的批判，隐含了对把心理学上的人当作一个实在事物的观念的批判。实在形而上学认为，文法

---

　　① ［美］朱迪斯·巴特勒：《性别麻烦：女性主义与身份的颠覆》，宋素凤译，28页，上海，上海三联书店，2009。

　　② Gill Jagger, *Judith Butler*: *Sexual Politics*, *Social Change and the Power of the Performative*, London, New York, Routledge, 2008, p. 18.

上主语和谓语的表达方式，反映了"实在"以及属性的先在的本体真实。

> 对维蒂格（威蒂格——笔者注）来说，如果性别"属于哲学范畴"，那就是说它从属于那个不证自明的概念体系，哲学家们相信如果没有这些概念，他们无法发展一个系统的理性推理。这些概念是不言自明的，因为本质上它们的存在先于所有的思考、所有的社会秩序。①

正是因为这样的观点，威蒂格在处理性别身份话语的时候，会对性别、性欲不加批判地用上各种有关"存有"的词性变化属性。而她宣称自己"是"一个女人，"是"异性恋者，而不加置疑，这正是这种性别实在形而上学的一个症候。这样不加置疑的宣称，在"男人"和"女人"的身份话语中产生的效果是一样的，这往往会把性别的概念放在身份的概念之下，并得出这样的结论：一个人就是某种社会性别，而且他/她之所以是那个性别，是因为他或她的生理性别、对自我的心理认知，以及对那个心理自我的各种表达不同，而其中最为显著的是性欲望的表达特点。在这里，性、性别和欲望被认为具有一种先在的一致性，巴特勒对这种先在性的真实性深表怀疑，因为在她看来，性别化的心理倾向或文化身份的经验都是实践的成果，否则一个女性怎么会有"我觉得自己像个女人"这样的表述。

在巴特勒这里，性别是一种指涉了有关生理性别、社会性别与欲望

---

① ［美］朱迪斯·巴特勒：《性别麻烦：女性主义与身份的颠覆》，宋素凤译，29页，上海，上海三联书店，2009。

的整体经验，性别化的词语被要求是单义的、有疆界的。

　　　　这样的性别概念不仅预设生理性别、社会性别和欲望之间有因果关系，同时也暗示欲望反映或表达性别，而性别也反映或表达欲望。这三者的形而上学的一致性，被认定只有在投向异性的一种差异化的欲望里——亦即一种二元对立的异性恋形式里——才能真正地被认识，真正地得到表达。①

而这种对称性，实际上是一种古老的梦幻。

　　巴特勒认为，如果要置换这个二元关系及其实在形而上学的基础，就要假定女性与男性、女人与男人等范畴都是在这个二元框架里生产的，而不是恒久不变。巴特勒以福柯对双性人赫尔克林·巴尔宾（Herculine Barbin）的评论为例来说明，

　　　　欢笑、幸福、快感和欲望被描绘成一些特质，没有了所谓它们依附的某种持久不变的实在。它们是自由流动的属性，提醒了我们可能存在着某种性别化的经验，它不能用名词与形容词（属性，本质的和非本质的）组成的实体化与等级化的文法来理解。②

福柯在 1978 年编辑出版了赫尔克林的日记，赫尔克林是一个天生的性

---

　　①　［美］朱迪斯·巴特勒：《性别麻烦：女性主义与身份的颠覆》，宋素凤译，31页，上海，上海三联书店，2009。
　　②　同上书，33页。

别不明者，或者可以说是"跨性别者"，其身体同时具备了男性和女性的解剖学特征，赫尔克林出生时被判定为女性，但又因为其长大后出现了对女性的情欲，其性别又被改成男性。但是赫尔克林在这两次判定里都没有寻找到让自己内心安定的性别属性，仍然有一种"永恒的危机感"①，最后甚至抑郁自杀。巴特勒认为，福柯在对赫尔克林的描述中，提出了一种"非本质属性的本体论"，指出了"有关身份的假定是某种受到文化限制的秩序和等级原则"，这是一种虚构，以管控为目的。② 当原本流动的特质被强行纳入医学上的二元分类体系时，悲剧发生了。

　　和福柯一样，巴特勒将性与对身份、权力的反思联系在一起，将性别化的过程看作一个权力管控发生效力的过程。她质疑性、性别、性欲之间的一致性，指出身份的获得过程实际上是一个权力进行排除性实践的过程。在这个过程中，身体被性别化，却又被看作先天生成的，因而权力运作的整个过程被隐藏了。巴特勒的分析对权力的运作具有一定的揭示作用，但是尚未解释性别形成的具体过程，也没有说明个体是如何变成一个性别化的主体的，对此，她是通过对精神分析的借鉴与争论来进行的。

二、与精神分析理论的论争

　　巴特勒对精神分析理论的借鉴和批判在《性别麻烦》中占据了重要的

---

　　① ［美］朱迪斯·巴特勒：《性别麻烦：女性主义与身份的颠覆》，宋素凤译，129页，上海，上海三联书店，2009。
　　② 同上书，33页。

位置，英国学者安吉拉·麦克罗比在《文化研究的用途》中就指出，"《性别麻烦》的关键部分是与弗洛伊德对双性恋论述进行论战"[①]，并且在这个论战过程中，"巴特勒修正了弗洛伊德和拉康心理分析反同性恋原始禁忌的前提假设，这种前提假设如此原始，以至于整个心理分析传统都没有明确认识到它"[②]。我们将会在下面的分析中看到，对于弗洛伊德，巴特勒分析了他关于男性、女性的双性恋性格倾向的假设，认为弗洛伊德的理论中隐含着一种异性恋的先在性和自然性的假设，并指出弗洛伊德的性别形成理论的偏见所在。而对于拉康，巴特勒认为一个孩子在习得语言、文化，进而可以理解事物时，需要获得一种与法则（或象征）相关的特定的性别定位，这是社会化的开端。在与两位精神分析大师的较量中，巴特勒不断质疑着传统的性别二元对立框架。

（一）性别是"抑郁的沉淀"：弗洛伊德

从其博士论文开始，"欲望"就是巴特勒的中心论题之一，巴特勒之所以会对精神分析理论产生兴趣，是因为她认为很少有人会注意到，异性恋框架里，性别生产的过程中，存在着对同性情欲的抑郁性否定/保留（melancholic denial/preservation）的问题。而弗洛伊德的理论，对抑郁与自我形成、性格的关系进行了探讨，也间接地论证了抑郁对性别的重要性。因此，为了解构异性恋欲望矩阵，巴特勒开始了对弗洛伊德的精神分析理论的探究。

---

① ［英］安吉拉·麦克罗比：《文化研究的用途》，李庆本译，98 页，北京，北京大学出版社，2007。引文有改动。

② 同上书，96 页。

在说明巴特勒的理论走向之前，我们首先要对弗洛伊德的理论有一定的了解。巴特勒对弗洛伊德借鉴最多的是两个理论：一是弗洛伊德对哀伤与抑郁的区分以及抑郁对自我形成的影响，二是"俄狄浦斯情结"(Oedipus complex)对男女性别形成的影响。在弗洛伊德的著作中，巴特勒引用最多的两个文本是《哀伤与抑郁》和《自我与本我》。

在《哀伤与抑郁》中，弗洛伊德区分了"哀伤"(mourning)与"抑郁"(melancholy)，他认为哀伤是一种对真正的丧失的反应，比如，某人因为失去所爱之人而产生的一种反应，或者是对失去某种抽象物所产生的一种反应，这种抽象物可以是一个人的国家、自由或者理想等①。而抑郁状态下的人，并不一定清楚他或她已经失去，实际上有时他根本就不知道失去了什么。弗洛伊德将其视为一种病态，因为抑郁症患者的自我评价异乎寻常的低，自我大幅度地变得贫乏。在哀伤中，世界变得贫困和空虚；而在抑郁症中，变得贫困和空虚的却是自我本身。② 在对哀伤和抑郁的比较中，弗洛伊德发现，抑郁症实际上指向的是"自我的丧失"③，在道德方面，对自我的不满是抑郁症最突出的特征，但是在临床研究的基础上，弗洛伊德发现，抑郁症患者的自我谴责中最激烈的部分，并不能应用到自己身上，却往往很符合其所爱之人、曾爱之人或者应爱之人。他发觉这些自我谴责都是指向一个恋爱对象的谴责，这个恋

---

① 参见[奥地利]西格蒙德·弗洛伊德：《哀悼与抑郁症》，马元龙译，见汪民安、郭晓彦主编：《生产——忧郁与哀悼（第8辑）》，3页，南京，江苏人民出版社，2012。
② 同上书，5页。
③ 同上书，8页。

爱对象从它转移到了患者自己的自我中。① 也就是说，抑郁的反应不是克服或者接受丧失，而是将失去的对象合并（incorporation）到自我之中，并与其取得认同。这个过程叫作向内投射（introjection），是将外界的对象内化到自身，并将其保存在自我之中。抑郁症患者的自我折磨，实质上是对替代对象的恨在发作，对对象的敌意转向了自己。② 抑郁症患者"用自我中的冲突代替了与对象的斗争，自我中的冲突必定像一个痛苦的伤口那样行动，这个伤口需要极高的反贯注"③。在后来的《自我与本我》中，弗洛伊德虽然不再将抑郁看作一种精神疾病，但他将自我的形成看作一种抑郁结构，并且，"在抑郁症中，超我向其表达愤怒的对象则通过认同作用而成为自我的一部分"④。

弗洛伊德指出，"失去了的对象又在自我之内恢复原位，就是说，对象贯注被一种认同作用所取代"⑤。在一个人不得不放弃他的性对象、失去所爱之人的时候，自我会把那个他者合并到自我本身的结构里，接受这个他者的属性，在自我内部建立了一个对象，并且，"通过神奇的模仿行为'延续'这个他者的存在。丧失所欲、所爱的他者之痛，通过一种特殊的认同行为——试图把那个他者容纳到自我的结构里头——而得

---

① 参见［奥地利］西格蒙德·弗洛伊德：《哀悼与抑郁症》，马元龙译，见汪民安、郭晓彦主编：《生产——忧郁与哀悼（第 8 辑）》，6 页，南京，江苏人民出版社，2012。

② 同上书，8—9 页。

③ 同上书，13 页。引文有改动。

④ ［奥］弗洛伊德：《自我与本我》，杨绍刚译，193 页，北京，九州出版社，2014。

⑤ 同上书，171 页。

到克服：'于是经由逃避到自我里，爱免于毁灭。'"①用弗洛伊德的话来说，即"自我的性格就是被放弃的对象贯注的一种沉淀物，它包含着那些对象选择的历史"②。重要的是，这种认同并不是短期的，而是一个长期的、稳定的身份结构，经过对他者的内化（internalization），他者变成了自我的一部分。弗洛伊德认为，"内化和延续失去的所爱的过程，对自我的形成和它的'客体选择'有关键性的作用"③。

巴特勒接受了弗洛伊德的内化理论，认为自我的形成与某种丧失有直接的关系。并且，这种自我形成理论涉及性别身份的获得，因为，

> 当我们了解乱伦禁忌在其他功能之外，也引致自我丧失了一个爱的客体，而这个自我通过内化那个禁忌的欲望客体，从这个丧痛中恢复过来，那么，这个内化丧失的所爱的过程就变成跟性别的形成息息相关。④

关于性别身份的获得，我们要再次回到弗洛伊德理论中去，在弗洛伊德那里，性别形成理论是和"俄狄浦斯情结"联系在一起的。

弗洛伊德将乱伦禁忌与个体的精神发展联系在一起，他认为如何解

---

① ［美］朱迪斯·巴特勒：《性别麻烦：女性主义与身份的颠覆》，宋素凤译，79页，上海，上海三联书店，2009。

② ［奥］弗洛伊德：《自我与本我》，杨绍刚译，车文博主编，172页，北京，九州出版社，2014。

③ ［美］朱迪斯·巴特勒：《性别麻烦：女性主义与身份的颠覆》，宋素凤译，79页，上海，上海三联书店，2009。

④ 同上书，80页。

决对父母的欲望将影响一个人的性向，以及自我与超我之发展。弗洛伊德主张，无论男女都存在一种双性特征（bisexuality），即每个人都有两个性别的特征，只不过某一性别的特征更为明显。弗洛伊德认为，无论心理学还是解剖学，都无法解释女性气质形成之谜，于是他求助于精神分析，探索女性如何从双性特征中发展成为女性。为了回答这个问题，弗洛伊德做了一系列假定，最重要的一点是，在依恋母亲的前俄狄浦斯时期（pre-Oedipus），女孩和男孩是一样的，"我们无法不将女孩看作男孩"①：一方面，女孩的阴蒂与男孩的阴茎功能一样，是女孩获取性快感的主要性欲区；另一方面，在前俄狄浦斯时期，女孩的性欲望对象与男孩的一样，都是母亲。但是，女孩的性欲望对象如何转换成父亲而进入俄狄浦斯时期呢？弗洛伊德给出的答案是阉割情结（castration complex）。他认为，女孩在男孩身上看到了男性生殖器后，会立刻发现自己的阴蒂与之相比就好像是被阉割过一样，于是她希望自己也能拥有一个阴茎，因而导致"阴茎妒羡"（penis envy）。弗洛伊德认为，女孩发现自己被阉割是她成长过程中的转折点。在这之前，女孩都是以男人的方式，通过刺激阴蒂获得性快感，但是现在她却看到阳具更为优越，她的自恋受到了伤害，于是女孩放弃了对母亲的爱。与此同时，女孩一直认为自己所爱的母亲是具有阳具的母亲（phallic mother），一旦她发现母亲和其他女人同她自己一样都是被阉割的，母亲不能赋予她所想要拥有的阳具，女孩就产生了对母亲的憎恨，转而寄希望于父亲，进而渴望拥有

① ［奥］西格蒙德·弗洛伊德：《女性心理》，程小平、王希勇译，见《精神分析导论讲演新篇》，122页，北京，国际文化出版公司，2000。

带父亲那样特征的孩子，并且最好是个拥有阳具的孩子——男孩。因为，女孩长大成为母亲之后，"只有与儿子的关系才能带给母亲无穷的满足"①。

同样对于男孩来说，在弗洛伊德的理论中，为了获得男性气质，男孩必须放弃将母亲作为他的欲望对象，所以"弃绝成为弗洛伊德所谓的性别'巩固'的奠定契机。失去了母亲作为一个欲望客体，男孩或者通过与她认同内化这个丧失，或者移置他的异性恋情感，而在这种情形下，他强化了与父亲的情感联系，因而'巩固'他的男性特质"②。

了解了弗洛伊德的性别形成理论，我们再回到巴特勒。巴特勒要拆解弗洛伊德的理论，去证明她认为的自然的、普遍的现象，实际上是一种异性恋话语（heteronormative discourse）的建构。巴特勒认为，在弗洛伊德那里存在着一个经不起推敲的假设。弗洛伊德认为，一个单一的心灵里同时存在着"男性倾向"和"女性倾向"，虽然他无法说明这些倾向到底是什么，但他却肯定地认为在原初的双性情欲之中，只有异性恋情欲，没有同性恋情欲。对此，巴特勒认为，如果性别的"倾向"是难以界定的，那么不要急着否定"女性特质"不是天生的而是内化的这种可能性，而要去思考"内化"在性别形成中的地位。

虽然我否认全部的心理内在世界只不过是一套程式/风格化的

---

① ［奥］西格蒙德·弗洛伊德：《女性心理》，程小平、王希勇译，见《精神分析导论讲演新篇》，139 页，北京，国际文化出版公司，2000。

② ［美］朱迪斯·巴特勒：《性别麻烦：女性主义与身份的颠覆》，宋素凤译，81 页，上海，上海三联书店，2009。

行为的结果，但我仍然认为把心理世界的"内在性"当作是理所当然的，是一个重大的理论上的错误。世界的某些特征，包括我们认识和失去的人们，的确成为自我的"内在"特征，但它们是通过那个内化（interiorization）的过程转化的。①

巴特勒认为，那个具有性别倾向的心灵世界的建立，是内化社会规训的结果，而不是如弗洛伊德认为的那样是自然的，这个过程值得我们去探究。

这个内化的过程，还是要在抑郁与自我形成的关系中来讨论。在弗洛伊德区分哀伤与抑郁的时候，他认为，对客体的放弃并不是否定那个投注，而是对它内化，客体在这个内化的过程中得以保留，于是自我与那个丧失的所爱同居于单一的心灵之中。在《自我与本我》中，弗洛伊德将这个内化的客体称为"自我理想"，对自我有道德审查的作用，原本对一个客体的愤怒与指责被内化并指向自身，于是自我建构了一个与自己相对抗的方式，一种超道德的可能性。② 而这种内在自我理想的建构也会牵涉到性别身份的内化，"自我理想是一种内在的约束与禁忌的能动机制，它通过对欲望适当的重新疏导与升华来巩固性别身份"③。孩子对父亲和母亲的欲望受到禁制之后，失去的父亲和母亲被内化到自我之中，成为一种典范、一种自我理想，而"由于解决俄狄浦斯两难抉择的

---

① ［美］朱迪斯·巴特勒：《性别麻烦：女性主义与身份的颠覆》，宋素凤译，序言，9 页，上海，上海三联书店，2009。

② 参见［奥］弗洛伊德：《自我与本我》，杨绍刚译，车文博主编，176—179 页，北京，九州出版社，2014。

③ ［美］朱迪斯·巴特勒：《性别麻烦：女性主义与身份的颠覆》，宋素凤译，85 页，上海，上海三联书店，2009。

方式可以是'正向的'或是'负向的'，因此对与自己性别相异的父母亲的欲望的禁止，不是导致对失去的那个父亲或母亲的性别认同，就是导致对那个认同的拒绝，因此也使得异性恋欲望产生转移"①。在弗洛伊德那里，如果孩子"正常"发展，往往导致的是孩子对那个失去的同性的父母亲的认同，从而孩子获得性别认同。巴特勒认为，这是因为弗洛伊德认为，双性恋作为两种异性恋欲望在同一精神个体之中达到了某种统一，他无法想象一种前俄狄浦斯的同性恋的可能性，巴特勒认为这是因为弗洛伊德的精神-性别发展理论假定了一种"同性恋禁制"。

在这个意义上看，俄狄浦斯情结以一种精神禁律的形式使性别认同变成了"一种形式的抑郁心理，其中被禁的客体的性别被内化为一种禁律。这个禁律支持、管控截然区分的性别化身份以及异性恋欲望的律法"②。巴特勒敏锐地看到，在弗洛伊德那里，俄狄浦斯情结的解决不仅通过乱伦禁忌，还通过更早的同性恋情欲禁忌影响着性别的认同。

巴特勒根据弗洛伊德对抑郁的阐释指出，如果要解决这种丧失，就要通过建立自我理想来合并那个失去的客体。或者说，这要以那个客体为典范，去努力变成那个客体。被压制的同性情欲在禁律中被迫丧失之后，异性恋的性别身份才成功建立起来。性别身份成为某种丧失被内化、合并的结果，"身份"在内化的过程中得到，并且，为了维系这个身份，他们需要不断地应用这个禁忌，由此巩固二分的性别范畴、相应的身体风格化的设置，以及性欲望的生产和性别倾向的布置。从这个角度

---

① ［美］朱迪斯·巴特勒：《性别麻烦：女性主义与身份的颠覆》，宋素凤译，85页，上海，上海三联书店，2009。

② 同上书，85页。

来看，"性别倾向"这个词并不是本质主义的，不是性别的原初事实，而是"文化以及自我理想带有共谋性的、价值重建的行动所强加的律法产生的结果"①。内在道德指令的内化加上外部禁忌的强加，才会产生同性对象的丧失，并且同性情欲的禁忌先于异性恋乱伦禁忌。

从性别形成的角度来说，弗洛伊德的关键贡献在于，他说明了异性恋是习得的，而不是简单遗传的。"俄狄浦斯情结"说明，在阉割的威胁之下，男孩不得不放弃将母亲作为自己欲望的对象，女孩则通过立志成为"女性"、成为母亲，从而解决了对阳具的羡慕、对父亲的性的渴望。在这一点上，巴特勒赞成弗洛伊德所指出的，性别的原初或者本质的事实倾向并不具有先在性，而是禁忌、律法的结果。但是，巴特勒对弗洛伊德的性别形成理论并不完全赞同，因为弗洛伊德的性别形成理论预设了对同性恋的禁忌。弗洛伊德将同性恋现象视为一种"性倒错"②，因此即便是他说的双性恋特征，实质上也只是两种异性恋特征，比如，女孩身上的男性倾向喜欢妈妈，而女孩倾向则喜欢爸爸，这本身就有律法的痕迹。禁令排斥了异性恋之外的欲望形式。但是，具有反讽意义的是，这种禁令的存在，又是以同性恋欲望为前提的。所以，这种欲望其实是完全处在文化之中却又被主流文化排斥的。只有在律法被内化之后，二分的性别身份和异性恋情欲才得以生产并被管制。在这里，律法充当了多重角色，它是禁制的出发点，还以"性向"的形式生产性欲，然后将这些看似

---

① ［美］朱迪斯·巴特勒：《性别麻烦：女性主义与身份的颠覆》，宋素凤译，86页，上海，上海三联书店，2009。

② ［奥］弗洛伊德：《性学三论·爱情心理学》，林克明译，102—103页，西安，太白文艺出版社，2004。

"自然"的倾向转化为文化可以接受的异族通婚的亲属关系结构。

引入律法这一维度之后，巴特勒对弗洛伊德进行了一种福柯式的解读。福柯认为权力不仅仅具有司法（压制）性，还具有生产性。巴特勒继承了这一点，从福柯的逻辑出发去分析律法的作用。律法不仅仅只有禁制作用，还有生产或生成的作用，被压抑的欲望并非先在于律法，而恰恰是由律法生产的。律法应该被设想为一种话语实践，生产了压抑的欲望这个"语言虚构"。所以那个原初的欲望，其实是一种假定，乱伦禁忌和同性情欲禁忌是一种压抑性的律法，一种话语律法，它们使欲望在文化中受到移置，并规定了一种泾渭分明的、可说与不可说之间的分界线。

当然，在巴特勒看来，这个分界线不见得是稳定的，她一直试图论述同性恋之于异性恋的不可摆脱性，认为"同性恋是一种比乱伦更早的禁忌，但对同性恋的原始压抑却能够使它获得临界的在场，出现在强迫实施异性恋的任何地方"[1]。同性恋的萦绕，或许可以改变性别规范对欲望的限制，使其偏离规范所预设的目标，"激进的主张因而是要重新构建同性恋，不是把它作为异性恋以外的东西，而是作为为了推动文化发展而必须压抑的一种能力"[2]。而压抑，不等于消灭，被禁止的同性恋对于规范的隐含的挑战者一直存在着。

（二）性别是一种"伪装"：拉康

如果说巴特勒从弗洛伊德那里看到了性别形成与律法之间的关系，

---

[1]　[英]安吉拉·麦克罗比：《文化研究的用途》，李庆本译，97 页，北京，北京大学出版社，2007。引文有改动。

[2]　同上书，97 页。

那么在拉康那里，性别形成与文化传统的关系就更加分明了。在《自我与本我》中，弗洛伊德认为哀伤从此包含到抑郁之中，失去的客体促进了自我的形成。客体的历史包含到自我之中。换句话说，自我是抑郁地形成的，这是一种认同的结果。巴特勒将这种理论运用到性别认同中。她认为主体的性向（sexual orientation）、他们的对象选择（object-choice）也是抑郁地形成的。自我的形成要求与失去的客体认同，因此，女孩与她母亲的最终认同便意味着她失去了作为爱的对象的母亲，并且她不能为这种失去哀悼。失去了的对同性父母的欲望被吸纳到自我之中，形成固定的性别倾向，这个过程是抑郁的，也就是说，异性恋性向有一种"抑郁结构"①。

有学者指出，作为弗洛伊德最著名的后来者之一，拉康要在新的科学基础上重新开启弗洛伊德的无意识发现的伟大意义，那就是要完成对传统的笛卡尔式的自主主体的倾覆，让主体的分裂从此成为包括精神分析学在内的所有主体性思考的出发点。② 而具体到性别这个问题上，拉康与弗洛伊德一样，同样认为性别不是先天的，而是在人们的文化实践中获得的。拉康受结构主义理论的影响极深，他将结构主义理论和语言学理论联系起来，认为事物都是在某种结构中获得意义的，而语言则是

---

① 国内巴特勒理论研究者孙婷婷指出，巴特勒从同性恋的角度反叛性地提出"忧郁的异性恋"的说法。她引用萨拉的研究，将这个过程描述为：女孩欲望母亲，但触犯了乱伦禁忌，因而忧郁；通过精神分析的合并与母亲的性别身份认同之后，女孩否认了自己的同性恋欲望，产生女性气质，最后成为忧郁的异性态。孙婷婷：《朱迪斯·巴特勒的述行理论与文化实践》，67 页，北京，中国社会科学出版社，2015。

② 参见吴琼：《雅克·拉康：阅读你的症状》上，139 页，北京，中国人民大学出版社，2011。

通向这个结构的通行证。在拉康的框架里，最重要的问题是"存有"如何通过父系经济的意指实践被建制、被分派。"只有在一个本身是前本体、作为象征秩序的意指结构里，一件事物才能获得'存有'的特质，并且以这个本体的姿态被调动。"①

拉康继承并发展了弗洛伊德的精神分析学说，他把主体的形成划分为三个阶段：前镜像阶段（母婴共生时期），镜像阶段（the Mirror Stage）也即恋母情结时期（想象期），以及阳具作用下有性别的主体形成阶段（象征界，the Symbolic Order）。拉康认为，女性凭着自身的愉悦超越了阳具的作用，属于真实界的领域。人们通常认为，拉康对精神分析的贡献之一是，通过追溯主体形成的过程，试图考察性别身份的形成如何同生理特点相联系并相区别。在拉康的研究中，自我的形成出现在镜像期，虽然此时婴儿尚无法完全控制身体和行动，但却能同镜子中的影像产生认同，从而形成自我意识。当主体形成的时候，他就完全脱离了想象界进入象征界，此时的性别差异才真正形成，性别身份也演变为文化符号。进入象征界之后，自我才得以巩固。拉康认为，象征秩序是非历史的语言系统，孩子只有进入这个语言系统才能获得完整的社会身份。菲勒斯是有特权的主体能指，要获得社会地位必须同这一能指相联系。在象征界，主体的性别依照主体同菲勒斯之间的关系而定，"有"（having）菲勒斯的为男性，"是"（being）菲勒斯的为女性。此时，男性和女性已经成为具有象征意义的能指，不再拥有各自原有的生理上的意义。男

---

① ［美］朱迪斯·巴特勒：《性别麻烦：女性主义与身份的颠覆》，宋素凤译，59页，上海，上海三联书店，2009。

性的性别气质是阳具功能规定的结果，在这样的关系中建构的男性气质保证了男性主体的独立存在。相比之下，女性由于并不拥有阳具，只是成为象征意义上的"阳具型女性"（phallic woman），所以女性仍然无法进入权力中心，没有语言表达欲望，也因此无法建构独立的主体，从这个意义上说，"女人是不存在的"。拉康认为，性别差异并不是生理意义上的，而是同阳具的关系决定的。

拉康继续了弗洛伊德对俄狄浦斯情结的讨论，但是在拉康那里，俄狄浦斯情结的解决变成了对菲勒斯的竞争性认同的问题。在拉康主体发展的三阶段论中，性别差异一直到主体进入象征界后才形成。在父亲之名（the name of the Father）的作用下，镜像阶段中的婴孩被迫放弃恋母情结，亦即放弃成为母亲之阳具的幻想，学会以象征的方式驾驭母亲的缺场，从而进入了以差异性为标志的象征界，亲自建立起个人和阳具这个超验能指之间的关系。[1] 在拉康看来，幼儿的成长期中有一个与父亲产生竞争性认同的阶段。在这个阶段，幼儿意识到母亲并不拥有菲勒斯，并且他自己也不是菲勒斯，他开始把那种应该属于象征、法律意义上的去势理解为真实的剥夺。父亲剥夺了母亲的菲勒斯，成为拥有菲勒斯之人，所以幼儿与父亲之间展开了对菲勒斯的争夺，这是一种纯粹的竞争性认同。在这里，婴孩对父亲的敌意和对父亲的认同混为一体。[2]

---

① Jacques Lacan, *God and Woman's Jouissance*, *The Seminar XX*, *Encore: On Feminie Sexuality, the Limits of Love and Knowledge*, ed. Jacques-Alain Miller, trans. Bruce Fink, New York, W. W. Norton & Co., 1998, p.71.

② 参见严泽胜：《穿越"我思"的幻象——拉康主体性理论及其当代效应》，158页，北京，东方出版社，2007。

"菲勒斯"在拉康关于俄狄浦斯情结的论述中占据了中心地位。在《菲勒斯的意义》一文中，拉康为了将人类的欲望和其他动物的欲望区分开来，开始思考怎么才可以让身体器官获得意指的力量。器官只有被象征化才能进入象征秩序中，并且一旦被象征化，它就得适应象征秩序的规则。没有能指是孤立的，在其他能指的压力之下，所有的能指都是不稳定的。但是，若要在象征秩序中保护某种稳定的受尊重的器官的稳定性，就要有这样的一种能指，这种能指享有一种特权的位置，甚至可以反抗象征规则。而菲勒斯就是拉康所设定的唯一严格的候选者。①

巴特勒从肯定的角度指出，拉康质疑了传统二元论的意义生成方式，对于他来说，主体若想在语言中以不言自明的意指之姿出现，就必须承受某种原初的压抑，这种压抑是对存在于"个体化之前、与（现已被压抑的）母性身体（the maternal body）联系的乱伦快感"②的压抑。也就是说，在幼儿期与父亲的竞争性认同中，幼儿为了进入父亲的律法之中，不得不压抑对母亲的欲望。

巴特勒对拉康的批评，集中在对拉康的菲勒斯（权力视野）之批评上。巴特勒认为，当拉康说"是"菲勒斯的女人恰恰是缺乏菲勒斯的他者时，"他显然暗示了权力是掌握在这个不具有阳具的女性位置这一方，同时也暗示了'拥有'阳具的男性主体需要这个他者的肯定，才因而成为

---

① 参见严泽胜：《穿越"我思"的幻象——拉康主体性理论及其当代效应》，158 页，154—155 页，北京，东方出版社，2007。

② ［美］朱迪斯·巴特勒：《性别麻烦：女性主义与身份的颠覆》，宋素凤译，61 页，上海，上海三联书店，2009。

'延伸'意义上的阳具"①。我们发现,巴特勒实际上是从黑格尔的主奴辩证法的角度来解读拉康的,

> 这种本体论的描述假定存有的面貌或结果总是通过意指结构而生产。象征秩序通过相互排斥的位置,亦即"拥有"阳具(男人的位置)与"作为"阳具(悖论的女人的位置),来创造文化的理解模式。这两个位置相互倚赖,让人想起主人与奴隶之间无法平等互惠的黑格尔式结构;特别是,为了通过反映来建立它自己的身份,主人对奴隶有了原先没有预料到的倚赖。②

巴特勒发现,从主奴辩证法的角度来看,男性主体的确立,表面上是独立自主的,实际上却掩饰了其形成前的压抑,并且它的确立,还需要女性去反映男性权力。看上去没有自主权的女性,反而成为一个保证性的符号。说女人"是"阳具,是因为她们保有一种反映或者再现男性主体而不证自明的"真实"的权力。这个权力一旦撤销,男性主体也将失去主体性。只是在这个过程中,男女的不平等依然存在,这种不平等表现在女性不得不根据男性主体的要求"有所为而作",男性拥有认可权。这种关系用波伏娃的话来说,就是"任何男人都不愿做女人,但所有的男人都

---

① [美]朱迪斯·巴特勒:《性别麻烦:女性主义与身份的颠覆》,宋素凤译,60页,上海,上海三联书店,2009。

② 同上书,60页。

需要女人存在"①。

然而，连拉康也承认，女人不可能完全反映这个律法，因为这需要女人弃绝自己的欲望，去成就作为一个反应物的欲望。而男人也不"是"菲勒斯，因为阴茎并不能完全等同于大写的律法。任何想占据这个"拥有"大写阳具的位置的努力，必然在先决条件上是不可能成功的。因此，"拥有"和"作为"这两种位置，都是失败的，是在重复上演不可能达到的目标。

巴特勒指出，在拉康的这出异性恋喜剧中，女人被迫去认同"貌似是"阳具这件事，不得不去伪装（masquerade）。这使得"存有"降格为"存有的表象"，这也意味着一个先于存有的女性欲望的存在。我们会看到，拉康之后的女性主义理论的发展，促成了两种研究方向：一是对性别本体的批判反思，二是恢复或释放受到压抑的女性欲望。巴特勒更同意前一种方向，她并不认为有一种前文化的女性欲望存在。

巴特勒同意拉康得出的"性别是一种伪装"的观点。通过伪装，性别成了一种假面，隐藏了被拒绝之后的丧失，是一种抑郁的结构。假面有着抑郁的双重功能，并在身体之上得到显现。

> 假面通过合并的过程形成，而合并是在身体内、在身体上铭刻，而后穿戴上一种抑郁认同外衣的方式；事实上，这是以被拒绝的他者的模子赋予身体意义的方式。通过僭占的控制，每一次的拒绝都失败

---

① ［法］西蒙娜·德·波伏娃：《第二性》全译本，陶铁柱译，166页，北京，中国书籍出版社，1998。

了，拒绝者成为被拒绝者的身份本身的一部分，事实上，是成为被拒者心理上的一些残留物。客体的丧失永远不是绝对的，因为它会被重新布置于一个扩大而合并了那个丧失的精神/肉体的疆域里。[①]

丧失者并没有消失，而会在身体之上铭刻，留下痕迹。我们又一次看到了弗洛伊德的抑郁理论的影子。

巴特勒对拉康的另一个批评点在于拉康的研究方式，她认为拉康关于性别形成的结论来自不够审慎的"观察"。这种弱点不仅仅存在于拉康身上，另一位学者琼·里维埃尔（Joan Riviere）也同样具有两面性，既有巴特勒觉得合理、值得吸收的一面，也有巴特勒批评的一面。和对待拉康的理论一样，巴特勒同意里维埃尔在《作为伪装的女性特质》中所说的"女性特质是一种伪装"，她认为"女性特质是'渴望有男性特质'、又害怕公然展现男性特质会给她们带来惩罚的女人所戴上的假面"[②]。但是巴特勒又指出，里维埃尔诉诸日常感受或者经验来提出她的"中间类型"，同样不够严谨，她假定了性、欲望和性取向的一致，这和上文提到的弗洛伊德一样，是一种对"一致性"的想象。

更让巴特勒无法同意的是，里维埃尔和拉康一样，将女同性恋置于一种"无性的位置"[③]，一个被拒绝的位置。在拉康那里，女同性恋总是处于一种去情欲化的状态，这是对一种受（男性）拒绝之后的经验的合

---

① ［美］朱迪斯·巴特勒：《性别麻烦：女性主义与身份的颠覆》，宋素凤译，67—68页，上海，上海三联书店，2009。

② 同上书，70页。

③ 同上书，71页。

并，并在表面呈现为欲望的缺乏。巴特勒认为，这是拉康的异性恋化、男性中心的观察视角的一个必然的结果：女同性恋性欲被当成了对性欲本身的拒绝，只因为其性欲被假定为是异性恋的。这在巴特勒看来，又是一种经不起推敲的先在假定。在里维埃尔那里，她把女性的欲望解释为起源于一种男性的、异性恋位置的理解矩阵。巴特勒则认为这种做法似乎是要隐藏自己对阳具的崇拜。巴特勒认为她要隐藏的是"那作为男性身份的识别标志的男性异性恋欲望"①。

一旦有着这种先在的异性恋的理解矩阵，不管是拉康还是里维埃尔，甚至弗洛伊德，都无法识破异性恋强制体系的"自然"外衣。所以，在巴特勒看来，为了揭开这层外衣，应该去探究性别、性欲形成背后的话语理论，这种话语生产了性、性别和欲望的一致性，"性别和性欲的类型学应该让位给诠释文化如何生产性别的话语理论"。这种对话语理论的热衷，使巴特勒不断地转向福柯、德里达，以及语言学理论。

话语理论的生产方式是相当隐秘和狡猾的，因为它披着"自然"的、"前文化"的外衣。"在某种意义上，文化上的二元限制以前文化的双性情欲之姿呈现，而这双性情欲在进入'文化'的过程中分裂为我们熟知的异性恋形态"，这使异性恋形态有了一种自然的外衣。而巴特勒认为，实际上，"从一开始，性欲的二元限制就清楚地显示，文化决非后于它意图压抑的双性情欲而存在"②。所以，性别身份仅仅是一种被话语所生产的幻象而已，巴特勒更赞成另一位学者杰奎琳·罗斯的观点。罗斯

---

① ［美］朱迪斯·巴特勒：《性别麻烦：女性主义与身份的颠覆》，宋素凤译，73页，上海，上海三联书店，2009。

② 同上书，74页。

认为，恰恰是因为身份的认同以一种幻象作为自己的理想，所以每一种认同都注定是失败的，

> 任何精神分析理论如果规定了一个发展过程，预设它要达到某种特定的父子或母女的认同，是误把象征界与真实界混同，而且错失了它们之间的不可比性这个关键重点，这不可比性暴露了"认同"以及"作"阳具、"拥有"阳具的戏码一概都是幻想。①

当然，巴特勒认为仅仅指出这一点是不够的，因为象征秩序被制定为一律都是幻想的，这"一律"转而演变为一种"不可避免"者，产生了一种性欲的描述框架，而促成了文化停滞的结果。当"一律"变成"不可避免"的时候，我们就很难找到改变的可能了。巴特勒的可贵之处在于，她不但要揭示这种秩序的控制力量和隐秘性，还要去寻找改变这种框架的可能性。这一点有一些尼采的影子在里面，巴特勒认为拉康的理论类似于旧约里面人对上帝的臣服，就像尼采所说的"奴隶道德"，因为他将父系律法看作不可避免的、无法认识的权威。而在巴特勒那里，这种权威是可以被挑战甚至被改变的。②

巴特勒对拉康的研究在女性主义研究者中非常有代表性。如国内学者吴琼指出，女性主义者与拉康的关系是悖论性的，一方面她们在拉康的性别理论中——比如，菲勒斯作为定位性别位置的优先能指，女性作

---

① ［美］朱迪斯·巴特勒：《性别麻烦：女性主义与身份的颠覆》，宋素凤译，75页，上海，上海三联书店，2009。
② 同上书，77页。

为"非一"之性，女人根本不存在，性关系不可能等——找到了菲勒斯中心主义的现代样板；另一方面她们又把拉康当作滋养自己的养料，从论题到写作风格都有着对拉康的"女性主义"挪用。① 巴特勒对拉康的阅读是一种批判性的阅读，我们会在第四章看到，巴特勒是如何利用德里达和福柯的理论，去重新阐释拉康的菲勒斯权力理论的。在此之前，我们继续对巴特勒的性别形成理论进行探讨。在对弗洛伊德和拉康的理论的批判吸收中，巴特勒看到，不管是弗洛伊德的抑郁的沉淀，还是拉康的性别作为一种伪装，性别铭刻的空间，都是身体。如波伏娃所言，性别，实际上是情境中的身体。

(三)性别是"情境中"的身体

不管是弗洛伊德还是拉康，都在性别形成理论中提到了"身体"。从性别抑郁的理论来看，被压抑的欲望总是在身体上留下痕迹，错失的对象会附在身体之上，而不仅仅存在于一个内在的心灵空间。自我首先是一个"身体的自我"②，为了解决在性别形成过程中造成的丧失，自我必须对丧失者进行合并，于是，"身体本身就必须被理解为一个合并的空间"③。

根据弗洛伊德的理论，如果性别身份是一种抑郁结构的话，那么

---

① 参见吴琼：《雅克·拉康：阅读你的症状》上，21 页，北京，中国人民大学出版社，2011。

② [奥]弗洛伊德：《自我与本我》，杨绍刚译，车文博主编，169 页，北京，九州出版社，2014。

③ [美]朱迪斯·巴特勒：《性别麻烦：女性主义与身份的颠覆》，宋素凤译，90—91页，上海，上海三联书店，2009。

"合并"就是一种完成认同的方式。合并把"丧失"直观化于身体上或者身体内，因而这看起来是身体的一个事实存在，即我们前面所提到的"生理性别"。性，不再是先在的，我们由此在精神分析理论中再次回到对生理性别和社会性别的反思中。巴特勒认为，通过合并，身体把"生理性别"当作它的一个无须批判、天然生成的事实来呈现。但是，这种天然性，一旦遭遇了不符合规范的身体欲望，就会产生不稳定性。巴特勒以同性恋欲望为例来说明这一点。

巴特勒认为，在弗洛伊德那里，异性情欲的客体对象之丧失，带来了客体的转移；而同性情欲则在禁忌的作用下，既失去了欲望，也失去了客体，也就是说，同性情欲不仅仅失去了作为欲望的客体，还否定掉了同性情欲本身。但是在巴特勒看来，这种否认却因为抑郁心理的作用而使得对爱的保存更加安全稳固。巴特勒用错位思考的方式来对弗洛伊德的理论进行反思。她认为，如果对弗洛伊德的逻辑进行倒转，从一个无法想象异性恋欲望的同性恋者的角度来看的话，"他/她同样大可以通过一种合并的抑郁结构——与那既不被承认、也没有经历哀伤过程的爱欲对象认同，并以身体将之具化——以维系那异性恋情欲"[1]，同性恋者也会将异性对象作为一种丧失，合并到自己的身体之上，产生一种同性恋抑郁结构。但是，对于异性恋者来说，拒绝承认原初的同性情感依恋是得到文化允许甚至强制执行的，而这样的文化保障对于同性恋者并不存在。异性恋抑郁是文化建制出来并维持的，而同性恋抑郁却不是。

---

[1]　[美]朱迪斯·巴特勒：《性别麻烦：女性主义与身份的颠覆》，宋素凤译，93页，上海，上海三联书店，2009。

因此，"成为一个性别"是在乱伦禁忌和同性情欲禁忌的双重作用下产生的"自然化"的过程。这个过程表现在身体之上，性别的抑郁结构通过身体来展现。也就是说，抑郁结构不仅仅是一种精神结构，还表现出身体的性别化过程。性别身份的抑郁建构通过身体直白式的表达向我们展现，并通过肉体而具有"自然"的外观。在这个过程中，抑郁结构支配了身体的欲望和快感。并且，快感在器官上的分布，必须符合性别规范中形成身份的合法化实践的要求。"身体的一些部位成为可以想象的快感的焦点，是因为它们符合了一个特定性别身体的规范理想。"①性别，和波伏娃说的一样，实际上表现为情境之中的身体，因为它是在一种特定的规范之中被塑造的。

在分析欲望与身体关系的过程中，我们看到了欲望的幻想式的而非先在的实在本质，"欲望的幻想本质显示，身体不是欲望的基础或原因，而是欲望展现的场域及其客体"。欲望施展自己的拳脚的方式，是"使有着欲望的身体改变它自身的形貌"②。于是，为了能够拥有欲望，我们必须要相信一个改变了的身体自我（bodily ego）的存在。欲望的情境总是超越于自己由以运作的身体之上。所以，

> 身体总是、已经是一种文化符号，它对它所展现的想象的意义设立了限制，但是它永远不能摆脱一种想象的建构。幻想的身体永远不能从它与真实的身体的关系来理解；它只能从它与另一个由文

① ［美］朱迪斯·巴特勒：《性别麻烦：女性主义与身份的颠覆》，宋素凤译，94页，上海，上海三联书店，2009。

② 同上书，95页。

化建制的幻想——占据所谓"直观事实"(the literal)和"真实"(the real)的位置的幻想——的关系来理解。①

肉体本身的存在，并不是欲望的原因。身体是文化的建构，不能仅仅从肉体这个生物角度来理解。"生理性别"不是天然的，它所代表的自然的身份、自然的欲望再现了被否认的同性情欲，它仅仅为了掩盖文化对身体的铭刻作用，使我们忽略了"身体的生理性别化的表面，成为一个自然(化)的身份和欲望的必要符号"②。

于是，在异性恋男人那里，可想象的同性情欲是被遗忘的，以阳具为中心的欲望，以持续不断的否定作为它的结构和任务。而女人作为客体，必须作为那个符号，来显示男性既没有过同性欲望的感觉，也没有过感受失去它的悲伤。"符号女人(woman-as-sign)必须有效地移置以及隐藏那前异性恋情欲的历史，以成就神圣化一种天衣无缝的异性恋情欲的历史。"③

性别的历史在身体之上上演，身体不仅仅是一个只能等着文化来书写的白板，还是一部记载了性别历史的"天书"，要经过层层破解，抽丝剥茧，才能打开其自然化的表面，看到其后规范权力的运作过程。这个过程，在巴特勒那里，是通过其石破天惊的"述行性"(performativity)④

---

① ［美］朱迪斯·巴特勒：《性别麻烦：女性主义与身份的颠覆》，宋素凤译，95—96页，上海，上海三联书店，2009。

② 同上书，96页。

③ 同上书，96页。

④ "performativity"在国内有多种翻译方法，比如，宋素凤将其译为"操演性"，李庆本将其翻译为"述行性"，李钧鹏将其翻译为"表演论"等。为了凸显其语言学特征，本书采用李庆本教授的翻译方式，将其翻译为"述行性"，强调语言的行动能力。

理论来书写的。

三、性别之形成：述行性理论

巴特勒很少对"述行性"这个概念进行直接的描述，但这却是她提出的一个最重要的概念，也是其引起最多争议的概念。这个概念同样与其对"性"与"性别"的重思联系在一起。

巴特勒对"述行性"概念的论述，最早出现于她 1988 年的论文《述行行为与性别建构：关于现象学和女性主义的随笔》(*Performative Acts and Gender Constitution：An Essay in Phenomenology and Feminist Theory*)中。在这篇文章里，她对自己的述行理论做了一个理论定位。在哲学史上，关于表演(performance)和行动(acting)的研究主要有三个路径，分别是约翰·塞尔(John Searle)的语言行为理论(speech acts theory)、道德哲学的行动理论(action theory)和现象学家的行为理论(theory of acts)。巴特勒称自己的述行理论主要吸收了现象学的方法和塞尔的语言行为理论。性别认同(identity)是由一系列类型化的行为的重复(a stylized repetition of acts)建构而成的，是一种"在社会约束和禁忌的共同压迫下完成的述行"[1]。并且，巴特勒在这个时候就已经通过行动理论将性别认同与人的身体姿态、身体外观联系在一起，指出"身体只有通过性别化的

---

[1] Judith Butler, "Performative Acts and Gender Constitution：An Essay in Phenomenology and Feminist Theory, " *Theatre Journal*, 40：4 (1988：Dec.), pp. 519-520.

呈现才能被人理解"①，身体只有通过一系列随着时间不断更新、变化和转变的行动才能获得性别。性别不是既成的事实，而是一系列不断重复的行动塑造了身体，形成了性别。

到了其成名作《性别麻烦》中，巴特勒再次对"述行性"进行了解释，这个时候她的研究方法已经由现象学式的研究转向到系谱学式的研究。关于"述行性"的概念，她宣称自己是从德里达对卡夫卡的小说——《在法律门前》的解读中获得了性别述行性理论的灵感的。在卡夫卡的小说中，"等待法律的主人公坐在法律大门之前，赋予他所等待的法律一定的力量。期待某种权威性意义的揭示，是那个权威所以被赋予、获得建制的方法：期待召唤它的对象、使之成形"②，也就是说，是对权威的期待形成了权威本身。巴特勒认为，对于性别，人们可能被禁锢于类似的期待之中，认为性别也是以一种内在的本质运作的，这种期待的最后结果是生产了它所期待的现象本身。因此首先，性别的述行性"围绕着这样进一步转喻（metalepsis）的方式运作，我们对某个性别化的本质的期待，生产了它假定为外在于它自身之物"③。巴特勒认为，"述行"不是一个单一的行为，而是"一种重复、一种仪式，通过它在身体——在某种程度上被理解为文化所支持的时间性持续存在——这个语境的自然化来获致它的结果"④。

---

① Judith Butler, "Performative Acts and Gender Constitution: An Essay in Phenomenology and Feminist Theory," *Theatre Journal*, 40: 4 (1988: Dec.), p. 523.

② ［美］朱迪斯·巴特勒：《性别麻烦：女性主义与身份的颠覆》，宋素凤译，序（1999），8页，上海，上海三联书店，2009。

③ 同上书，序（1999），8页。

④ 同上书，序（1999），8—9页。

在《性别麻烦》中，巴特勒指出，性别并不能作为一个名词来看待，而是一种行动（doing），这种行动使具有男性倾向的男人和具有女性倾向的女人得以确立。同时，性别又不是一系列可以自由流动的属性，而是与权力的管控有关。在巴特勒看来，性别是具有"述行性"的，并且只有在这个过程中，能被文化所接受的性别身份才得以形成。"在这个意义上，性别一直是一种行动，虽然它不是所谓可能先于它存在的主体所行使的一个行动。"[①]

巴特勒的"述行性"理论和她对主体问题的思考直接相关，主体的性别身份在巴特勒那里不再是制度、话语、实践的原因，而成了它们的结果。也就是说，并不是主体制造了制度、话语和实践，而是它们在决定生理性别、社会性别和欲望的过程中，创造了主体。主体的性别身份不是固定的，也不是先天存在的，而是"述行性"的。

我们对"述行"这个词或许有点陌生，这是一个语言学词汇，要真正理解巴特勒的述行性概念，我们必须先了解"述行性"的理论来源，特别是它的语言学背景。

（一）语言的述行性：从奥斯汀到德里达

在《性别麻烦》中，巴特勒并没有对"述行"概念的来源进行直接的说明，倒是在她后来的《令人激动的言辞》中提到了这个理论来源——约翰·奥斯汀的述行性话语行为（performative speech-act）和德里达的引用

---

① ［美］朱迪斯·巴特勒：《性别麻烦：女性主义与身份的颠覆》，宋素凤译，34页，上海，上海三联书店，2009。

性(citationality)概念。①

约翰·L. 奥斯汀(J. L. Austin，1911—1960)为牛津大学哲学系教授，是第二次世界大战之后英国比较有影响的哲学权威之一，曾在哈佛大学做过关于威廉·詹姆斯的系列讲座。讲座内容后来被汇编成《如何以言行事》(*How to Do Things with Words*)一书并于1961年出版。应该说，奥斯汀的思想是对晚期维特根斯坦的日常生活语言分析哲学的系统阐述与运用、发展。维特根斯坦说过，哲学的任务就是要把语言从形而上学的用法带回到它们在语言中的正确用法。② 维特根斯坦挑战了“语言仅仅是描述事实的工具”的看法。奥斯汀比晚期维特根斯坦更鲜明地用这种日常语言分析方法来探究对语言本质的认识，他承继了语言分析哲学的衣钵，以《如何以言行事》为基础提出了“言语行为理论”(theory of speech-acts)。他注意到，并不是所有的语言都是在描述现实，有一些语言是具有“行事”能力的，说话也是做事，言(saying)即是行(doing)，具有达成某些事情的作用，这就是言语行为理论的主要观点。③言语行为理论将日常语言作为关注焦点，因为奥斯汀认为，日常语言包

---

① Judith Butler，*Excitable Speech：A Politics of the Performative*，New York and London，Routledge，1997，pp. 1-3.

② 参见［英］维特根斯坦：《哲学研究》，陈嘉映译，55—58页，上海，上海人民出版社，2001。

③ 参见［英］奥斯汀：《如何以言行事》(*How to Do Things with Words*)，顾日国导读，6页，北京，外语教学与研究出版社，2002。需要注意的是，语言与言语是不同的，当我们开始用语言谈论世界的时候，我们已经从语言转到了言语，即我们在实际的情境中所做的言谈。在奥斯汀那里，当我们开始按约定使用语言谈论世界的时候，我们就已经从抽象的语言形式转向实际的言谈，即由语言转向言语，更具体地说是由语句转向了话语(参见杨玉成：《奥斯汀：语言现象学与哲学》，57页，北京，商务印书馆，2002)。

容了人类生活中有价值的所有复杂的实践类别。在《如何以言行事》中，奥斯汀首先将证实性言语（constative utterance）和施事性言语（performative utterance）作为人类的两种最基本的言语行为。证实性言语针对既成事实做出正误判断，使语言对世界中的事实或事态做或真或假的记述，如《皇帝的新装》中小男孩与众不同的叫喊——"皇帝其实什么衣服都没有穿"。而施事性言语是用语言来实施许诺、打赌、命名、致谢、祝贺等约定俗成的社会行为的，这种言语本身就是具体的行为，是言行合一的，在语法上与陈述无异，这种言语有习俗上的恰当或不恰当之分，但无真假判断，不涉及对错之分，如教堂里牧师宣布"我以上帝的名义宣布你们结为夫妻"，如在轮船的命名仪式上"我把这艘船命名为'伊丽莎白号'"等①。在这种言语中，说话本身就是在实施这类活动或履行其中的一部分，所以说话就是施事，而不是描述和陈述。②

但奥斯汀认为这两种语言很难被严格区分开来，他发现所有的记述话语归根结底都是施事话语，都在实施陈述行为，所有言语都在实施言语行为。例如，人们同样经常用"桌子放在这里不好"和"请把桌子移动一下"来做出请求。并且，证实性的语言也可能有恰当与否的区别。③所以在此基础上，奥斯汀进一步提出一个更一般的理论，即"言语行为三分说"，也就是著名的"言语行为理论"。他区分出三类言语行为——

---

① ［英］奥斯汀：《如何以言行事》（ *How to Do Things with Words* ），顾曰国导读，5 页，北京，外语教学与研究出版社，2002。

② 参见杨玉成：《奥斯汀：语言现象学与哲学》，70 页，北京，商务印书馆，2002。

③ 参见陈嘉映：《语言哲学》，215 页，北京，北京大学出版社，2003。

话语施事行为(illocutionary act)、话语行为(locutionary act)和话语施效行为(perlocutionary act)①。他认为当我们在说些什么的时候，我们可能正以三种基本方式在做什么。其中，话语行为相当于说出某个具有意义(包括含义和所指)的语句；话语施事行为是以一种话语施事的力量(illocutionary force)说出某个语句，如做陈述、提问、下令、警告、许诺等，这是陈述会做某事的一种言说即一种行动。话语施效行为则是要求式的，通过言说要达到某种效果，比如，说服、劝说、制止、使惊奇、使相信等，言语的影响紧跟着语言，而不是同时发生的，其影响是作为一种结果发生的。话语施事行为与我们使用话语的方式有关，这要从习俗中得到力量，奥斯汀认为语言的力量，即"语力"(force)是被其所处的时空所决定的。不能脱离其陈述的处境，比如，牧师宣布一对新人结为夫妻，这需要在教堂，需要拥有牧师的身份才能生效。奥斯汀的兴趣在于将话语施事行为与其他两种言语行为区分开来，因为他认为这种言语行为在传统哲学中被忽视太久。②

奥斯汀对语言的行动力量的揭示给了巴特勒很大的启示，但巴特勒认为话语施事行为和话语施效行为这两种言语行为并不是那么泾渭分明的。事实上，我们很难在这两种语言之间划出明确的界限，因为即使最平淡地陈述一个事实也可能会对行动者的感情、意见等产生影响。③ 奥

---

① 参见[英]奥斯汀：《如何以言行事》(*How to Do Things with Words*)，顾日国导读，94 页，北京，外语教学与研究出版社，2002。这几种言语行为的名词翻译取自杨玉成：《奥斯汀：语言现象学与哲学》，81 页，北京，商务印书馆，2002。

② 参见同上书，103 页。

③ 参见陈嘉映：《语言哲学》，216 页，北京，北京大学出版社，2003。

斯汀认为这两种语言行为暗含的暂时性的结构是不同的，言语行事行为要求语言具有与行动的同时性，而后者仅仅强调要带来一些结果。巴特勒认为两者是一样的，根本就不可能将两者区分开来，所有的言语在某种意义上都是一种施事行为，我们总是在说某事的同时做某事。巴特勒的观点并非独有，奥斯汀对这两种言语行为理论的区分一直饱受争议，可以说，在奥斯汀的这些语言区分中，将以言行事作为一个研究对象才是他最大的贡献。[①] 在巴特勒这里，所有的言语其实都是行事性的，也就是"述行性"的。她吸收了奥斯汀的观点，以奥斯汀的言语行为理论作为语言哲学的基础，强调所有言语的述行性或以言行事的特征，即言语行为本身就是一种创造行为或生成行为，是生产性的推论实践，而不是局限于狭义的再现、指涉和陈述。并且，巴特勒认为，每一次陈述的总体言说处境不仅仅包括了当下的语境，还包括了它的过去与未来，而两者都难以用肯定的语气来描述。她同意奥斯汀的"语力"的观点，认为语言具有某种行事力量，即述行的力量。具体到性别问题上，巴特勒认为性别之所以具有述行性，是因为性别并不具有某种先在的本质，而是在语言的"述行"力量中形成的。巴特勒指出：

> 认为性别是操演性（述行性——笔者注）的观点，试图指出我们所以为的性别的内在本质，是通过一套持续的行为生产、对身体进行性别的程式/风格化而稳固下来的。这样看来，它显示了我们以为是自身的某种"内在"的特质，其实是我们期待并通过某些身体行为生

---

① 参见陈嘉映：《语言哲学》，217 页，北京，北京大学出版社，2003。

产的；推到极致来说，它是一种自然化的行为举止的幻觉效果。①

也就是说，巴特勒要通过述行性理论，反对对性别进行一种本质主义的理解，她认为性别是一个针对身体的规划过程，通过身体，性别具有一种幻觉式的自然外观。

这样的说明，很容易让我们联想到戏剧舞台上的表演。在这里，对戏剧上的"表演"和"述行"进行区分，这或许能帮助我们进一步理解性别述行的含义。"述行"（performative）和"表演"（performance）本来是同根词，看上去都像是向观众展示某种外观的行为，但两者意义不完全相同，两者的根本区别就在于如何看待主体。"表演"预先假定了主体的存在，"述行"涉及的则是行为，并且在行为的背后没有一个先在的表演者或实施者。

> 如果性别属性和行动——身体所由以表现或生产其文化意义的各种不同的方式——是操演性质的，那么就不存在一个先在的身份，可以作一项行动或属性的衡量依据；将不会有什么正确的或错误的、真实的或扭曲的性别行为，而真实性别身份的假定将证明只是一种管控性的虚构。②

而戏剧学中的表演，是有一个先在的表演者存在的，这是两者的关键区

---

① ［美］朱迪斯·巴特勒：《性别麻烦：女性主义与身份的颠覆》，宋素凤译，序（1999），9 页，上海，上海三联书店，2009。

② 同上书，185 页。

别所在。在巴特勒看来，性别认同不是一种表演。在性别认同中，没有一个先在的主体存在，没有一个演员在进行一种表演，表演是先在于表演者的。区别表演和述行的含义，对于理解巴特勒的理论至关重要。

巴特勒并不是用"述行性"这个概念来否定主体的存在，而是说主体并不先在于行动，主体是通过"述行"的过程本身显示出来的。性别本身产生于它们被主体述行的时候，这些述行之前没有性别身份。所以主体不是在述行前就已经存在的，而是在述行过程中形成的，这个主体被巴特勒称为"过程中的主体"，这有着强烈的后现代主义的色彩。这个主体，是在话语中被述行的行为建构出来的。我们从"女人"这个性别的塑造中可以体会到这一点——

> 在父权社会中，女人主体形成的过程可以描述为：女人被引导去行动，去操演指派给她们的角色或剧本，她们在按规定进行操演，建构她们的主体身份。如果我们想象在这之前女人是女人的话，这种想象是错误的。而且，由于性属是操演的，它需要一次一次地重复，没有重复的操演，性属就不再存在。①

所以，在巴特勒这里，性别的主体不是话语的原因，而是话语的结果。在语言之外，"我"并不存在。

巴特勒在《性别麻烦》中有这样一段最为关键的文字可以作证：

---

① 方亚中：《从巴特勒的性属操演看依利加雷的性别特征》，载《华中科技大学学报（社会科学版）》2009 年第 2 期。

性别不是一个名词，但它也不是一组自由流动的属性，因为我们已经看到，性别的实在效果是有关性别一致的管控性实践。通过操演（performatively）生产而且强制形成的。因此，在我们所承继的实在形而上学话语里，性别证明是具有操演性的——也就是说，它建构了它所意谓的那个身份。在这个意义上，性别一直是一种行动，虽然它不是所谓可能先于它存在的主体所行使的一个行动。在实在形而上学的框架之外重新思考性别范畴，我们面临的挑战在于必须思考尼采在《论道德的系谱》里的主张是否具有切题性："在行动、实行、变成的背后没有'存有'；'行为者'只是加诸行为之上的一个虚构——行为是一切。"对尼采的话做一个他没有预见、或不会谅解的应用，我们可以推而论之：在性别表达的背后没有性别身份；身份是由被认为是它的结果的那些"表达"，通过操演所建构的。①

巴特勒在《性别麻烦》的姐妹篇即后来的《身体之重》中也指出，如果性别是被语言建构的，它并不一定是由一个在时间和空间上先于建构而存在的"我"（I）或者"我们"（we）来进行建构的。实际上，我们甚至不能确定是不是真的有这样的先在于建构的、与性别无关的"我"或者"我们"存在。事实上，性属化（gendering）"是一种言说主体（speaking subject）得

① ［美］朱迪斯·巴特勒：《性别麻烦：女性主义与身份的颠覆》，宋素凤译，34页，上海，上海三联书店，2009。

以产生的区分关系"。也就是说，性属化的过程与言说主体的产生过程是不可分割的，所以，巴特勒认为"离不开（subjected to）性属，但又被性属主体化了（subjectivated by）的'我'既不先在于，也不居后于性属化过程，而只是在性属关系的基质中出现，并成为这种基质"①。巴特勒认为，从这个意义上来说，"性属关系基质先于'人'（human）的出现"②。

为了证明主体是在语言的述行性作用中产生的，巴特勒还在《身体之重》中引用了阿尔都塞的意识形态理论来说明主体并不先在于语言，而是在话语的"询唤"（interpellation）中形成的。阿尔都塞在《意识形态和意识形态国家机器》中举了一个例子来说明意识形态在主体的形成过程中产生的作用，他认为意识形态"通过我称之为传唤或呼唤的那种非常明确的作用，在个人中间'招募'主体（它招募所有的个人）或把个人'改造'成主体（它改造所有的个人）"③。他的例子是警察在大街上对其他人呼唤，当警察说"嗨！叫你呢！"之时，那个被呼唤的个人就会转过身来。就这样，这个人虽然仅仅做了个一百八十度的转身，但却变成了一个主体。为什么呢？因为他已经承认那个呼唤"正"是冲着他的，被呼唤的正是他（而不是别人）。④ 对此，巴特勒也举了一个著名的例子。她以医学上的性别划分为例，指出是医学的询唤将一个婴儿从"它"转换成"他"或者"她"。在这个命名的过程之中，女孩被"女孩化"（girled）了，"通过对

① ［美］朱迪斯·巴特勒：《身体之重：论"性别"的话语界限》，李钧鹏译，导言，7页，上海，上海三联书店，2011。

② 同上书，导言，7页。

③ ［法］阿尔都塞：《哲学与政治：阿尔都塞读本》，陈越编译，364页，长春，吉林人民出版社，2003。

④ 同上书，364—365页。

性属的询唤，她被引入语言与亲缘的界域"。巴特勒进一步指出，"这个女孩的'女孩化'并未就此结束；相反，这种初始的询唤受到各种权威的重复，每隔一定时间这种被自然化了的效应就会受到增强或质疑。这种命名既是对边界的设定，又是对规范的反复灌输"①。

巴特勒的理论很容易引起误解，让人觉得性别是可以轻易改变的，就像换衣服一样简单。巴特勒对此深感困扰，在她看来，获得性别的过程，并不是人的行动或者表达，也不是自由意志的表现，而是一种使自由意志得以可能的文化前提。在《身体之重》中，她解释道，对性别的"领受"，未必像选择衣服一样是具有高度自省性的选择。

　　　　如果这种"领受"是由一种通过强制性的"性别"生产来自我重复的异性恋规制所强迫，则性别的这种"领受"从一开始就受到了限制。矛盾之处在于，如果存在主体施为，这种主体施为蕴含在规制性律法受到限制的僭用所引发的可能性中，以及律法的物质化所引发的可能性中。②

巴特勒在这里强调的是，性别的选择并不是随心所欲的，而是在重复的异性恋规制中被强迫塑造的，更为重要的是，主体的能动性也恰恰在规制之中产生。

我们必须注意的是，话语对主体的决定作用只是巴特勒的"述行性"

---

① ［美］朱迪斯·巴特勒：《身体之重：论"性别"的话语界限》，李钧鹏译，8 页，上海，上海三联书店，2011。

② 同上书，序言，13—14 页。

理论的一个方面，巴特勒认为性别的主体在述行过程中是被决定的、持久的、被动的。但在另一方面，巴特勒还认为述行性具有反抗性，这一点要从巴特勒对德里达的理论的引述中看出来。

在《身体之重》中，巴特勒继续阐述了她的性别述行理论，这次她的重心由奥斯汀转到了德里达。通过德里达，她再次反思了奥斯汀的言语行动理论，她说，在言语行动（speech-act）理论中，述行（performative）实际上是一种生成或产生其命名对象的话语行为。巴特勒举了一个《圣经》中的例子，她说：

> 《圣经》中的一个述行的例子是，"神说，要有光！"。在这里，通过一个主体或其意愿的力量，一个现象经由被命名而产生。德里达试图对述行进行批判性重构，他明确指出，这种力量不在于原生性（originating）意愿，它永远是派生的（derivative）。[①]

德里达认为，权力并不是由某一个具有起源功能的主体发出的，而总是衍生出来的，是一种对规范的"引用"。也就是说，奥斯汀揭示了语言的力量，而德里达试图进一步说明这种力量是从哪里来的，显然，他认为这种力量不是由主体自主生发出来的，而是来自外在规范的影响。

德里达在其著作《哲学边缘》的《签名、事件、语境》一文中提出了一

---

① ［美］朱迪斯·巴特勒：《身体之重：论"性别"的话语界限》，李钧鹏译，序言，14页，上海，上海三联书店，2009。

个重要概念——“引用性”（citationality）。“作为引用的述行性”（performativity as citationality）①是他从对奥斯汀的解读中得来的。根据奥斯汀的理论，某种陈述保证有施事效力，需要几个条件：首先，它必须由某个有资格的人在一个恰当的语境中说出；其次，它必须遵守一定的规范；最后，它必须符合说话者的意图。例如，如果一个外科医生站在教堂的圣坛上对两个同性别的人说：“我宣布你们为夫妻。”这样的陈述是不符合奥斯汀所说的语言的行事力的。因为外科医生并不具备圣职，没有成为主婚人的资格。另外，在异性恋文化中，两个同性别的人也不能成为夫妻。同样地，假如一个牧师在深夜临睡前对他的两个玩具熊说“我宣布你们为夫妻”，同样也是没有效力的。鉴于此，以公认的约定俗成的程序为首要判断标准，奥斯汀试图区分恰当的施事语言与不恰当的形式语言。② 德里达抓住了这一点认为，奥斯汀的说法带有一种价值判断色彩，如果奥斯汀没有认识到，陈述往往会被转移出语境，被以种种原初发话者意料不到的方式加以运用，那么奥斯汀就不会去试图区分恰当和不恰当的行事语。于是，德里达断定，奥斯汀所认为的语言的使用可能出现“不恰当”的情况这一缺陷或弱点，实际上是所有语言符号的一个特征，因为语言符号往往容易被挪用、重述和再引用。德里达认为，语言符号具有某种基本的“可重复性”（iterable），任何语境、规范、作者意图都不可能限制或闭锁这种可重复性。因此，符号可以被移植到未

---

① Judith Butler, *Bodies that Matter*: *On the Discursive Limits of "Sex"*, New York, Routledge, 1993, p. 12.

② 参见杨玉成：《奥斯汀：语言现象学与哲学》，78—79 页，北京，商务印书馆，2002。

曾遇见的语境，被以出乎意料的方式加以引用。他把这种情况称为"引用性嫁接"（citational grafting）。所有的符号都可以置于引号之中，被引用，被嫁接，被以种种与它们的言说者或作者的原初意图不相符的方式加以重述，新的意义会在这个过程中不断被加进来。言说的能力在它存在的环境中被破坏的结果是，使其被一种新的、不可预见的方式使用。正如德里达指出的，这意味着失败的可能性对于符号是内在的和必然的，就是说，它是符号的构成性因素。[①]

巴特勒在德里达的理论中看到，性别身份是处于一种对规范、习俗的不断反复的引用和再引用的链条之中的，而不是稳固不变的。这种引用有失败的风险，述行性语言的有效性并不会得到百分之百的保证。而这种失败的风险，就是反抗的裂隙所在。述行性语言通过反复引用权力的话语来建构主体，巩固异性恋性别认同，但又在引用中产生被阻断、延缓、停滞的风险，从而对原有的文化规范形成挑战。巴特勒看到的这种反抗，并不出自一个完全自主的主体，因为主体本身也是在述行的过程中才得以产生的，它反倒可能通过述行的失败生产出一个规范无法预料的主体来。在她看来，这预示着一种新的政治走向，"引用性瓦解了有关性、性别、欲望、主体、认同的起源神话，昭示了一种新的后革命、后政治反话语策略——表演的引用政治"[②]。

---

① Jacques Derrida, "Signature, Event, Context", in *A Derrida Reader: Between the Blinds*, Peggy Kamuf, ed., New York, Columbia University Press, 1999, p. 97, pp. 101-101. 对德里达的理论的论述参考了何成洲的文章《巴特勒与表演性理论》，载《外国文学评论》2010 年第 3 期。

② 陶家俊：《后解放时代的"欲望"景观——论朱迪丝·巴特勒的思想发展》，载《文景》2004 年第 4 期。

(二)扮装与戏仿：颠覆的能动者何在

通过述行性理论，巴特勒论证了一个稳定的、本质主义的社会性别是不存在的，性别只是身体表面的一种铭刻，通过语言的述行作用形成自然的外观。为了进一步证明这一点，巴特勒提出两个更具争议性的概念——扮装（drag）和戏仿（parody）。

这两个概念都是和身体的表演联系在一起的，既然性别只是一种建构和铭刻，那么它就可以通过扮装和戏仿表演出来。扮装和戏仿揭示的是，性别并没有一种本质主义的起源。巴特勒颠覆性地提出，性别化主体是在语言的述行力量中产生的，这使她不断地回到那个一直被认为具有某种相对于文化的先在性并且被用来区分性别的“身体”上来。在她看来，“身体”是在特定的话语中被塑造的，是在进行“述行性”的洗礼时才姗姗来迟的，而不是先在的。

扮装与戏仿就是为了证明这一点才被提出的。巴特勒反对传统女性主义对一种先在于律法的身体的寻找，似乎拥有那样的不被文化控制的身体，就是女性的解放之路。这种观点暗含的逻辑前提就是，身体相对于话语的先在性。巴特勒反对去寻找一个父权制之前的社会，她认为，“女性主义在回溯一个想象的过去的时候，必须谨慎不要在揭穿男性中心权力的自我物化的主张的同时，也促使了妇女经验的物化，因为这在政治上来说是有问题的”①。我们看到了福柯的系谱学的影子。在第一节中，我们就提到，巴特勒要用一种系谱学的方式反思“女人”作为一种

---

① ［美］朱迪斯·巴特勒：《性别麻烦：女性主义与身份的颠覆》，宋素凤译，49页，上海，上海三联书店，2009。

主体的不合理性。在述行性理论的运用中，系谱学被用来揭示"身体"的历史性。在巴特勒看来，对起源的追溯实际上是一种叙事策略，"也就是以一种单数的、权威的陈述来叙述一个无可挽回的过去，以使律法的创制看起来像是历史上不可避免的一个发展"①。"不可避免性"往往拥有一种自然的外观，这恰恰是权力所追求的结果。在政治意义上，这种对起源的回溯和沉迷，对原始的或"真正"的女性特质的寻找，

> 是一种乡愁式的、视野局限的理想，它回绝了提出一套论述、视性别为一种复杂的文化建构的当代要求。这样的理想不仅往往流于为文化上的保守目标服务，也在女性主义阵营里形成一种排他性的实践，反倒加速造成了这个理想原本一心想克服的分裂问题。②

因为，这种观点往往潜藏着文化与自然，生理性别与社会性别的二分，将生理性别看作一种前文化的素材，这种二元关系滋生了一种等级关系，在其中，文化似乎任意地将"意义"刻画在自然之上。自然成为文化的他者。而在性别关系中，理性与精神往往与男性对称，身体和自然则被划归于女性，等待男性主体赐予她意义。

从述行性的角度来说，这种观点试图去表达一个获得表达之前的、没有被文化镌刻的身体，这在述行性上是矛盾的。如果寻找一个超越于律法之外的身体生命或者恢复律法之前的身体成为女性主义的目标的话，这会

---

① ［美］朱迪斯·巴特勒：《性别麻烦：女性主义与身份的颠覆》，宋素凤译，49页，上海，上海三联书店，2009。

② 同上书，50页。

使女性主义的理论焦点偏离当代文化讨论的具体语境。①

巴特勒提出扮装和戏仿概念，就是为了反思这种原初的身体概念是否存在。扮装原本是戏剧中的一个概念，是一种反串表演，多见于男性表演出女性的外观，而女性则表演出男性的面貌。巴特勒认为，"扮装表演操弄的是表演者解剖学上的身体与被表演的性别之间的差别"②。也就是男性的身体表演出女性的性别特征，而女性的性别特征则展现男性特质，这种对另一种性别特质的表演，也叫作"戏仿"。在以往的扮装表演中，戏仿常常被女性主义者诟病，他们认为这是在贬低女性，或者是对性别刻板印象的一种简单挪用。但巴特勒认为，在扮装表演中，我们可以看到，仿品与真品之间的关系并不是如我们想象的那般简单，表演者所戏仿的并不是一个真品，而只是真品这个概念本身。在表演者将身体与性别倾向剥离的过程中，扮装揭示出社会性别本身只是一种模仿，不具有稳定性，而具有某种偶然性，从而挑战了在正常情况下被看作自然的、必然的那些性别特质。

在性别戏仿中，性别本身就是一个没有原件的仿品，并且，性别作为一种没有真品的仿品，并不具有原真性。在这种情况下，性别身份可以被我们重新设想。它是有历史的，在一整套异性恋实践的强制作用下，建构了一个具有原初性的、具有内在本质的性别化自我的假象。在这个意义上，那个自然的"原件"，其实是后天形成的。

在扮装表演之下，身体成为一个可变的疆界，能产生不同的风格，

① 参见［美］朱迪斯·巴特勒：《性别麻烦：女性主义与身份的颠覆》，宋素凤译，52 页，上海，上海三联书店，2009。

② 同上书，180 页。

并且每种风格都具有自己的历史。巴特勒将性别看作一种身体风格（a corporeal style）①，认为性别是一种具有述行性的行动，会随着社会历史的变迁而改变。扮装使我们看到，性别是不稳定的，它是一种脆弱的身份，在一种风格化、程式化的重复中建构了身体的表面。身体就是在这种重复表演中，产生一种"性别的效果"，一种"性别化自我的假象"②。关键在于，这个假象，不仅仅使观众信以为真，还使演员本身也认为是真的。

巴特勒的扮装理论与述行性理论一样饱受争议，原因之一就是扮装理论和述行性理论都使性别看上去好像是主体可以随便选择的，今天可以表演男性特质，明天可以表演女性特质，就像换衣服一样简单快捷。性别行为看上去完全是能动者（agency）的场域，仿佛主体拥有自由意志，可以决定性别的更换。这种误解和巴特勒的表述有一定的关系，她后来也不断地修正了自己的述行性理论和扮装概念。吉尔·贾格尔也指出，理解述行性理论要注意两个方面：一是这个理论会让人觉得性别是一种戏剧学意义上的表演，可以随意改变，有些酷儿理论家很倾向于这种理解，但这种理解受到很多女性主义者的反对；二是这个理论让人觉得，作为一种建构的表演，性别仅仅是一种随意的诡计。③

这两种意见都是巴特勒不能同意的。巴特勒反驳说，性别不是随意选择的，是具有强制性的，是在重复的述行中形成的身体表象。同时，

---

① 参见[美]朱迪斯·巴特勒：《性别麻烦：女性主义与身份的颠覆》，宋素凤译，182页，上海，上海三联书店，2009。

② 同上书，184页。

③ Gill Jagger, *Judith Butler : Sexual Politics , Social Change and the Power of the Performative*, London, New York, Routledge, 2008, p. 19.

我们既要注意到性别规范的构筑性和强制性，又不能陷入文化决定论中
（cultural determinism）。因为，如果只看到强制性，我们就看不到那个
具有颠覆力量的能动者在哪里。

　　巴特勒解构了主体的稳定性和先在性后，不得不面对“能动性”的问
题。她认为首先要反思“建构”与“决定”之间的区别，在她看来，主体是被
建构的，不等于说主体是被决定的。能动性的建立，并不必然地要从一个
前话语的“我”中去寻找。巴特勒反对身份政治传统中主体、客体二分的认
识模式，认为能动性的问题可以“重新表述为意指和重新意指是如何运作
的问题”①。在她看来，身份不是固定的，而是一种意指实践，在语言的
意指行为中形成。这个意指过程，就蕴含着能动性的可能。因为“那些决
定什么是可理解的身份的规则，亦即使得对一个‘我’的主张可以被理解、
同时又对之加诸限制的规则；那些部分依照性别等级和强制性异性恋矩阵
建构的规则，它们都是通过重复运作的”②。能动性，就要从那个重复当
中发生变异的可能性里去寻找。巴特勒甚至认为，“颠覆身份的可能只存
在于重复的意指实践之内”③，而意指的实践是通过话语的传达来实现的。
各种询唤话语在贯彻的过程中，会产生交集，并产生变异的可能。这些话
语之前，不存在一个完整的先在的自我，所有的反抗只能取决于话语本
身。这就是巴特勒的主体的被建构与主体的能动性之间的辩证法。

　　从扮装理论的角度来说，身体构成了这个辩证法表现的舞台。一方

---

　　① ［美］朱迪斯·巴特勒：《性别麻烦：女性主义与身份的颠覆》，宋素凤译，189
页，上海，上海三联书店，2009。
　　② 同上书，189 页。
　　③ 同上书，190 页。

面，身体受到规范的铭刻，是被决定的；但另一方面，身体在扮装中又成为去自然化的表演的空间。性别不再是固定的，而是一种处于进行中的行动，强制性异性恋的"男性"和"女性"的二元对立的性别结构，在扮装表演中失去了实体上的稳定性。扮装理论将性别去自然化了，巴特勒由此打开了一条通向福柯意义上的批判的系谱学之路，去揭示性别是如何通过身体的刻画而自然化的。

在这个过程中，对能动者的寻找具有政治意味，如本章第一节所言，巴特勒志在解构"女人"这一性别作为一种政治斗争的本体基础的合理性。巴特勒认为，打破"女人"这个范畴本身的稳定性，并不只与性别、身体有关，还与政治有关。并且，解构掉身份的合理性，并不等于解构政治，反而是证明身份得以形成的政治背景。对主体先在性的塑造，其实是政治权力的作用。巴特勒认为，解构主体的先在性，可以使政治不再被理解为从属于某一个群体的主体的利益，因而"一定会有一种新的政治设定从旧有的废墟中浮现"[1]。

小　结

可以说，《性别麻烦》为我们提供了一种看待性别的新视角。[2] 有学

---

　　① ［美］朱迪斯·巴特勒：《性别麻烦：女性主义与身份的颠覆》，宋素凤译，193页，上海，上海三联书店，2009。

　　② Gill Jagger, *Judith Butler*：*Sexual Politics*，*Social Change and the Power of the Performative*，London，New York，Routledge，2008，p. 26.

者对她的述行性理论做过这样的总结，并清晰地指认了巴特勒述行性理论中的行动、规范和语言之间的复杂关系：

> 巴特勒的性别操演理论（性别述行性理论——笔者注）强调三点。一、性别不是一种存有，而是一种行为，这是性别操演的戏剧维度。二、性别身份的形成不是人们可以自由控制、有意为之的行为，而是在不断重复性别规范的过程中逐渐形成，因而一定需要时间的演进。这是性别操演的仪式维度。三、规范和话语生成性别化的主体，生产关于性别的现实，这是性别操演的语言维度。对巴特勒而言，操演性（述行性——笔者注）是一种引用性实践，通过这种实践，话语产生它所命名的效果。而对规范的重复以仪式性的方式进行，随着时间的推移构成主体。①

巴特勒对述行性理论的表述也为我们提供了她对社会关系中的"改变"的一种理解，就像她在《述行行为与性别建构：关于现象学和女性主义的随笔》（*Performative Acts and Gender Constitution：An Essay in Phenomenology and Feminist Theory*）一文中所说的那样，压迫并不是某个行为的孤立结果。社会关系的转变变成一种转变霸权社会条件的事件，而不是一种由这些条件产生的个人的行动。② 到底如何转变这些社会关系，就像如何辨识它们在主体建构的过程中的作用和运作方式一

---

① 都岚岚：《酷儿理论等于同性恋研究吗?》，载《文艺理论研究》2015 年第 6 期。

② Judith Butler, "Performative Acts and Gender Constitution：An Essay in Phenomenology and Feminist Theory," *Theatre Journal*, 40：4 (1988：Dec.), p. 520.

样，是巴特勒之后的研究重点之一。在《性别麻烦》和《身体之重》中，这个工作转变为对认同的颠覆和对"异性恋矩阵"或者"异性恋霸权"的替代。英国学者卡弗认为，从这个意义上说，

> 《性别麻烦》因此可以被命名为一种针对自然化虚构的政治战争，开启了一种对范畴的实践（practical）的战争。然而，这并不是将一种乌托邦实例化。当然，马克思在其思想中将市场化的世界进行了颠倒，他思考的也是工业的无产阶级中的一种"给定"的主体。巴特勒追随马克思的去自然化的策略，但是出于哲学上的理由，她拒绝了一种能保证未来社会的稳定的认同。在她那里，去自然化的性别可以使某些"不可能的"认同部分地被文化所理知，并在我们所说的压迫的中心进行战斗。将解放理论中的"人"看作一种管制的虚构，可以将我们从连续性、一致性和在我们之上的霸权规范中解放出来。在这里，巴特勒将身体、权力关系的领域带入我们的脑海之中，在那里话语通过实践产生作用，我们看到一种尼采式的革命。她所坚持的"可能性"，就在那里等待我们去获取。①

---

① Samuel Allen Chambers and Terrell Carver, *Judith Butler and Political Theory*: *Troubling Politics*, New York, Routledge, 2008, p. 33.

第三章 | 走向身体政治学

我们在前面的论述中已经看到，"身体"始终是巴特勒讨论的一个中心因素。在西方文化中，"身体"概念的形成和变迁是历史性的。"身体"不仅仅是生物性的，更是社会性、文化性的，不同的文化传统对"身体"有着不同的定义和态度。例如，

苏格拉底："有些人说肉体是灵魂的坟墓。"①
保罗："身体是圣灵的殿。"（林前：6：19）

① ［古希腊］柏拉图：《柏拉图全集·克拉底鲁篇》，王晓朝译，81—86 页，北京，人民出版社，2003；以及《斐多篇》中柏拉图关于身体与灵魂的关系的论述（参见柏拉图：《斐多》，杨绛译，42—45 页，沈阳，辽宁人民出版社，2000）。另外，在《理想国》中，柏拉图也对身体进行了抨击（参见柏拉图：《理想国》，郭斌和、张竹民译，375 页，北京，商务印书馆，1996）。

笛卡尔："身体是机器。"①

萨特："我是我的身体。"②

可见，对身体观的研究，就是对一种文化的研究，就是对一种社会思想的研究。著名人类学家毛斯(Marcel Mauss)认为，人首要的和最自然的技术对象与技术手段就是他的身体。③ 身体是被文化塑造的，我们都有同样的身体，但是却有着不同的文化，对身体的研究是进行跨文化、跨语言研究的一个窗口，因为所有的民族和文化都会在身体之上赋予意义。④ 身体更是人与自己周围的世界和文化进行交流的重要媒介。梅洛-庞蒂写道：

> 身体是我们能拥有世界的总的媒介。有时，它被局限于保存生命所必需的行动中，因而它便在我们周遭预设了一个生物学的世界；而另外一些时候，在阐明这些重要行动并从其表层意义突进到其比喻意义的过程中，身体通过这些行动呈现出了一种新的意义核心：这真切地体现在像舞蹈这样的习惯性运动行为之中。有

---

① ［法］笛卡尔：《第一哲学沉思录》，庞景仁译，88 页，北京，商务印书馆，1986。

② 转引自杨大春：《语言·身体·他者：当代法国哲学的三大主题》，144 页，北京，生活·读书·新知三联书店，2007。

③ 参见［法］马塞尔·毛斯：《各种身体的技术》，见《社会学与人类学》，佘碧平译，306 页，上海，上海译文出版社，2003。

④ 现代性社会理论已经指出，人是悬挂在由他们自己编织的意义之网上的动物（参见［美］克利福德·格尔兹：《文化的解释》，纳日碧力戈等译，5 页，上海，上海人民出版社，1999）。

时，身体的自然手段最终难以获得所需的意义；这时它就必须为
自己制造出一种工具，并藉此在自己的周围设计出一个文化
世界。①

国内学者汪民安指出，身体被 20 世纪的三个伟大传统拖出意识
（主体）哲学的深渊。这三个传统是：追随胡塞尔的梅洛-庞蒂的现象
学传统，涂尔干、马塞尔·莫斯、布尔迪厄的人类学传统，以及尼
采、福柯的传统。这些思想家的思想，对身体学的研究都有深远的影
响。② 到了后现代主义理论，身体更是成为其重要的理论特征。汪民安
认为，后现代性的使命，它的伟大的历史实践，就是要让身体回归身
体，让身体重享自身的肉体性，让身体栽植快感内容，让身体从各种各
样的依附中解脱出来。③

以后现代主义理论为思想养料之一的巴特勒，继承了后现代主义对
身体的关注，她认为女性主义作为一种批评实践要继续发展，就必须以
女性身体的生理特殊性为基础。④ 在《性别麻烦》中，巴特勒的目的是将
性化身体（sexed body）去自然化——去证明它是性别规范的一个结果。

---

① 转引自［美］约翰·奥尼尔：《身体形态——现代社会的五种身体》，张旭春译，
3—4 页，沈阳，春风文艺出版社，1999。
② 参见汪民安：《身体、空间与后现代性》，22 页，南京，江苏人民出版社，
2006。
③ 参见汪民安：《后现代性的谱系》，转引自汪民安、陈永国、马海良主编：《后现
代性的哲学话语——从福柯到赛义德》，11 页，杭州，浙江人民出版社，2001。
④ 参见［美］朱迪斯·巴特勒：《身体至关重要》，转引自汪民安、陈永国编：《后身
体——文化、权力和生命政治学》，189 页，长春，吉林人民出版社，2003。

在《身体之重》中，她拓展了这种讨论，用更抽象的术语，通过考察身体的特定的政治本体论（比如，异性恋体系如何决定了身体是重要的），去发掘物质性与话语之间的关系。在巴特勒说明《性别麻烦》的写作目的时，她相当动情地提到，

> 这本书展现的顽强的使性别"去自然化"的努力，是来自一种强烈的欲望：对抗理想性别形态学（morphologies of sex）所意味的规范暴力，同时根除一般以及学术性欲话语所充斥的那些普遍存在的自然的、理当如是的异性恋假设。这个去自然化的书写，不是如一些批评者所臆测的那样，只是出自一种玩文字游戏、或是提出戏剧性的花招来取代"实质的"政治的欲望（就好像戏剧与政治总是截然区分的一样！）。它来自一个要生存下去，要让生命可能，以及重新思考这些可能性的欲望。①

为了寻找更多生存的可能性，"我们必须如何重新思考理想的身体形态学对人类加诸的各种限制，而使那些无法趋近标准的人不至于被宣判虽生犹死？"②

对身体形态学的思考，在《身体之重》中得到了进一步的阐发，这也是巴特勒的身体政治学的重点所在。

---

① ［美］朱迪斯·巴特勒：《性别麻烦：女性主义与身份的颠覆》，宋素凤译，序（1999），14 页，上海，上海三联书店，2009。

② 同上书，序（1999），14 页。

一、从精神到身体

性、性别、欲望在身体中的一致性，一直是以往女性主义理论的稳定参照点。但是在巴特勒看来，这个生理性别化的"身体"，却恰恰是政治力量所形塑并保持的，它如何能够作为女性主义斗争的基础呢？这样的身体观在西方文化传统中有一定的反叛性。将身体看作一个被动的文化铭刻物，一个先于话语的肉体存在，是与精神相对立的，在西方传统中有着深厚的文化基础，比如，基督教传统和笛卡尔的传统。在《身体之重》的序言中，巴特勒指出了传统哲学对身体研究的忽视，

> 他们总是与有形之物保持一定的距离，并试图以一种非具身的（disembodied）方式来勾勒身体；他们总将身体疏漏，或者更糟，否定身体。有时候，他们会忘记"此"（the）身体是有性别（gender）的。①

在笛卡尔影响下的西方哲学传统中，意义是非物质的，身体是物质的，后者是没有价值、没有意义的存在。即使是福柯也认为，文化铭刻不停地在身体上施加作为，并且为了让这种铭刻能得到意指，作为媒介的身体必须被摧毁，因而文化铭刻升华到一种价值领域中去。巴特勒认为，在福柯那里，身体中还存在着一种前话语多元性的概念，这种驱力会溢出身体，干扰文化一致性的管控实践。巴特勒反对福柯的说

① ［美］朱迪斯·巴特勒：《身体之重：论"性别"的话语界限》，李钧鹏译，1页，上海，上海三联书店，2011。

法，不承认有一种前话语的多元欲望存在，但是她并不否定福柯的系谱学研究方法。她认为，身体疆界的变化不存在一个先在的主体的变化，这种变化是在社会管控之间发生的，在这种管控中，才形成身体的社会空间。

为此，巴特勒从一个性别化的身体出发，去探究身体是如何进入社会的视野变成一个文化产物的。早在《性别麻烦》中，巴特勒就借助了著名人类学家玛丽·道格拉斯(Mary Douglas)在《纯洁与危险》中对身体作为一个有界限的系统的理论，从对内在心灵的讨论，走向一种身体的政治。

(一)作为界限的身体

身体的政治意味首先在于，它可以作为一种界限(boundary)存在。而关于这方面的研究，玛丽·道格拉斯的《纯洁与危险》这本书提供了很好的范例，巴特勒就运用了她的理论，来解释身体的疆界如何在文化的管制中变化、固定、维持。

身体是处于文化之中的身体，而处于不同的群体间的人，其身体行为模式是不同的。进一步说，每个团体内部都有自己的价值观和行为导向，这些价值观和行为导向会作用于群体内的人，使他们找到自己的归属感，即人的社会认同。社会认同理论(social-identity theory)的基本观点是：人有部分(但不是全部)的自我观念(self-concept)是通过被归类在特定的群体中而获得的。在某种程度上，我们通过所属的群体来确定自己是谁。一个团体内的人的自我认同所达到的程度，与所处团体在周围的文化中所指向的方向（group orientation）有关。① 这种理论的主要观点是，当一种特定的社会认同显得突出的时候，团体内的人的自我理解（self-perception）和行为不是由个人自己决定的，而是由团体内的模式（stereptypical）决定的，是由团体的主要价值导向决定的，并区别于团体之外（out-group）的成员。这种现象伴随着不同团体之间的竞争，从本质上说，模式化（stereotyping）意味着用团体内的规则去对待所有团体之外的成员，有时甚至会对他们采取否定的态度。这会导致不同团体之间的暴力，产生不同的区隔方式。谁是团体内的人，谁不是？——"界限"的问题由此产生——不同的社会团体之间，会因为不同的认同标准而产生界限。

玛丽·道格拉斯在对古代文化的研究中提出："社会"这一观念是一种强大的图景，它有能力控制或者促使人们去行动。这种社会图景是有形式的，有其外在的界限。② 任何一种特定的文化或群体在对待"界限"时，都会有一种统一的特定的方法和态度。道格拉斯的研究向我们展示出人们在同一种文化中，在不同的层次上，是如何表现出对待界限的统一态度的。她划分了三个层次——

第一种层次：群体或文化的社会界限；

第二种层次：处于文化中的个体的身体界限；

---

① Philip F. Esler, "Jesus and the Reduction of Intergroup Conflict", In Wolfgang Stegemann(EDT), Bruce Malina(EDT), Gerd Theissen (EDT), *The Social Setting of Jesus and The Gospels Minneapolis*: Fortress, 2002, p. 185.

② Mary Douglas, *Purity and Danger: An Analysis of the Concepts of Pollution and Taboo*, London, Ark, 1984, p. 114.

第三种层次：宇宙论的界限，也就是人神之间的界限。人们根据这种界限规划他们关于上帝和世界的信仰系统。

道格拉斯认为，在同一种文化中，不管在哪一个层次上，人们对待界限的态度都是一致的。比如说，如果一个社会担心有什么流出了或者越过了"个体的身体界限"，会对个体的身体造成威胁，那么这个社会同样会担心并且致力于保护自己的"社会界限"，以阻止有人闯入或有人逃逸出他们的社会群体。同样地，在一个社会中，在宇宙论的层次上，一个人会表现出某种二元论的倾向，希望在善与恶之间，在神圣与世俗之间寻找一个清楚的界限。"相反，"道格拉斯指出，"如果（在另一种文化中）没有对社会界限的设定，我也找不到对身体界限的设定。"①同样，在一种不考虑社会界限的社会里，关于上帝和世界的信仰在善与恶的界限上就不会那么清晰。可见，这三种界限之间存在着紧密的对应关系。

道格拉斯指出，身体在文化中是具有象征作用的，她认为象征符号（symbol）越是接近人类自身的经验，就越能得到承认，而身体的经验是人类最直接的经验，所以"身体可以作为一个模型，代表任何有界限的系统。它的界限可以代表任何处于被威胁状态或者不稳定状态的系统。身体是一个复杂的结构"②。身体除了可以作为处于文化中的个体的身体界限的载体外，也可以作为第一种和第二种层次的界限的象征。

巴特勒虽然认为道格拉斯没有改变结构主义那种文化与自然的二

① Mary Douglas, *Natural Symbols*：*Explorations in Cosmology*, London, Barrie and Jenkins, 1973, 2nd ed., p. 70.

② Mary Douglas, *Purity and Danger*：*An Analysis of the Concepts of Pollution and Taboo*, London, Ark, 1984, p. 115.

分，但是她看到了身体的界限绝对不仅仅是物质性的，身体的疆界成为社会的界限本身。用巴特勒的话来说，我们可以把身体的疆界"理解为社会霸权体系的界限"①。在她看来，道格拉斯提出了一个很有代表性的问题——"身体的边缘为什么会被认为特别充斥了权力和危险?"

在道格拉斯的论证中，身体的界限是在禁忌的作用下产生的，所以这个看上去自然生成的身体，是一个概念，一个禁忌的结果，它在禁忌中得到自己的疆域。这些禁忌对身体进行着管控，这实际上是一种文化的管控实践，影响着身体的形貌，在这种形貌建构的过程中，系谱学找到了其存在的理由。巴特勒以同性恋的例子来说明这一点，在社会主流文化中，同性恋的同性情欲被理解为一种感染，一种染污，一种跨越界限的行为，甚至与艾滋病联系在一起。艾滋病似乎意味着一种危险的体液交换，"代表了可渗透的身体疆界对现有社会秩序可以带来的危险"②。

巴特勒还援引了克里斯蒂娃在《恐怖的力量：论卑贱》中的讨论来论证这一点。在这本书中，克里斯蒂娃将拉康和道格拉斯的理论结合在一起，她认为，一个独立的、明确的、有疆界的主体，实际上是通过一种排除性的实践来建立的，被排出身体的卑贱物，被看作"他者"。一方面，主体"将'非我'(not-me)建构为贱斥物，这建立了身体的疆界，而身体的疆界也是主体的第一界线"③。另一方面，异类物本身，在这个排除过程中被建立起来。"身体的疆界以及内部和外部的区分，是通过

---

① ［美］朱迪斯·巴特勒：《性别麻烦：女性主义与身份的颠覆》，宋素凤译，172页，上海，上海三联书店，2009。
② 同上书，172页。
③ 同上书，174页。

把原来属于自己身份一部分的某物排出、将之重新评价为卑污的他者而建立起来的。"[1]

巴特勒创造性地吸收了克里斯蒂娃的卑贱理论。克里斯蒂娃认为，卑贱代表被主体的标准理想所驱逐的人，是不真实的，并不具有本体论的存在，是没有获得主体资格的人。在异性恋本体论（heteronormative sexual ontology）中，异性恋的身体是真实的，同性恋则被生产为不自然的、不被文化所理解的。并且，在论述自我与卑贱的关系时，克里斯蒂娃指出，卑贱物与主体的形成息息相关，她认为，

> 如果卑贱物果真能够同时激起一切，碾碎一切，包括主体在内，当主体承认自己不能把握自己、对这种徒劳企图感到厌烦时，当主体在自己身上找到了不可能的东西时，即当主体觉得这个不可能的东西就是它的存在本身时，当发现它不是别的，正是卑贱物时，那么就会真正理解卑贱物所显示的最大力量。[2]

对于主体来说，"自我的卑贱将是主体这一经验的最高形式，主体并且看到，它的所有客体就建立在初始的毁灭上，而这个毁灭开创了自我本身的存在"[3]。克里斯蒂娃强调的是，那些被禁止的卑贱物一直不断冲

---

① ［美］朱迪斯·巴特勒：《性别麻烦：女性主义与身份的颠覆》，宋素凤译，175页，上海，上海三联书店，2009。

② ［法］朱莉娅·克里斯蒂瓦：《恐怖的权力：论卑贱》，张新木译，7页，北京，生活·读书·新知三联书店，2001。

③ 同上书，7页。

击着主体和象征秩序的安全性和稳定性，被拒斥者依然留在主体性和文化之中。

巴特勒指出，在反对性别本体论时，重要的是我们不仅仅考察身体是如何建构的，又是为什么建构的；还要注意为什么某些身体"不被建构"[①]。她认为对卑贱应该持一种政治化的理解。巴特勒将"卑贱"转换为"厌恶"，把身体的界限与性别问题联系在一起，她指明：

> 因为性别、性欲、以及/或肤色而对一些身体加以否定，这是一种"驱逐"，它带来"厌恶"的结果；它依照性别/种族/性欲的分化轴线，建立并巩固文化上的霸权身份。[②]

可见，厌恶的运作，对身份有巩固作用，并在这个过程中，它产生了"他者"。但是，我们要维持这种状态，就必须要求身体具有封闭性，要身体的内部和外部保持严格的区分，而这种封闭状态是会被那些排泄物炸开的。比如，根据玛格丽特的分析，我们可以看到为什么犹太人会觉得血液、唾沫等是不洁的。这些物质本应处于身体内部，被人体的皮肤保护，不会显露于外。但是一旦这些物质流出身体，就会出现在本不该出现的地方，所以它们是不洁的，并且会污染接触到它们的人。"任何流出身体的东西都不为人所接受，物质一旦越过身体，就不可以再返

---

① Judith Butler，*Bodies that Matter：On the Discursive Limits of "Sex"*，New York，Routledge. 1993，p. 16.

② ［美］朱迪斯·巴特勒：《性别麻烦：女性主义与身份的颠覆》，宋素凤译，175页，上海，上海三联书店，2009。

回，那将更危险。"①巴特勒在某种程度上借鉴了道格拉斯在洁净观上的开拓性研究，道格拉斯认为，洁净代表着这样一种观念，即"特定的地方对应于特定的事物(there are places for things and things are in their place)"②。相反的是，污染(pollution)则表示有些东西无处可置或者有些东西处于其不该处于的地方(out of their place)。洁净和污染的划分暗示了一种对事物和人的有秩序的分类，事物和人都有相应的界限。因此，当观察一种文化是如何看待洁净和污染的时候，我们可以看到这种文化是如何给这个世界以秩序的。正如道格拉斯指出的，肮脏或者被污染是指某种事物或人不在其应该在的地方。

通过道格拉斯，巴特勒指出，"内部"和"外部"的区分，只有在"与一个中介的、努力寻求稳定的边界联系时才具有意义"③。"内部"和"外部"的区分，实际上只是一种通过语言来表达的隐喻，主体与他者的区分，只有在文化秩序的作用下才有意义。自我内在的固定性，并不是一种空间的固定性，而是一种无形的文化界限，身体是这种界限的有形形式。巴特勒在这个基础上指出，我们是无法追溯身份的内在化的过程的，我们能够追问、应该追问的是，

　　这个内在性的比喻，以及内在/外在的二元分立，是从什么公

---

① Mary Douglas, *Purity and Danger*: *An Analysis of the Concepts of Pollution and Taboo*, London, Ark, 1984, p. 123.

② *Ibid.*, p. 40.

③ [美]朱迪斯·巴特勒：《性别麻烦：女性主义与身份的颠覆》，宋素凤译，175页，上海，上海三联书店，2009。

共话语的策略位置、为了什么理由而扎根的？"内在空间"是用什么语言来表征的？这是一种什么表征形式？它又是经由身体的什么形体特征而被意指的？身体如何将它深埋于内的那个不可见性表征于它的表面？①

巴特勒对内在性的质疑，借由福柯的理论得到了很好的表达，福柯在《规训与惩罚》中就曾经指出，法律不是直接被内化，而是被合并，其结果是生产了一些身体。在这些身体上，法律表现为身体的本质、灵魂的意义、欲望的法则。灵魂具有某种内在心灵空间的表征，有社会意义，但却从不被承认。在这种意义上，正如福柯所言，"灵魂是肉体的监狱"②。

我们看到，经过巴特勒的叙述，心灵内发生的过程，被解释为一种身体的政治，这种政治把身体的表面当作舞台。而性别这个范畴，就是这个舞台上最引人注目的节目。

社会性别是通过在身体表面的在场与不在场的运作，对幻想的形象所做的一种规训性生产；它通过一系列的排除和否定、一些具有意指作用的不在场之物来建构性别化的身体。③

---

① ［美］朱迪斯·巴特勒：《性别麻烦：女性主义与身份的颠覆》，宋素凤译，176页，上海，上海三联书店，2009。

② ［法］米歇尔·福柯：《规训与惩罚》，刘北成、杨远婴译，32页，北京，生活·读书·新知三联书店，2003。

③ ［美］朱迪斯·巴特勒：《性别麻烦：女性主义与身份的颠覆》，宋素凤译，177页，上海，上海三联书店，2009。

在性别身份的形成中，性、性别和欲望的一致性是符合异性恋体制的要求的，如果我们同意以上所言的，主体的认同是在禁忌的作用下，在对他者的排斥中形成的话，那么我们也可以承认性、性别和欲望的一致性是身体意指实践的结果，是一种理想化。身体的欲望、行动和姿态在这里，都是述行性的，它们并没有所谓本质、身份，而是通过身体符号和话语手段来维系的。"性别化的身体是操演性的，这表示除了构成它的真实的那些各种不同的行动以外，它没有什么本体论的身份。"①所谓主体的完整性和一致性，也只是在社会和公共话语中，在内在和外在的强制区分中，被建构的。而将这些欲望、姿态和行动的原因置于行动者的"自我"之中，只是为了掩藏社会性别的政治管控，话语的力量就被置换成一个心理内核。

因此，一个稳定的、有本质的社会性别是不存在的，它只是在身体表面的建制和铭刻。而身体作为一个可变的疆界，有可能产生不同的风格，并且每种风格都有自己的历史。身体的可变性，使它成为一个政治斗争的场所。

(二)反思身体的物质性

巴特勒将身体看作一种界限，是可变的，身体的性、性别和欲望都是由话语述行而成的。这些观点让人认为她忽视了身体的生理局限，仿佛身体只是在话语中被构筑的。在身体问题上，这是后结构主义所共同

---

① ［美］朱迪斯·巴特勒：《性别麻烦：女性主义与身份的颠覆》，宋素凤译，178页，上海，上海三联书店，2009。

面临的问题。在《身体之重》中，巴特勒揭示出了这些问题："如果一切都是话语，身体又算什么？如果一切都是文本，暴力与身体伤害怎么办？后结构主义中（或对其而言）是否具有重要（matter）的东西？"①实际上，这也是她自己常常面对的问题，她经常被追问"身体的物质性怎么办？"，也就是该如何看待一个在理论上完全无法化约的肉体生命（bodily life）的存在。

对此，巴特勒认为，身体的物质化是一种过程，这个过程决定了哪种身体是重要的。② 在她看来，身体对"卑贱物"与规范秩序之间的关系进行考察，是改变霸权标准的潜在机会。在考察被拒斥的身体为什么没有被视为真正的身体时，巴特勒并未否认身体的物理性存在（physical existence）。她只是强调身体是在"策略和政治"（policy and politics）里被感知的。即使是卑贱的身体，也处在文化编码之中，而不仅仅是文化之外的一种物质存在。③

巴特勒认为，身体的物质性和意指过程是不可分离的，她对"身体之重"（bodies that matter）进行了阐发，她说，

> 古典文本中谈论身体之重（bodies that matter）不是一种无关宏旨的双关，因为具有物质性（to be material）就意味着进行物质化

---

① ［美］朱迪斯·巴特勒：《身体之重：论"性别"的话语界限》，李钧鹏译，4 页，上海，上海三联书店，2011。

② Irene C. Meijer and B. Prins，"How Bodies Come to Matter：An Interview with Judith Butler"，*Signs*，Vol. 23，No. 2（Winter，1998），pp. 275-286.

③ Moya Lloyd，*Judith Butler：From Norms to Politics*，Cambridge，Polity，2007，p. 75.

(to materialize)，物质化本原正是身体"要紧"之处，正是其可理知性。在这个意义上，探求某物之意义正是求问其如何（且为何）要紧，而"要紧"(to matter，这里是作者对 matter 一词"要紧、重要"与"物质"两种含义的双关用法——译注)在此同时表示"物质化"(to materialize)和"意指"(to mean)。①

在她看来，物质、身体与意指，从来都是相伴相随的。

但还是有不少人认为巴特勒回避了身体的生物学限制，比如，有人就女性的身体能够孕育生命为例，追问男性身体为什么同女性身体不一样，没有生育胎儿的能力呢？1993 年，巴特勒在接受彼得·奥斯伯恩、林恩·西格尔所做的采访《作为表演的社会性别：巴特勒访谈录》时，对此专门做了针对性的回答。②

首先，巴特勒并不否认确实存在一些源于身体的生物特质本身的限制。针对生育的例子，巴特勒巧妙地反问道："身体在什么程度上通过其孕育生命的能力获得定义？为什么是怀孕使得身体获得定义？"她认为，在怀孕问题上所集中体现出来的恰恰是某种具有主导作用的规范制度的实践。

虽然，女人的身体总体上讲，的确被理解为具有孕育生命的能

---

① ［美］朱迪斯·巴特勒：《身体之重：论"性别"的话语界限》，李钧鹏译，9 页，上海，上海三联书店，2011。

② "Gender as Performance: An Interview with Judith Butler,"转引自何佩群：《朱迪思·巴特勒后现代女性主义政治学理论初探》，载《学术月刊》1999 年第 6 期。

力，但事实是，还有不能怀孕的女婴、女孩、老年妇女以及不能怀孕的各种年龄的女人。即使在概念上妇女具有怀孕的能力，但那也不一定是她们身体的显著特征，或者甚至是使得她们成为女人的显著特征。这个问题的实质是想使再生产的或然性成为区分身体性别的中心。我不能确定在区分身体性别时怀孕的能力就是最显著的或主要的特征，我也不能确定究竟什么是身体性别的显著特征，如果怀孕的能力被确定为区分身体性别的主要特征的话，我认为那是一条强加的准则，而不是对生物学限制的中性描述。①

巴特勒在《身体之重》中以很大的篇幅回答了身体的物质性问题，她说：

性别的物质性由规范的仪式化重复而建构这一点并非不言自明。事实上，我们通常所说的"建构"概念似乎阻碍了对这种观点的理解。身体当然有生有死，要吃要睡，有痛有乐，经受疾病与暴力；并且，有人可能会抱着怀疑的态度说，这些"事实"不能只被看作建构。这些基本的、无可辩驳的体验当然有其必然性。事实也确实如此。但无可辩驳性绝不等同于对它们的肯定，也不等同于特定的话语手段。②

可见，巴特勒并没有否定身体的生物特质，这些确实是基本的、必然的

---

① "Gender as Performance: An Interview with Judith Butler,"转引自何佩群：《朱迪思·巴特勒后现代女性主义政治学理论初探》，载《学术月刊》1999 年第 6 期。

② ［美］朱迪斯·巴特勒：《身体之重：论"性别"的话语界限》，李钧鹏译，序，3 页，上海，上海三联书店，2011。

存在，但是这些存在后面有一些并非不言自明的建构过程在发挥作用，所以我们不能对这些生物特质持一种简单肯定的态度。

实际上，巴特勒关注的不是身体的物质性是否存在的问题，她承认身体之生老病死的肉体性感受确实存在，但那不是她的关注点，她关注的是，身体的这些物质性如何在一种构成性限制中被感知、被看见和被理解。她要提出的问题是，对身体的限制性的建构，是如何同时"制造出可理知的（intelligible）身体界域（domain）与不可思议的（unthinkable）、被嫌恶的（abject）、无法存活的（unlivable）身体界域？"①这两种身体的界限是如何被划分出来的？

具体到社会现实，如果一个二三十岁的妇女，无论是由于生理原因无法怀孕，还是由于社会原因不想怀孕，她都不得不和规定她性别的准则做斗争，因为她会遭遇到一种既可能来自她自己，也可能来自外部的失败感或不足感，如果她身处一个思想上较为开明的环境中，她的这种感觉可能会减轻一些。对此，在采访中，巴特勒追问道："为什么想要抚养孩子而不想生育孩子的女人，或既不想抚养又不想生育孩子的女人就不能拥有她的性别而又不感受到一种隐含的失败感或不足感呢？"②

在女性主义理论研究中，有些女性主义政治学者认为妇女解放的出路来自对生育问题，即人类再生产过程的恰当理解，只有对生育的本质主义的理解进行反思，才能了解妇女的人口再生产劳动与男性将人口再

①　［美］朱迪斯·巴特勒：《身体之重：论"性别"的话语界限》，李钧鹏译，序，4页，上海，上海三联书店，2011。

②　"Gender as Performance：An Interview with Judith Butler,"转引自何佩群：《朱迪思·巴特勒后现代女性主义政治学理论初探》，载《学术月刊》1999年第6期。

生产神秘化之间的矛盾。母亲的身份成为女人的命运，这是保证男性谱系延续的一个重要手段，因此从某种意义上来说，做女人就意味着做母亲。[①] 比如，伊里加蕾对女性的"母亲"身份进行反思，她认为，女性和商品一样，要成为"正常"的女人，就必须符合男性的规范和律法。所以，如果在传统社会里成长起来的女人，一生没做母亲，那么这就会被认为是一件遗憾的事情，甚至她的人生被认为是不完美的。女人如果拒绝为男人生儿育女，就会被视为大逆不道。[②] 而事实上，"女性承担的母亲角色是社会分工中具有普遍性和持久意义的少数要素之一"[③]，巴特勒同样如此认为。

　　显然，在身体问题上，巴特勒并不是要否认某种生物学上的差异，而是要探究在什么条件下、什么规范中、什么样的体制性条件下，某些生物学差异会成为我们进行性别区分的显著特征和判断标准。在巴特勒看来，这些生物学的差异依然包含着某些建构的因素，而不是完全天然的。并且，她发现如果没有这些建构，我们可能很难理解生物意义上的身体——"身体的某些建构是否表示我们离不开这些建构，否则将不会

[①]　Lynne Huffer，Maternal Pasts，*Feminist Futures：Nostalgia，Ethics，and the Question of Difference*，Stanford，CA，Stanford University Press，1998，p. 15。转引自刘岩：《差异之美：伊里加蕾的女性主义理论研究》，62 页，北京，北京大学出版社，2010。

[②]　参见刘岩：《差异之美：伊里加蕾的女性主义理论研究》，48 页，北京，北京大学出版社，2010。

[③]　Nancy Chodorow，*The Reproduction of Mothering：Psychoanalysis and the Sociology of Gender*，Berkeley，CA，University of California Press，1978，p3。转引自刘岩：《差异之美：伊里加蕾的女性主义理论研究》，62 页，北京，北京大学出版社，2010。

有'我'（I）和"我们"（we）？"①当然，将身体视为一种建构，就必须对建构本身的含义进行反思。在巴特勒看来，建构对理解身体是不可或缺的，也就是说，如果某种建构具有构成性，也就是说，"少之"我们将无从思考，这说明身体只出现、持续、生存在性属受到某种规制的体系的生产性限制中。可以说，巴特勒的研究工作凸现了对性别作为一种政治范畴的批判，而这种政治性往往被身体的物质外观所掩盖，巴特勒认为：

> 当人们问"这些不是生物学差异吗？"时，他们并不是真正对身体的物质性进行提问，他们实际上是在问再生产的社会体制是否是考虑社会性别的最显著的机制。在这个意义上，存在着一个推论性的强制实施的准则。②

在巴特勒看来，身体的物质性生产，实际上是一种社会规范的再生产过程。

巴特勒进一步指出，在规范的运作过程中更为隐蔽的是，被规范为接受与排斥的两种身体并不对立，因为"对立"的东西是在我们的思考范围之内的。后一种身体与前一种根本无法构成一种对立关系，因为后者属于被排除的、不可理知的区域，并作为不可能存在的幻象、一种界

---

① ［美］朱迪斯·巴特勒：《身体之重：论"性别"的话语界限》，李钧鹏译，4页，上海，上海三联书店，2011。

② "Gender as Performance：An Interview with Judith Butler，"转引自何佩群：《朱迪斯·巴特勒后现代女性主义政治学理论初探》，载《学术月刊》1999年第6期。

限、一种构成性外在（constitutive outside）缠绕着前者。巴特勒所要思考的，就是那些被认为不那么重要的身体是如何变得不可思议、不可存活的，身体的界限是怎样被改变的。她要思考的是"将身体物质化（materialize）为'性别化'（sexed）身体的限制是什么？"①身体的物质性，在这里变成了一个有关疆界的问题，也变成了一个性别政治问题。

（三）性别化的身体：划界的过程

从性别政治的角度来说，我们看到，巴特勒所说的身体，总是一个处于性别化过程中的身体，身体是在这个过程中获得物质性的。她坚持认为，身体是被建构的，性别倾向的塑造是先于主体的，是决定主体的各种要素之一。身体成为性别化的身体的过程，也是一个划分主体与非主体的排斥性的过程。

我们在上文中已经看到，巴特勒并不否认身体的物质性，但是她认为那种承认物质性、性别的话语本身，恰恰在建构着它所承认的对象。

> 认为话语具有构成性并不等于说它生成、引发或完全构成了它所承认的对象；它其实是在说，没有不进一步形构了身体的对纯粹身体的指称。在这个意义上，指称性别化身体的语言学能力并没有被否认，但"指涉"（referentiality）含义本身发生了变化。用哲学的语言说，在某种意义上，断言（constative claim）总是具有述行性。②

---

① ［美］朱迪斯·巴特勒：《身体之重：论"性别"的话语界限》，李钧鹏译，4 页，上海，上海三联书店，2011。

② 同上书，导言，12 页。

我们还是要从话语的述行性来理解这一点，话语对性别的构成性，要从话语具有行事能力来理解。并不是话语生成了身体，而是话语在指称身体的过程中，对身体产生了一种述行性的力量，这种力量形塑了身体的物质性外观和它的性别风貌。并且，这些外观是具有区分作用的。

但是有人会指出，性别总有一些方面是不被建构的。巴特勒认为，对话语外（extradiscursive）客体进行简单或直接的"指涉"总是要求首先对什么是外在于话语进行界定。这种界定本身就会带来某种边界，决定着我们指涉的对象。"这种划界具有某种规范力，甚至暴力，因为它只能通过抹除进行建构；它只能通过强加某个标准、某个择选原则，来为某个事物划界。"①譬如，对性别的规定就是一种划界，什么是性别，什么不是，这都是通过排除来进行的，这在异性恋体制中特别明显。我们在上一章解释巴特勒的"述行性"理论的时候提到过，在巴特勒那里，述行性的过程既是一个规范被强制性征引并巩固的过程，也是一个可能出现反抗的裂隙的过程。我们在对这种二元结构进行怀疑的时候，会发现那种结构主义的刚性恰恰源于边界之外的区域，这个区域，可能会出现被排除者的破坏性回归。② 对于性别化的身体来说，述行性既具有强制性又具有反抗性的两面是如何表现出来的呢？又会产生什么样的结果呢？我们已经考察了身体作为一种界限的效用，也看到了身体的物质性实际上是一个有关界限的问题，现在我们接着考量，性别是如何作为一

---

① ［美］朱迪斯·巴特勒：《身体之重：论"性别"的话语界限》，李钧鹏译，13 页，上海，上海三联书店，2011。

② 同上书，13—15 页。

个具有区隔性的范畴呈现于身体之上的，身体在性别化的过程中，是怎样通过述行性的言语行为，变成一个有性别的身体的？

我们在上文已经看到，巴特勒通过德里达的"征引"理论说明，话语是通过征引权威的习惯来生成其命名对象的。巴特勒进一步指出，从性别的角度来看，"性别规范的前提是它被'征引'为这种规范，但性别规范同时也通过它所强迫的征引来获得权力"①。权威的维持与征引是相互作用的。

那么，性别化的身体在多大程度上是通过对规训体制的征引，通过其所支配的认同行为获取的呢？弗洛伊德在《自我与本我》中说，自我首要的是躯体的自我（bodily ego）②，并进一步指出，这个自我是"一个表面的实体，而且本身即是表面的投影"③，我们可以将其重新描述为一种想象形态（imaginarymorphology）。不仅如此，弗洛伊德还认为，这种想象形态不是一种前社会或前象征期的形态，而是由一个产生了文化的可理解性的形态学之可能的规训体制安排的。巴特勒认为，这种规训体制并不是永恒不变的，也不是一种静止的结构，而是在不同的历史阶段不断修正的、可以理知的标准。就是这种标准，"制造并征服了物质性的/重要性的身体（bodies that matter）"④。

通过精神分析学的解读，巴特勒想说明性别化的身体与权威，并不

---

① ［美］朱迪斯·巴特勒：《身体之重：论"性别"的话语界限》，李钧鹏译，15页，上海，上海三联书店，2011。

② ［奥］弗洛伊德：《自我与本我》，见《弗洛伊德后期著作选》，林尘等译，174页，上海，上海译文出版社，1986。

③ 同上书，174页。

④ ［美］朱迪斯·巴特勒：《身体之重：论"性别"的话语界限》，李钧鹏译，16页，上海，上海三联书店，2011。

是外在的联系，而是互相渗透的。巴特勒认为，身体自我、稳定性、边界，都是通过身份认同的行为获得的，精神分析的理论或许可以揭示出这种身份认同的霸权性，她试图"在身体形态发生（bodily morphogenesis）的层次上，用精神分析来解读异性恋基质的灌输（inculcation）"。巴特勒以拉康对象征律法的"领受"理论为例来说明精神分析学的揭示作用，她认为拉康所说的"领受"，即一种对权威的**征引**，提供了一个将"性别"的物质化问题与作为征引的重构的"述行"联系起来的机会。这样做的意义在于，"律法就不再具有先于其征引的固定形式，而是通过征引，被制造为先于并超越了主体所生成的肉身替代（mortal approximation）"①。律法的力量，不再是先在的，而是在征引中被固化的，只有在这个过程中，律法才成其为律法。

并且，律法会在这种解读中呈现出其内在的矛盾，因为只有律法在对男性和女性这两种性别进行强制性区分、征引的时候，才成其为律法，这就显示出两个互相抵触的假设，一方面，"性别的象征律法具有先于且独立于对它的领受的本体性（ontology）"；另一方面，"对律法的征引却是它生成与表述的机制"②。这种矛盾揭示出律法先在性的不合理之处。同时，通过征引律法，我们可以重复、扩充律法，也可以改变律法。我们看到，律法的矛盾恰恰是述行性有两面性的表现，重复征引律法的过程也是改变律法的契机。而这个以性别的形态出现的身体，其实是在一个物质化的过程中形成的，这个物质化过程即一种对权力的征

---

① ［美］朱迪斯·巴特勒：《身体之重：论"性别"的话语界限》，李钧鹏译，16—17页，上海，上海三联书店，2011。

② 同上书，17页。

引，"我"在这种形构过程中与权力发生了一种原生意义上的关联。

主体和权力是相互包含的，而不是相互独立的。巴特勒在讲到这个问题的时候，常常要面对一种争议，因为在这里，性别述行中出现的主体的能动性，与一种规范之外的自由意志的存在，形成了一种矛盾。我们看不到一个外在于权力的自由意志，主体并不在规范之外，"反对这些规范的主体本身是由于这些规范才成为可能"①，虽然这些规范并没有完全排除主体能动性的可能，但主体的能动性在这里却是一种"复现或再表述"，是内在于权力的。性别述行理论，并不假设一个具有选择权的主体存在。并且，在这个主体的形成过程中，一种悄无声息的区隔发生了，比如，受到嫌恶或者被剥夺了合法性的"身体"，并不能成为"身体"，而是被抹除的。

具体到性别问题来说，巴特勒一直试图说明的是，哪些性别化的身体是被排斥在外的，除了符合异性恋强制体制的身体之外，哪些身体还可以获得生存的空间。身体的界限，有没有被改变的可能？我们看到，话语在性别化身体的形成之中扮演了重要的划界作用，话语划出了一个没有合法性的性别"领域"。巴特勒认为，我们要注意的，不仅仅是哪些身体是合法的，更要关注哪些身体因为不合法而变得不再具有文化上的可理解性。而这个不可理知的领域，对于可理知的领域来说，是其外在的环境，在某种程度上，是必不可少的。

---

① ［美］朱迪斯·巴特勒：《身体之重：论"性别"的话语界限》，李钧鹏译，18页，上海，上海三联书店，2011。

与对身体如何并朝什么方向建构这一问题同等重要的是，身体如何并朝什么方向不被建构？进一步的问题是，没有被物质化的身体如何为在规范的物质化过程中成为具有物质性/重要性的身体提供必要的"外界"，如果不是必要的支持的话？①

那些不具有文化可理解性的身体，虽然不"重要"，但却可能是"重要"的身体所需的必要条件。

巴特勒不仅仅要揭示身体作为一种界限的作用，还要思考的是，这个被界限抹除在外的领域，会不会对象征霸权（symbolic hegemony）提出挑战，在对性别化的身体进行固化的过程中，会不会呈现出某种不稳定性以挑战话语可理知性的边界。既然规训的范围是在重复申诉、述说中维持的，这是一个再意指的过程（resignification），那么这个再意指或许可以导向对社会管理的标准的重塑（解放的可能性所在）。② 值得思考的是，异性恋二分法所保障的象征秩序会不会受到质疑。巴特勒关于这个问题的思考，是通过一种系谱学的方式对女性身体在历史中被形塑的过程的考量来展开的。

---

① ［美］朱迪斯·巴特勒：《身体之重：论"性别"的话语界限》，李钧鹏译，18页，上海，上海三联书店，2011。

② Moya Lloyd，*Judith Butler：From Norms to Politics*，Cambridge，Polity，2007，p. 75.

二、女性身体的物质化

巴特勒认为，传统的女性主义批判，都以女性肉体的生理特征，以性(sex)作为一个不可化约的出发点，而巴特勒要问的是，这种"物质性"是如何被视为不可化约的，为什么它仅仅被理解为文化建构的承受者，而不是建构本身？它仅仅是一个建构的场域和表层吗？它本身是不是一种建构性的排除？巴特勒在这里要反对的是，将建构性与物质性看作两个互不相容的概念。她要思考的是，女性主义对"女性"的使用本身，是不是产生了一种划界，这种划界又反映了什么样的权力关系。巴特勒认为，有了这种反思，女性主义才具有民主化的潜力。

我们在上一节提到，巴特勒并不同意将后结构主义看作将一切物质性视为语言游戏的观点，对物质性的解构并不是要否定它作为一种称谓的作用。从这一点出发，她认为女性主义并不需要将身体不可化约的物质性作为一种必要的前提，反而应该看到，"受重视的物质性很可能是通过一种女性主义所质疑的对女性的排斥与贬黜构成的"[①]。

我们看看她是如何揭示女性的被排斥过程的。

(一)身体的物质性与女性的被排除史

讨论身体的物质性问题，不能不思考女性的身体问题，因为女性往往是被与身体、物质联系在一起的。这种联系是具有传统的，巴特勒将这种联系与一系列词源联系在一起。"这些词源将物质(matter)与母亲

---

① [美]朱迪斯·巴特勒：《身体之重：论"性别"的话语界限》，李钧鹏译，6页，上海，上海三联书店，2011。

(mater)、母体(matrix，或子宫)及生殖问题联系在一起。"①物质，在词源中被与起源、创始联系在一起，这种意义的关联表明物质性与意指性是不可分离的。巴特勒在这里，是要指出"物质"并不是一个中性词，并不是透明的、无辜的，它是跟意义、价值联系在一起的。当女性被与物质联系在一起的时候，某种菲勒斯中心主义的权力运作已经开始了。巴特勒希望通过梳理女性与身体的关系的理解史，去说明"性属基质是如何参与了物质性的构筑(尽管这也可以在亚里士多德的著述中找到)，以及为什么女性主义者应该对物质性形构的批判系谱学感兴趣，而不是将物质性视为不可化约的"②。

我们知道，西方文化的摇篮，是希腊文化。巴特勒通过亚里士多德，追溯了从希腊文化到现代的"身体"含义的变化过程。在亚里士多德那里，灵魂和肉体是二分的，这在希腊文化中就能看出来。我们在这里，先停下来稍微了解一下希腊文化中"身体"的含义，或许有助于我们了解身体作为一种界限的古典渊源。

在希腊语中，物质总是以特定的语法形式出现，总是与形相(she-ma)联系在一起。希腊语的"身体"是可以用两个有着微妙区别的词来表示的，它们就是 $\sigma\tilde{\omega}\mu\alpha$ 和 $\sigma\acute{\alpha}\rho\xi$，前者指的是"身体"(body)，后者则指肉体(flesh)。在西方最重要的两部经典——《新约》与《希伯来圣经》中，表征身体的词从希伯来文的一个词רשׂב演变成了希腊文的两个词 $\sigma\tilde{\omega}\mu\alpha$ 和 $\sigma\acute{\alpha}\rho\xi$，比如，《约翰福音》中的"道成肉身"就用的是 $\sigma\acute{\alpha}\rho\xi$，而《马可福音》

---

① ［美］朱迪斯·巴特勒：《身体之重：论"性别"的话语界限》，李钧鹏译，7 页，上海，上海三联书店，2011。

② 同上书，9 页。

14 章妇人将油浇在耶稣头上，则用的是 $\sigma\hat\omega\mu\alpha$。这中间，"身体"的语义发生了微妙的分化。我们看到，与希伯来语不同，希腊语将"肉体"与"身体"明确地区分开来。

曾对保罗的身体观有深入研究的保罗研究专家罗宾森(John A. T. Robinson)在自己的研究中，对这种语言变化进行了分析，并指出了其中隐含的文化内涵，他区分了四点不同[①]。(1)在希腊人的基本思维中，形式（form）与内容（matter）是相对的。身体是某种加于某物之上的形式，因此，身体是可以与构成身体的物质，比如，血、肉、骨头相对的。(2)与第一点紧密联系的是典型的希腊式的"一"和"多"(the one and the many) 之间的对立，也就是整体和部分之间的对立。一个身体与它的各个单独部分是不同的，但是在希伯来文化中，这种对立并不存在，《旧约》中表示身体的某个部分的词可以代表整个身体（如赛 52：7）。(3)接下来，对之后的历史产生最深远影响的是，希腊文化中身体与灵魂的对立观念，也是希伯来文化中所没有的。在希伯来文化中，灵魂(the invisible, spiritual, essential ego)是关在物质里的，并且希伯来人相信灵魂最终会在其中得到解脱。甚至有学者认为，希伯来文化中的身体只是一种动物性的肉体，并没有灵魂监禁于其中。也就是说，人并不拥有一个身体，人就是身体(Man does not *have* a body, he *is* a body)。肉体与灵魂之间并没有截然分离的界限，"身体是灵魂的外在形式"[②]。

---

① John A. T. Robinson, *The Body: A Study in Pauline Theology*, Philadelphia, PA, Westminster Press, 1952, pp. 13-16.

② Johannes Pedersen, 1883-1977, *Israel, Its Life and Culture*, London, Oxford University Press, Branner og Korch, 1926, p. 171.

在犹太文化中，人的灵魂就是肉体的灵魂，灵魂必须以身体为形式而存在。① （4）肉体在自然性上并没有太多不同，但是有灵魂的肉体是独特的。罗宾森还指出，希腊语对"身体"的描述与"界限"（boundary）有关。身体显示出独立的个体与另一个个体之间的界限，有一种区隔的作用，标示出个体与个体之间的不同。希伯来语中没有用两个词来表示身体，这表明希伯来文化中没有将身体作为一种界限来理解。肉身的身体（flesh-body）并没有将一个人与其他人分离开来，反而将其与其他生命连接在一起，每个人的肉身并没有区别的作用。人与自己周围的人连接在一起，רשב表明了一个人与其社会环境的融和而不是独立。所以，希伯来文化并不需要另一个词来表示身体。与之相对的是，希腊语用了一个 $\sigma\hat{\omega}\mu\alpha$ 来区分"肉身"与"身体"的不同。

我们可以看到一个有趣的现象，希腊文化下的"身体"，并不指单纯的"肉体"，而指一种有道德性内涵的身体，体现了一定的文化规定，表明了人与人之间的有界限的"身体"的存在。在希腊文化中，"身体"不仅有区隔的意思，而且还是一种意义的载体。

希腊文化直接影响了柏拉图和亚里士多德，身体与灵魂开始截然二分，身体具有了区隔作用，灵魂与肉体的对立由此横亘在西方哲学漫长的历史中。巴特勒将形相（shema）概念历史化，即从"身体"含义的变迁中去揭示其暗含的文化图景。她"将身体的 shema 理解为随历史情境变

---

① Johannes Pedersen，*1883-1977*，*Israel，Its Life and Culture*，London，Oxford University Press，Branner og Korch，1926，p. 176.

化的权力/话语联系（nexus）"①，这让人联想到福柯在《规训与惩罚》、《性史》中对人的身体被"物质化"的论述。福柯将灵魂看作一种改变、培育、形塑身体的权力手段。灵魂，如同希腊语中的形相（shema）一样，成为身体得以实现的那种形式，福柯说道：

> 人们向我们描述的人，让我们去解放的人，其本身已经体现了远比他本人所感觉到的更深入的征服效应。有一种"灵魂"占据了他，使他得以存在——它本身就是权力驾驭肉体的一个因素。这个灵魂是一种权力解剖学的效应和工具；这个灵魂是肉体的监狱。②

为了让身体成为权力理想的样子，我们必须将其驯服。驯服，也是顺从，是受压、俘获，有趣的是，主体与驯服都是同一个词——"subject"。在福柯那里，是灵魂，生成了犯人。这种灵魂是权力的手段，铸造了身体，使身体获得社会意义上的存在。这种存在，是被授予的。这种赋权，在福柯看来，只能发生在权力内部，并通过权力而发生。后者生成了顺服于它的主体。并且，权力并不在物质的外部，而是存在于主体物质性本身的构筑之中。比如，监狱就是被投注权力而被物质化的，在被物质化之前，监狱并不存在。从这个角度来说，"身体不是一个被投注了外

---

① ［美］朱迪斯·巴特勒：《身体之重：论"性别"的话语界限》，李钧鹏译，10页，上海，上海三联书店，2011。

② ［法］米歇尔·福柯：《规训与惩罚》，刘北成、杨远婴译，32页，北京，生活·读书·新知三联书店，2003。

在权力关系的独立的物质性；相反，物质化和投注在身体中共存"①。

在身体的物质化过程中，权力的诡计在于，将"一个客体、一个可理知域"建构成一个想当然的本体，它出现在话语和权力之前，成为一个理所当然、不可辩驳的存在，成为认识论的出发点，成为政治论辩的要件。"通过将构建产物视为给定事实，这种经验主义的基础论成功地埋葬并掩饰了其得以构建的权力关系系谱。"②巴特勒认为，福柯关注的是权力的生产、形构的维度，但他没有能解释被话语理知体系排除掉的东西，没有说明那个被去物质化的非理知域（unintelligibility）是什么。在女性主义者们那里，那个被排除掉的部分，就是被西方传统文化排斥的身体，即女性。

为了对物质性概念的形成过程进行一种系谱学的批判，巴特勒在《身体之重》中通过借鉴伊里加蕾对柏拉图的形式与物质二分的区分方式的解构，去描绘哲学史中物质性概念的演变谱系。巴特勒认为，"物质性"是在对女性的排斥过程中被建构起来的。她要探讨的不是"性别之物质性"，而是"物质性之性别"，是为了说明"物质性是一部关于性别差异的戏剧"，她的阐释不仅是为了对传统女性主义研究"轻易回归身体的物质性提出警告"，她还要表明，"论及物质就是在提及性别层级与性别抹

---

① ［美］朱迪斯·巴特勒：《身体之重：论"性别"的话语界限》，李钧鹏译，12页，上海，上海三联书店，2011。

② 同上书，12—13页。巴特勒在注解中以福柯的理论为基础，进一步解释道："'性'沿着不同的权力轴线制造了一个一致的身体，但是'性'与'灵魂'被理解为征服了身体并将其主体化，制造了一种奴役，以此作为身体的文化形构的原则。正是在这种意义上，物质化可以被描述为一种被规制的可复现性的沉淀效应。"

除的沉淀的历史"①。可以说，在西方哲学中，一部物质性概念形成的历史，就是一部对女性的排斥史。

巴特勒是借助伊里加蕾的作品来追溯哲学史中的女性被排除史的。在伊里加蕾的《他者女人的窥镜》中，她注意到身体与灵魂，物质与意义的二元对立是在一种排除的基础上形成的。这种二元对立，也是菲勒斯—逻各斯中心主义体系的一部分，"女性"被制造成这个体系的一种构成性外在，是被男性与女性二元对立体系排除在外之物。在这样的体系中，"所有关于主体的理论总是适合于男性"，女性则通过成为"女性"，在话语中使自己屈从于客体化。②

伊里加蕾对哲学史进行了重读，并思考什么被排除在哲学史之外，她试图从文本中解读出文本所没有的东西。传统女性主义者们努力证明身体、物质与女性的关系，男性则与理性联系。但伊里加蕾却认为，女性甚至难以等同于物质，女性是被这种二元对立排除的，物质对女性进行了替代和移置。我们根本就无法用哲学来具象化女性。伊里加蕾采用了模仿（mirnicry）③的方式来揭示这一点，她"模仿哲学——以及精神分

---

①　［美］朱迪斯·巴特勒：《身体之重：论"性别"的话语界限》，李钧鹏译，32页，上海，上海三联书店，2011。

②　参见［法］露西·伊利格瑞：《他者女人的窥镜》，屈雅君等译，165页，郑州，河南大学出版社，2013。

③　伊里加蕾采取的方式也被翻译为戏拟（mirnicry）：戏拟是在男性秩序内部进行的革命，它以一种游戏的态度，以戏谑的方式采纳男性社会为女性规定的身份来言说，以使读者看到父权文化的逻辑谬误：以游戏的方式模仿，就是重新发现文本剥削她［女性］的地方，而她自己并不简单地被缩减为这一文本。这意味着要重新屈就于男性逻辑强加于她的观念，但目的却是以游戏的重复使原本一直不可见的东西成为可见（参见刘岩：《差异之美：伊里加蕾的女性主义理论研究》，38页，北京，北京大学出版社，2010）。

析——并在模仿中采用了事实上不属于她的语言，其目的只是对控制话语使用所有权(proprietariness)的排除法则提出质疑"①。伊里加蕾对弗洛伊德的精神分析理论，以及柏拉图的洞穴理论都进行过模仿，比如，弗洛伊德认为女性的身体是一种用于反射男性同一性的平面镜，伊里加蕾则将女性身体戏拟为一种内视镜，以强调女性拥有自己的表达方式。② 伊里加蕾认为，被构筑为不当、无用、无所有权的女性要为适当性、所有权而抗争。因为"女人"在形而上学的语言中，是被排除在外的。这种排除，发生在"物质"形成的过程中。巴特勒认为，对于一个体系来说，被排除在外的东西，是在体系之内的，并以矛盾、破坏以及对其系统性之威胁的面目出现。

巴特勒指出，伊里加蕾坚持认为，促成形式与物质二元对立的排除是男性与女性的区分关系，其中男性二者兼具，女性则根本无法成为可理知项。为了形成本体，女性成为一种"不可能的必需品"(impossible necessity)，女性既不能具有文化上的地位，又不能完全不存在。而"被拒认的女性残余(remnant)作为菲勒斯—逻格斯中心主义的印刻空间、作为接收男性意指行为之标记的镜面留存了下来"③。在柏拉图的《蒂迈欧篇》中，这个空间，是一种容器，被称作宫籁(hypodoche)④。

---

① [美]朱迪斯·巴特勒：《身体之重：论"性别"的话语界限》，李钧鹏译，16页，上海，上海三联书店，2011。

② 参见刘岩：《差异之美：伊里加蕾的女性主义理论研究》，38页，北京，北京大学出版社，2010。

③ [美]朱迪斯·巴特勒：《身体之重：论"性别"的话语界限》，李钧鹏译，19页，上海，上海三联书店，2011。

④ 宫籁，与子宫有关，标示位于可感知世界与可理知世界之外的，难以指称、无法象征的场所。

通过伊里加蕾，巴特勒对宫籁进行了自己的解读。她指出，柏拉图所说的本原具有一种不得"领受任何类似于穿入她的东西的形式"[①]的规定，本原只能具有接受、包容、穿入容器等形式。本原被比作身体、母亲或养育者的身体，这样的类比假定了这一本原与肉身的相似性。柏拉图认为，身体与母性是一致的，也即和女性是一致的。这种观点受到很多学者的反对，比如，德里达认为宫籁永远无法被分解为它所引出的任何具象，也不应该将女性气质与宫籁重叠。伊里加蕾也同意这一点，认为宫籁并不应该等同于女性或母性。实际上，本原本身并没有适当的形式，并不能完全等同于身体。

但在女性主义的传统中，将身体与女性进行一种文化上的类比的做法依然盛行，比如，克里斯蒂娃就认为有先于符号的母性身体存在，宫籁等于母体。巴特勒认为，将女性与身体看作共通的，实际上是一种将女性指派为"外在"的方式，是一种排除，将某些女性排除在文化之外。这种做法会将女性与生育紧紧绑在一起，那些不具有生育力的女性是被排除在外的。

在这个意义上，容器就不仅仅是一个用来表示被排除者的具象；作为一个具象，它支持被排除者，从而上演或产生了对一切无法用女性标记表现之人——拒绝养育者-容器形象的女性——的另一种排除。换句话说，作为一个具象，养育者-容器将女性固定为

① ［美］朱迪斯·巴特勒：《身体之重：论"性别"的话语界限》，李钧鹏译，21页，上海，上海三联书店，2011。

人类生育不可或缺之物，但其本身并非人类，而且绝非它所引生之
肉身的形构本原。①

女性，一旦与生理特征紧紧绑在一起，就会被降至仅仅作为生育者的地
位。我们在上文已经提到，巴特勒对用生育来定义女性持一种批评的态
度。女性，并非生来代表物质性，却在文化史中被物质化了。在伊里加
蕾那里，女性是在二元之外的、不可主位化的物质性的东西，女性的生
育权被菲勒斯—逻各斯中心主义接管了，成了一种排他性的、本质性的
行动。

　　女性与"养育者-容器"绑定后出现了这样的结果。在柏拉图那里，
物质是"不育"的，所以，如果从女性是容器的角度来看，女性只能受
孕，不能施孕。生育功能，由女性转移到了男性，压抑了本性的动力，
并被掩饰为宫籁和处所。女性甚至在生育上也是被动的，巴特勒认为，
菲勒斯的幻想独占了柏拉图的"相"，基于对女性生殖能力的拒认，女性
不是共相也不是殊相，而是无法被命名的容器。女性，只是一种容器，
一种物质，是向物质性的堕落，是脱缰的激情。柏拉图认为容器是不可
指称的，这种"无法"，实质上是一种"不应该"。无法表征，或许因为他
认为应该享有一种独一的、权威的表征。如果女性被看作容器，那么女
性也是不可表征的。但是，柏拉图却又不断地对女性作为养育者进行指
称、假定。巴特勒认为，"或许这是为了禁止话语进一步表征的话语内

---

　　① ［美］朱迪斯·巴特勒：《身体之重：论"性别"的话语界限》，李钧鹏译，23 页，
上海，上海三联书店，2011。

的表征，它将女性表征为不可表征、不可理知，却在断言性（consta-tive）主张的修辞中挫败了自身"①，实际上，柏拉图是在假定他所说的是无法被假定的。他以一种方式，去假定不可假定之物，实际上这是反驳了自己，暴露出自身的破绽。

> 在某种程度上，这种威权性的、对容器不可命名的命名构成了一个初始性或原生性的印刻，它使这一空间成为一种印刻空间。这种对不可命名者的命名是对此容器的穿透，也是一种暴力性抹除，这种抹除将它确立为所有进一步印刻的不可能却必要的场域。②

对某一种事物的抹除，是为了另一种事物的生成。

伊里加蕾似乎在说，"我将模仿并重复你的姿势，直到这一体系内外在的出现对其系统性闭合及有关自设依据的托词产生质疑为止"③。巴特勒认为，伊里加蕾对柏拉图的反复征引，将柏拉图把宫籍与女性类比的荒谬性揭示了出来，这恰恰暴露并展示了被排除者，并将其重新带回体系之中。"这是征引，不是对本原（original）的控制（enslavement）或简单复现，而是一种违抗（insubordination）。"④她好像模仿了本原，其实是在移置本原作为本原的身份，这种移置揭示出本原实际上是一种产

---

① ［美］朱迪斯·巴特勒：《身体之重：论"性别"的话语界限》，李钧鹏译，26 页，上海，上海三联书店，2011。
② 同上书，26 页。
③ 同上书，26 页。
④ 同上书，27 页。

物。比如，她将本原解释为母源时，却让我们看到母体实际上是菲勒斯—逻各斯中心主义的产物。

通过解读柏拉图、亚里士多德、普罗提诺、福柯、伊里加蕾、克里斯蒂娃等学者对"身体"的理解，巴特勒揭示出，当女性被与一个物质性的容器等同的时候，物质性的"身体"背后掩盖了多么长久的对女性的排除史。

(二)呼唤内在批判：女性不在他处

巴特勒的一大特点是，她总是在思考反抗的可能性。对她来说，仅仅揭示出身体史中蕴含的对女性的排除史是不够的，她要寻求的是女性解放的可能。在上一节中，我们看到，巴特勒大量借鉴了伊里加蕾对女性身体的分析。但是，巴特勒并不完全赞同她的分析。如同很多学者对伊里加蕾的质疑一样，巴特勒也在想——在指出女性被排除的同时，伊里加蕾会不会犯同样的错误，将女性禁锢在文化的他处呢？

伊里加蕾认为，模仿是语言中女性的行为，模仿是去参与被模仿者，她认为女性可以通过模仿菲勒斯—逻各斯中心主义，去暴露被这一话语的模仿性的自我复制所掩盖之物，这种转喻，会对身份的逻辑进行干扰。但是，巴特勒指出，认为女性垄断了被排除者的观点，是一种排斥，是"模仿"了一种暴力，这反驳了转喻能发现某种具有破坏力的语言域的观点。在她看来，虽然被排除者的形象是非具身的，但它依然是来源于男性化理性的身体形象的。

作为非具身身体的这种男性理性具象，其想象形态是通过对其他可能的身体的排除来刻画的。这是一种理性的物质化，它基于其他身体的去物质化，因为严格说来，女性没有形状，没有形态，没有轮廓，由于她促成事物的轮廓化，但本身又未经区分、没有边界。①

理性的物质化要求对其他身体去物质化，女性因此失去了自己的形象。但是，矛盾的是，理性的身体本身却是男性气质的"幻识性去物质化"，它所不具备的身体功能，却要求女人、奴隶、儿童和动物成为身体，为之履行。实际上，在这个过程中，被排除掉的不仅仅是女性。伊里加蕾将"他处"理想化为女性，巴特勒认为，这是因为她没有看到"他处"的"他处"。让"女性"垄断"他处"，既有可能削弱女性反抗的可能性，也没有看到女性并不是被男性理性系统排除掉的唯一的东西。

于是，巴特勒暂时离开伊里加蕾的理论，转入对性别差异与身体的物质性关系的探讨，她指出之前的论述实际上是把物质性与性别规划直接联系起来，这样的论述方式是对女性主义轻易回归身体的物质性或自然性别的物质性的警告，巴特勒认为，物质与性别的划分、形成过程是不可分的。可见，物质本身应该是被探究的，而不该作为一个无可化约的出发点。巴特勒的关注点是揭示物质性的生产和管制之中所体现的政治意义。这种政治意义在于，女性对性别规训的反抗，不能着眼于一种权力之外的外在反抗，而要诉诸一种权力内部的内在反抗。物质性是在

---

① ［美］朱迪斯·巴特勒：《身体之重：论"性别"的话语界限》，李钧鹏译，31 页，上海，上海三联书店，2011。

权力之中被刻画的，也应该在权力之中被重写。女性，不能在权力的他处寻找解放之道。

因此，巴特勒和伊里加蕾一样，从形而上学的假设出发，用形而上学的方式去揭示形而上学之错谬。她假设，作为容器的女性，如果"开始与她那据说是独一的、永远的进入者相类似，将会发生什么？"[1] 她认为，当女性开始游离于那个看似本性的形态，本性的先天性就会被揭穿，角色的分配过程就会显现——

> 显而易见，通过排他性地将穿透分派给形式，可穿透性分派给女性化物质性（feminized materiality），以及将可穿透的女性气质具象与生殖所产生的存在完全分离，一系列角色得以产生。[2]

通过置换女性在形而上学假设中的位置，巴特勒试图将女性与生育者的角色进行剥离，以揭示这两者之间并不存在一种本质性的关联，那种本质性的关联实际上是被指派的。

我们看到，通过对"本性"的质疑，巴特勒用另一种方式解读了柏拉图的理论。伊里加蕾认为在柏拉图那里，女性作为一种容器，无法领受形式，也就是无法生育，她认为柏拉图将生育分给了男性，女性无法参与。但是，巴特勒认为，"领受"也可以看作迎娶一个妻子，主动穿透和被动接受的性别角色，并非等同于男性与女性。异性恋基质的作用在

---

① ［美］朱迪斯·巴特勒：《身体之重：论"性别"的话语界限》，李钧鹏译，33 页，上海，上海三联书店，2011。

② 同上书，33 页。

于，穿透者这一排他性角色建立起了"他"，被穿透者这一排他性角色建立起了"她"，如果没有异性恋基质的作用，如果穿透发生在别处，比如，女性的性属角色之间发生穿透，那么性属角色的稳定性将受到质疑。

巴特勒由此提出，女同性恋的存在，是对这种穿透模式的颠覆，她追问的是，为什么要在一开始就设置"一个对性象结构（organization of sexuality）的其他可能性的禁止"①，比如，对女同性恋的禁止。她认为这其实恰恰揭示了异性恋特定版本的非本原性。

> 只要男性是通过禁止，一个取缔女同性恋相似之幻觉的禁止，而建立起来的，这种男性制序（institution）——及男性逻各斯中心主义的同性恋憎恶——就不是本原，而只是禁止的产物，它在根本上依赖于其必须排除之物。②

这种性别角色的分配，是通过排除而产生的，而不是天然的，更不能说成是本原的。

这个排除过程在柏拉图的形式与物质二分理论中就初具雏形，巴特勒认为，柏拉图所说的"相"，是通过不是动物、不是女性、不是奴隶这种排除来定义的。但是，如果被排除者占据"相"的位置，逆向模仿就会由此产生，主人话语被占有和倒转，"如果复制品张口说话，或者纯物

---

① ［美］朱迪斯·巴特勒：《身体之重：论"性别"的话语界限》，李钧鹏译，34 页，上海，上海三联书店，2011。引文有改动。

② 同上书，34 页。

质开始意指，理智透视就会被它所依赖的危机所震动"①。巴特勒认为，柏拉图的文本中有一个致命的矛盾：一方面，柏拉图将女性看作容器，女性被分解为养育者、母亲、子宫等具象；但另一方面，这种容器又是永恒的、无生命的、无形的、无法被命名的，不能被视为肉身。如果是这样的话，那女性所承受的身体伤害又将如何解释呢？巴特勒认为柏拉图的文本展现了一种暴力，这种暴力构筑了"物质"这个概念，并动员了这个概念以及被这个概念所维系的东西。巴特勒认为，在柏拉图那里，在女性的、无形的、非肉体的物质性，与基于女性物质性但本身并非物质性的身体之间，存在着脱节。柏拉图的《蒂迈欧篇》，实际上讲述的并不是身体，而是身体形态具象的瓦解与移置。容器，并不是一个女人，而是女人在形而上学起源论中的具象，这个具象在物质的建构过程中并没有成形。

实际上，巴特勒关心的并不是柏拉图真正要说什么，而是要思考"所谓制造肉体生命(bodily life)的形式是否依赖于制造一个限定并缠扰着可理知身体之生命场域的遭排除之域?"②也就是说，她要追问，对合乎规范的身体的形塑过程，是不是依靠对另外一些身体的排除。在巴特勒看来，形而上学的假设往往是有其政治目的的。巴特勒想做的是，将身体和物质概念从形而上学的局限中解放出来，将其向政治领域打开。虽然这会将身体的认识论上的描述(epistemological accounts of body)问题化，但这提供了一种对身体的物质性的可能的解释。对这种可能性的

---

① ［美］朱迪斯·巴特勒：《身体之重：论"性别"的话语界限》，李钧鹏译，35 页，上海，上海三联书店，2011。

② 同上书，37 页。

思考才是巴特勒的主要关注点。① 巴特勒通过返回到西方哲学的源头去追溯一种观念的演变史，这是她从博士论文开始就秉持的一种研究方式。克里斯蒂娃有一句话，兼具"回归—翻转—转移—转变"的反抗，构成了我想要恢复其价值的某种文化的深层逻辑，在我看来，今天这种文化的锐利性质正面临着重大威胁。② 自苏格拉底以来，反抗就意味着向后回归，但两个世纪以来，被视为反抗与革命的东西在大多数情况下都放弃了回溯性追问，以便新的教条取而代之，在政治与之相伴的意识形态中尤其如此。而巴特勒的反抗却与这种虚无主义不同，她要回到思想史中寻找反抗之路。值得注意的是，在回溯哲学史的过程中，巴特勒与伊里加蕾最大的不同之处在于，她进一步指出，设置一种男性与女性的二元对立并不可行，因为对立性的话语也将生成外在，生成一种非意指的印刻空间，"他处的他处"将被排斥而无从找寻。这同样是一种暴力，一种排除的暴力。巴特勒要做的，是将那些看上去必要的"外在"看作一种新的思考的出发点，外在性的存在阐明了规范性建制的暴力与或然性，当然，巴特勒并不是要追求一种能包容一切的表征，排除可能在所难免。

（三）身体与道德禁制

在巴特勒看来，身体的物质性的塑造，不仅仅表现为对女性身体的

---

① Gill Jagger, *Judith Butler: Sexual Politics*, *Social Change and the Power of the Performative*, London, New York, Routledge, 2008, p. 62.

② 参见［法］于丽娅·克里斯特娃：《反抗的未来》，黄晞耘译，6 页及以下，桂林，广西师范大学出版社，2007。

排斥，还表现为对女性身体的规训，所以在论证了女性身体的被排斥历史后，她开始思考，对身体的性别规训的禁止力量是怎样作用于身体上的。对于这种禁止力的思考，巴特勒仍然借助了精神分析的理论来说明身体的边界是如何通过性别禁忌（sexual taboo）来勾勒的。性别化身体（sexed body）的塑形、构成和变形是与一系列初始的禁止、强制分不开的，要从身体而不是身体之外去思考身体是怎么出现的，身体又是如何通过文化的可理解性的标准而显现的。

继《性别麻烦》之后，巴特勒再次走向精神分析理论。这一次，她是从弗洛伊德的《论自恋：导论》开始的。弗洛伊德在这本书中指出，身体疼痛可能带来一种力比多依附，一种对自己身体不适的消极依附，这可以称为一种自恋。弗洛伊德将器质性疾病看作力比多从性爱过程中撤回，并大肆挥霍而产生的。"疑病症将力比多挥霍在一个身体部位上，但在很大程度上，这个身体部位在被投注之前并未存在于意识中"[①]，弗洛伊德认为，只有力比多投注先发生，身体才得以被描述，才得以为人所了解。身体，仿佛在病痛之中，才为人所知。后来，在《自我与本我》（1923）中，弗洛伊德明确地说，身体病痛是身体自我发现的前提。弗洛伊德认为，在疼痛中我们才得以获得自己器官的新知识，这是我们得到关于我们的躯体观念的一种典型的方法，所以他说："自我首要地是躯体的自我（bodily ego）；它不仅仅是一个表面的实体，而且本身即是表面的投影。"[②]

---

① ［美］朱迪斯·巴特勒：《身体之重：论"性别"的话语界限》，李钧鹏译，41页，上海，上海三联书店，2011。

② ［奥］西格蒙特·弗洛伊德：《弗洛伊德后期著作选》，林尘等译，174页，上海，上海译文出版社，1986。

弗洛伊德将欲望作用的过程与身体病痛的意识联系在一起，

> 真实病痛和想象病痛之间的模糊在动欲的类比中得到维系，因
> 为动欲似乎被界定为真实的与想象的身体部位之间的摇摆。如果动
> 欲是通过肢体运动对思维的传递而产生的，则思维与传送之间具有
> 惊人的重合。从而，谈论一个先在并产生思维的身体部位就变得不
> 可能。①

对肢体的认知，和身体欲望的传递是重合的，无法分辨出孰先孰后，在
这里，"思维是与现象学上可识的（phenomenologyical accessible）身体同
时出现的，它实际上保证了身体的可识性"②。弗洛伊德认为，身体部
位之所以被刻画为部位，是通过力比多式的自我关注达成的。而关于疼
痛敏感的部位，弗洛伊德认为是生殖器，他进而认为生殖器保证了身体
的可识性。巴特勒认为，弗洛伊德设置了一种单一的生殖器，是男性
的，是一个"原型"，"它们是身体部位通过想象的投注在认识论上变得
可理解这一过程的一个范例"③。弗洛伊德用它代替了很多身体部位以
及其他病症的后果，但是这种替代被倒置了，动欲区被说成替代了身
体。在他那里，生殖器一方面成为动欲产生的原始场所，另一方面又成
为欲望移置的场所。巴特勒认为这种矛盾显示出一种愿景——"将生殖

---

① ［美］朱迪斯·巴特勒：《身体之重：论"性别"的话语界限》，李钧鹏译，42 页，
上海，上海三联书店，2011。
② 同上书，42 页。
③ 同上书，43 页。

器理解为一个原生理想型（originating idealization），意即被象征性地编码（symbolically encoded）的菲勒斯"①。

但是，巴特勒指出，这里存在着一个悖论，即"作为优位性、生殖性意符的菲勒斯，其本身是由一串动欲性身体部位的例证所产生的"②，它并不是先于这个身体的活动而存在的，所以菲勒斯实际上是被设置成"起源"的。同时，这种起源又是可以被移动的，因为"成为所有器官的特征就是成为非任一器官的必备特性，一种以可塑性（plasticity）、可转移性（transferability）及可征用性（expropriability）为标志的特性"③。菲勒斯在本质上是可以转移的，因为可以转移，它才可以代替身体的很多部位，身体部位才在现象学中可识。菲勒斯的悖论在于，它被欲望所驱动但又被设置为欲望的起源，并且它是可以转移的。

弗洛伊德将身体的可理解性和病痛联系在一起，认为"身体部位的这种想象性规定似乎源自一种动欲化的疑病症"。疑病症是身体的一种想象性投注，

> 在这里指某种类似于对身体的舞台描述或制作的东西，它给予自我本身以想象的轮廓，投射了一个变为认同场所的身体，在想象或投射状态下，这是一种非常不牢靠的认同。④

---

① ［美］朱迪斯·巴特勒：《身体之重：论"性别"的话语界限》，李钧鹏译，43页，上海，上海三联书店，2011。

② 同上书，44页。

③ 同上书，44页。

④ 同上书，46页。

我们看到，在弗洛伊德那里有一个问题，即身体的创伤和疾病的自我关注，是怎样变成了身体部位的动欲而被发现的。在他那里，身体想象、疾病和性是联系在一起的，我们不禁要追问，性象，是如何作为疾病被具象化的。在《自我与本我》中，弗洛伊德提出，自恋必须要指向客体，一个人必须爱上自己以外的人才可以避免生病。爱恋的禁止和死亡的危险一起出现了，禁止一旦建立，身体部位就会"作为可惩罚的愉悦的场所及愉悦与病痛之域出现"。罪责引发的身体创伤，也可以成为我们获取自我身体之"理念"的方式。如果没有这种"理念"，自我将无法存在。这种"理念"被禁止并且被疼痛所规制，在巴特勒看来，这是规制权力带来的强制性的、实体化的后果。但是，禁止的规制作用并不总是能成功的，并不总能产生完全驯服的、符合社会规范要求的身体，它有时也有不同于异性恋规范的身体出现，比如，同性恋的身体。巴特勒认为，这些不符合规制的身体表层，可能会成为某些不被任何结构容纳之特性的转移之处。

弗洛伊德认为，性是在罪责的道德框架的结构性作用下形成的。当身体和罪责联系在一起时，身体就具有了某种道德的维度。巴特勒指出，弗洛伊德那种动欲性身体的病理化，是一种在罪责中产生的话语，比如，同性恋，艾滋病的恐同话语等。弗洛伊德将病症的具象，与动欲性身体部位结合在一起，这也就是为什么"艾滋病被幻识性地理解为同性恋的病症"[①]，我们看到，不符合规范的欲望，被和疾病紧紧绑在一起，就像同性恋被和艾滋病绑在一起一样。如果疾病被和性象联系在一起，在

---

① ［美］朱迪斯·巴特勒：《身体之重：论"性别"的话语界限》，李钧鹏译，48页，上海，上海三联书店，2011。

自我理念的监控之下，某些性象就会带来罪恶感。罪恶感带来的痛苦，产生了对同性恋的禁止。那个管制着自我的自尊（self-respect）之自我理念（ego-ideal）的力量——要求禁止同性恋。这是一种返身向内的控制力，对同性恋的禁止，实际上是对同性恋的欲望的一种自我转向，而"道德感的这种自我谴责正是同性恋欲望的反向回转"①。如果病痛与自我的形成有关，与对身体的理智有关，那么那些规范着性的禁令，实际上是通过使身体承受苦痛而运行的。一部分人不得不在病痛和爱恋之间进行抉择，比如，同性恋，就是这种恋爱审查的隐匿后果。用弗洛伊德的抑郁理论来说，身体形状的产生，很可能是对被禁之爱的象征，是对丧失的整合。这会将那些被规范所禁止的爱恋，比如，同性恋看作一种罪恶。所以，为了让同性恋不再被看成一种罪恶，巴特勒认为应该将疑病症的想象和性象描述的隐喻分离开来。

同性之爱被禁止后，它成为一种抑郁结构，铭刻在身体中。如本章第一节所说，身体作为一种界限，有区分的作用。对于性别差异或者异性恋基质问题来说，这种区分从来就不是中性的，而是具有排除性的。我们也在上一章介绍过，在弗洛伊德的理论中，被排除之物是一种丧失，会形成抑郁（melancholy）。身体的形态是在对这些丧失的掩盖中形成的，性别就是在这种区分过程中被具象化的。在这里，抑郁与身体形塑，即精神与肉体是不可分的。"对身体的任何描述，包括那些在科学话语中被认定为身体的常规描述，都是通过这种虚构形相的流传与确证

---

① ［美］朱迪斯·巴特勒：《身体之重：论"性别"的话语界限》，李钧鹏译，48 页，上海，上海三联书店，2011。

而发生的。"①身体的物质性外观，并不存在于精神之外。

巴特勒是这样解释精神作用于身体的物质性的过程的，

> 首先，心智投注产生边界，因此，产生身体的统一，从而身体
> 轮廓本身摇摆于心智与物质之间。身体的轮廓与形态并非仅仅处于
> 心智与物质间的一种不可化约的张力中，它们就是这一张力本身。
> 因此，心智不是一个展现先定给予的身体的坐标方格（grid）。那种
> 表述会将身体象征化为一个本体的自在之物（in-itself），后者只有
> 基于一种将其表象建立为认知对象（epistemological object）的心智
> 才能被认知。换言之，心智将成为一个了解身体的认识方格，但心
> 智将不再构成形态，意即它将失去肉体化意义。②

也就是说，精神的形式，比如，抑郁，返身向内，将外界的道德力量作
用于自身，通过对身体的控制产生了自我。身体在这个过程中获得一个
符合规范的要求，也就是道德要求的形态。并且，在身体的物质形态
上，我们再也看不到精神的影子，精神仿佛跟肉体没有关系，肉体也仿
佛仅仅是一具肉体。规范对身体产生作用的这个过程，隐蔽而狡猾，所
以巴特勒才会想借助精神分析理论，去探究精神对身体这个"物质"的作
用过程。

当然，巴特勒并不是说，身体物质性是心智直接的因果性的产物，

---

① ［美］朱迪斯·巴特勒：《身体之重：论"性别"的话语界限》，李钧鹏译，49 页，
上海，上海三联书店，2011。

② 同上书，49 页。

身体的物质性由生物学、解剖学、生理学、疾病、年龄、体重、生命、死亡等范畴所意指，这是无可否认的。但是，这些范畴本身，也不是静止、永恒的，它们也是有其历史性的，也是通过一种排除性的划界产生的，话语与权力总是在改变着它们的边界，道德作为一种身体力量规划着这些范畴的合法性，所以它们"同时是持久和冲突的场域"①。

三、身体与话语

在将身体置于话语、权力的框架内思考的过程中，巴特勒认为话语或语言建构了真实，身体似乎是在语言中才获取了物质的形态，这使她常常要面对质疑，常被认为是唯心主义的，而忽略物质世界的真实性。为了给自己辩解，她试图重新思考"建构"（construction）这个概念的含义。她不是争论"文化建构"，而是拐弯抹角地去批评一种"建构的透视法和地形学"（a scenography and topography of construction）。在这种理论中，"物质性"与"建构性"是作为"必要的相反关系"（necessarily oppositional terms）存在的。② 巴特勒不赞同这种二元对立的思考方式，用莫娅·劳埃德的话来说，巴特勒是想质疑唯心主义和唯物主义之间的二元

---

① ［美］朱迪斯·巴特勒：《身体之重：论"性别"的话语界限》，李钧鹏译，50页，上海，上海三联书店，2011。

② Judith Butler, *Bodies that Matter：On the Discursive Limits of "Sex"*, New York，Routledge，1993，p. 28.

关系。①

（一）身体纯粹是话语吗

身体纯粹是话语吗？

为了回答这个问题，巴特勒在《身体之重》中开始了对"建构"的反思，在她看来，建构并不是创造、生产，而是为我们提供一个对经验材料进行组织和评价的框架，我们通过这个框架去理解世界、理解生命。语言建构了身体，并不是说身体等于话语，而是说身体是通过话语而被人理解的。与其说巴特勒认为身体仅仅是话语的产物，不如说身体的物质性的概念是与意义建构联系在一起的。② 在巴特勒看来，肉体只能通过语言来被思考、诉说和书写。在这个过程中，语言建构是本质性的。巴特勒所关注的，是在我们的思维过程中，"建构"所起的基础性的作用。比如，如果没有"二分式的性"这样的观点存在，我们可能根本无法理解性别，我们没有了这些认知框架，将无法进行任何思考。

因此，身体永远都是与语言有关的。并且语言、符号本身也是具有物质性的，这说明，如果不存在物质性，就不可能存在对纯物质性的指称。因为这些指称，都是在一个意指的过程中发生的，这个过程因为运用了语言工具而具有了物质性，因此，"语言与物质性并非水火难容，因为语言既具有物质性，又指涉物质性，且物质之物从未彻底脱离意指

---

① Moya Lloyd，*Judith Butler*：*From Norms to Politics*，Cambridge，Polity，2007，p. 72.

② Gill Jagger，*Judith Butler*：*Sexual Politics*，*Social Change and the Power of the Performative*，London，New York，Routledge，2008，p. 62.

过程"①。

当然，我们不能将物质性与语言混为一谈。意指过程虽然总是物质性的，符号的显示总是在物质性手段之上实现的，但其实现条件并不只是物质性，物质性是"一系列更大范畴的语言关系的手段与开展"。可以说，符号、语言，总是与社会关系相关的。指称对象与所指是有本质区别的，两者虽然相关，但前者不能化约为后者，这种区别是语言与其试图指称的世界两者之间的物质性不断协商的结果，语言与物质总是不能互相化约的，但又不可分离。

巴特勒取消了身体和语言之间的二分对立关系，她接着要考虑的是身体如何在语言中进行物质化，也就是如何获取形态。拉康认为语言是一种差异化规则，对形态学有很大的影响。通过对比克里斯蒂娃和拉康的思想，巴特勒开始论证身体是如何在语言中被物质化的。

克里斯蒂娃认为，语言源于肉体生命的物质性，语言意符的物质性，也就是声音的表达，其实这是尝试着重置与收回失去的母体。身体关系的物质性被移置语言关系的物质性上。"语言的指涉驱动（referential impulse）就是向失去的初始状态回归，就此而言，母体似乎成为一切后续指称对象的范式或具象。"②克里斯蒂娃重新将象征域之外描述为符号域（the semiotic），也就是意指的诗歌模式，符号域虽然依赖象征域，但不能化约为象征域，也不能象征为他者。巴特勒认为，在克里斯蒂娃那里，母体的原初圆满的迷失，在语言中被具象化，但又遭到拒

---

① ［美］朱迪斯·巴特勒：《身体之重：论"性别"的话语界限》，李钧鹏译，51页，上海，上海三联书店，2011。

② 同上书，53页。

绝。"言辞各部分间的差异化关系本身，就是从母体中差异化与分离出来的基本法则的重复和扩展。通过这些基本法则，言说主体得以产生。"①语言中存在着一种两难困境，语言由对母体的迷失而引发，但又重复着它拒绝承认的迷失本身，这是一种意指的郁结隐匿（melancholy recesses）。

但是，巴特勒对这种先于主体的母体的存在表示怀疑，她不认为母体与言说之间的关系首先或者完全得自与这个母性身体的区分。因此她把目光从克里斯蒂娃那里移开，转向拉康。拉康的观点和克里斯蒂娃不同，拉康对弗洛伊德的理论进行了阐发，认为居于首要关系的是自恋，母体只是一个基本认同的场域，自恋在与母体分离的过程中获得对身体的感受。巴特勒认为，拉康的镜像阶段暗示着，把一种形状、外形投射到身体表层的能力是对人身体的心智性阐释的一部分，身体的形态在这个阐释过程中获取，身体边界的起源或许可以从中得到解释。镜像阶段的这种投射过程对母体的意义也有不同的阐释，在拉康那里，"对自我身体的感觉（不仅）通过与其他身体（母体）的分离获得，而且，被投射的任何对身体轮廓的感觉都是经由一个必要的自我分离（self-division）与自我疏离（self-eslvangement）而成型的"②。这里，关键的不再是母亲与意象的先后问题，而是怎样通过描述一种虚构的身体轮廓，来获得变化之性别的区分和认同，以解释个体化（individualtion）的过程。

必须指出的是，在拉康那里，身体（应该说是形状），是一种想象的

---

① ［美］朱迪斯·巴特勒：《身体之重：论"性别"的话语界限》，李钧鹏译，54 页，上海，上海三联书店，2011。

② 同上书，55 页。

构成（imaginary formation）。身体，具有一种想象的完整性，只有在语言和性别差异的标记中，才会有感知的或者视觉上的身体。镜像阶段中，拉康还没有将想象域和象征域分开，此时象征并建立起父系律法的姓名维系着身体的完整性。这是基于姓名之上的血缘法则，而不是自然建立起了身体的完整性。拉康的假设实际上是命名被引入律法之中，并且按照律法的要求去建构身体。

我们看到，在拉康那里，身体是在律法中获得其形态的，自我以及性别，也是在身体获得形态的过程中得以形成的。和弗洛伊德一样，他也认为自我是一个身体的自我。在拉康看来，镜像阶段是一种身体投射。可以说，这是对弗洛伊德自恋理论的重写。

这样，身体的形态学成了一种心智的投射，"认同所产生的身体自我并非是在模仿一个现存的生理学或解析学意义上的身体"①，这样的身体只能在想象的形相中才得以可能。这种想象也不是凭空而来的，而是在镜像阶段建构起来的，只有通过这种形相，客体、他者才得以出现。

从性别角度来说，身体，也只能在高度性别化的规训框架中出现与存在。这个规训框架（regulatory schemas）才是巴特勒的关注重点。也就是说，身体本身的物质性存在并不是巴特勒最关心的，也不是她要去否认的，身体是如何具有一个在律法中合法的物质形态的，才是巴特勒的讨论域。她想追问的是，建立于身体的物质性上的性别差异的观念，

---

① ［美］朱迪斯·巴特勒：《身体之重：论"性别"的话语界限》，李钧鹏译，78 页，上海，上海三联书店，2011。

是如何变成女性主义内部的一个理所当然的前提的。她认为，性别差异并非前文化的，巴特勒试图证明，看待男女关系的方式本身，是一种"文化行为"，而看世界的方式，才是哲学关注的东西。

（二）女同性恋菲勒斯的僭越

我们看到，巴特勒在某种程度上是同意拉康对身体形态的论述的，拉康观点的革命之处在于，以往通行于美国弗洛伊德研究圈的观点认为自我先于身体认同，但拉康则表示自我并不是先于身体的，而是一种身份认同的累积产物。在他看来，身份认同不仅是在自我之先的，而且与形象的认同关系构建了自我。特别值得注意的是，他将自我本身看作一种关系，自我不是一种实体，而是"想象关系的一部沉淀史"①，自我的核心在外部，在赋予身体轮廓的外在意象之中。巴特勒认为，从这个意义上看，拉康所说的镜像并不意味着一个既定的自我，而只是为自我的投射提供一种框架和边界，一种空间的描绘。在这种描绘中，自我的"内在"和"外在"的空间边界，是作为想象被建立的。因而，自我是不稳定的，是一个可以被僭越的结构。巴特勒要寻找的，就是打破这个结构的可能性。

巴特勒认为，在拉康的理论中，只有通过镜像的投射，一个人的身体感才得以形成。镜像，将变动的分离感、丧失的控制感改造成一种身体的完整感与对自我的控制感。巴特勒指出，

---

① ［美］朱迪斯·巴特勒：《身体之重：论"性别"的话语界限》，李钧鹏译，58页，上海，上海三联书店，2011。

身体之**意象**是以某种迷失为代价的；力比多依附与无助感被一个边界和一个产生理想化身体自我的实体化（hypostacized）核心在想象上克服；这种完整性和一体性是通过对尚未受个体化边界所限的、不稳定（wayward）的自动力或零散（disaggregated）的性象的定序获得的。①

在拉康那里，自我是基于身体本身的镜像而构成的，但是，这种镜像"是一种**期待**，一种虚拟性的描绘"②。自我，是主体的客体，是一种想象。因为它是一种想象，所以它总是摇摆的，我们既不能说它外在于主体，也不能说它在主体之中，这种含糊的自我意象就是一种认同关系。

在这个意义上看，"身份认同从来就不是在简单或绝对的意义上被**制造**或**获取**的；它们被不停地构筑、抗争与调解"③。认同并不总是稳定的，它总是在摇摆、调整和变化之中。但是，巴特勒认为拉康的理论至少有两个问题：一是它将作为他者的认识论前提的形态学形相标记为男性，并使之成为男性中心主义认识论的前提；二是拉康后来提出了菲勒斯控制意指的观点，但又否认菲勒斯是身体的具体部位，这给予了菲勒斯以象征的特性。

在拉康那里，身体意象的控制是由菲勒斯所集中控制和表现的，它

---

① ［美］朱迪斯·巴特勒：《身体之重：论"性别"的话语界限》，李钧鹏译，60 页，上海，上海三联书店，2011。

② 同上书，61 页。

③ 同上书，61 页。

被理想化为一个有明确的空间边界的整体。通过对身体的凝视，身体的边界受到了控制，这一点对于拉康来说尤为重要，因为在拉康那里，正是身体的这种受控，才给菲勒斯一种意指的优位符号的地位，这是因为菲勒斯控制着这种想象的生成。巴特勒指出，拉康认为某些器官会在自恋关系中扮演某种角色，并且一旦进入这种自恋关系，这种器官就不再仅仅是器官，而成为想象的产物。这些器官，成为感知他者、客体的前提，菲勒斯不仅仅只是一个器官，还具有了优位意符的作用。在拉康那里，这种自恋性器官被升级为赋予所有客体以认知性的本原。巴特勒认为，这种观点暗示出，"一切可知的客体都具有一种人类中心主义和男性中心主义的特征"，并且"这种男性中心主义表现为菲勒斯妒羡"①。

或许让拉康没有想到的是，巴特勒利用"女同性恋菲勒斯"对他的形相学说进行了一种批判性的模仿。在拉康那里，"有"菲勒斯假设了一种理想化的关系，被语言内的男性枉然地近似，但这种特性本身可能是非专属的。如果它依赖于对可转移性的拒绝，那么这种拒绝会变成一种压抑，内在地构筑这个体系，并形成一种幻觉。女同性恋菲勒斯的指称就好像是一种幻觉，让我们去质疑男性"原生性"。

巴特勒在《身体之重》中简单地提到自己的策略——

我想显示菲勒斯可以与许多器官有关联，而且菲勒斯与阳具的有效分离既构成了阳具形态论的自恋缺陷，又生成了一种反异性恋

---

① ［美］朱迪斯·巴特勒：《身体之重：论"性别"的话语界限》，李钧鹏译，63 页，上海，上海三联书店，2011。

的性想象。从而，我的策略对男性或女性想象的一体性提出了质疑。①

所以，她将"女同性恋"和"菲勒斯"这两个在拉康那里完全剥离的称谓组合在一起，揭示菲勒斯作为一个具有优越性的意指符号，并不一定是和男性绑定在一起的。

巴特勒认为，"菲勒斯与其说是意指或可意指物的假定起源，不如说是一个受到了快速压制的意指链的产物"②。

菲勒斯并不是一个起源，而仅仅是在意义的链条中的一个产物而已。只因为在镜像面前、在律法面前的身体是碎片状态的，身体在镜像前为了获得自己的完整形态，才需要一个菲勒斯符号来对身体进行指称。

如果零散意味着无法控制，则镜像前的身体就没有菲勒斯，就是被象征性地阉割了；通过在镜像中构建的自我来获取镜像化的控制，这一身体由此"领受"或"拥有"了菲勒斯。③

可见，菲勒斯是在对身体的描述中出现的，它控制了对其起源的描述，隐藏了自己产生的系谱。

巴特勒并不是第一个想将菲勒斯和男性区分开来的人。拉康主义者

---

① ［美］朱迪斯·巴特勒：《身体之重：论"性别"的话语界限》，李钧鹏译，63 页，上海，上海三联书店，2011。
② 同上书，67 页。
③ 同上书，67 页。

们为了给拉康辩护，也做过同样的工作。为拉康辩护的人想分离菲勒斯和男性身体的关系，他们指出，在拉康那里，菲勒斯不是器官，它和阳具之间，是一种象征关系。譬如，赖特就在《拉康与后女性主义》中为拉康辩护道：

> 我将就拉康对性身份定位所作的公式化阐释进行探讨，他的阐释其实并不仅限于具体一种文化。按照他的说法，显然，阳具功效、阉割作用——符号要求我们做出的牺牲——其实既适用于男性也适用于女性，只是方式有所不同罢了。而且这并不是说女性丧失的东西男性就不会丧失，而是说不管是男性还是女性都不可能什么都没有丧失。①

对于拉康主义者而言，菲勒斯中心主义并不等同于大男子主义，因为菲勒斯并不等同于阴茎。男性和妇女一样并不拥有菲勒斯。但是，如简·盖洛普指出的，要真的将菲勒斯和阳具完全区分开是很难的，因为菲勒斯始终代表着阳具，即便拉康主义者努力地将两者对立，将这两个同义的词汇变成两极化的对立关系，也是很困难的，

> 这种试图根据自己的理论需要而再造语言的做法，将语言看成仅仅是为自己所用的某种工具的做法，其实正表现出一种和拉康主

---

① ［英］伊丽莎白·赖特：《拉康与后女性主义》，王文华译，60页，北京，北京大学出版社，2005。

义的语言观非常对立的主张。拉康主义者们明确要将菲勒斯与阴茎区分开来的欲望，试图控制作为能指的菲勒斯的意义的欲望，极为逼真地表达了他们拥有菲勒斯的欲望，也就是说，表达了他们力图处于语言的中心位置、并操纵语言的形成的欲望。而他们无法实施对菲勒斯这一单词的意义进行控制的现实，正说明了拉康所谓的象征性的阉割。①

所以，在拉康那里，从某种意义上说，如果没有阳具，就没有菲勒斯，因为它依赖于对阳具的否认而存在，因此两者之间至少是一种对应关系。"如果菲勒斯只在存在一个有待象征的阳具的情况下象征，则菲勒斯不仅在本质上依赖于阳具，它还离不开阳具"②。巴特勒对此提出问题，为什么菲勒斯被认为需要用阳具来表征，我们能不能用别的身体部位来象征菲勒斯呢？虽然巴特勒和拉康主义者的出发点不同，但是她也试图消解菲勒斯与男性身体的必然联系，她认为，对菲勒斯的这种移置，是揭示异性恋强制体系所需要的。"菲勒斯的可移置性，即其通过其他身体部位或其他身体类似物进行象征的能力，使女同性恋菲勒斯这种否则是自相矛盾的说法成为可能。"③因为如果菲勒斯是一个优位性有争议的意符，如果"这种优位性是通过一种有赖于其持续重组的语言结

---

① ［美］简·盖洛普：《通过身体思考》，杨莉馨译，200—201页，南京，江苏人民出版社，2005。

② ［美］朱迪斯·巴特勒：《身体之重：论"性别"的话语界限》，李钧鹏译，75页，上海，上海三联书店，2011。

③ 同上书，70页。

构或角色获得的"①，则其所处结构比拉康笔下的形相更为多样化、更不稳定。所以，"有"和"是"菲勒斯有可能相互混淆，女同性恋菲勒斯也可以进行阉割。

值得注意的是，与以往女性主义对女同性恋的看法不同，巴特勒认为，女同性恋并不是处于菲勒斯—逻各斯中心主义之外的，女同性恋也和其他性取向一样，是在文化中被建构的。我们要考察的不是"菲勒斯是不是女同性恋性象的本原"这样的问题，而是要看菲勒斯作为一个意指符号是如何得以维系、建构的，以及它具有什么样的"优位"性。对于要通过异性恋二元对立的假设获取两性的区分，获取女性形态的观念的女性主义理论来说，菲勒斯会使她们对女同性恋性象产生羞耻和拒斥。巴特勒认为这是一种幻象，其背后隐含的观点是，男性的身体形态才是人类身体唯一可能的具体形象。这种理想化的观点必然会使别的身体形态变成一种不适当的身体形态，这会使女同性恋陷入羞耻。

通过巴特勒对拉康理论的移植，菲勒斯不再等同于身体的任何一个部位，那种等同被认为是一种理想化，因此菲勒斯是可以转移的，是可以进行一种积极的重新划界的，从而使菲勒斯和男性形态的自然关联受到质疑。

我们看到，菲勒斯并不如拉康所说的那样是意指链的起源，而是意指的一部分，它的优位性是经过语言结构的重组获得的，期间有一个角色获得的过程，而不是天然形成的。所以，它是可以进行再意指的。巴

---

① ［美］朱迪斯·巴特勒：《身体之重：论"性别"的话语界限》，李钧鹏译，76 页，上海，上海三联书店，2011。

特勒认为，当菲勒斯是女同性恋菲勒斯的时候，菲勒斯就既是又不是权力的男性主义具象，所以这个意符被分裂了。而女同性恋菲勒斯，并不是需要一个新的身体部位，这是对异性恋主义性别差异的霸权性的象征体系的有力移置，以及对构成动欲快感域的其他身体想象形相的重要释放。

(三)建构，还是自由选择的身体

通过女同性恋、男同性恋等不同于异性恋的性欲实践，异性恋的天然性遭到了质疑。异性恋是具有历史性或者或然性的，但为了取得天然的外观，它又具有霸权性。这是一种存在于想象中的认同，这种认同建构了我们所看到的性别化的身体。这样，巴特勒又好像在说，性别是可以通过僭越规范而轻易选择的，这是巴特勒经常受到的误解。她不得不强调，

> 性象不能被简单地制造(made)或丢弃(unmade)，而且，将"建构主义"等同于"主体随心所欲地构筑她/他的性象"是错误的。建构毕竟不同于策略(artifice)。相反，建构主义需要将限制考虑在内，这些限制是有生命的、有欲望的存在(being)所不可或缺的。[1]

在她看来，所有的存在都受到某些不可理喻之物的约束。

---

① ［美]朱迪斯·巴特勒：《身体之重：论"性别"的话语界限》，李钧鹏译，80 页，上海，上海三联书店，2011。

一种观点认为性象是建构的，从而是自由的；另一种观点认为性象是被决定的，所以是固化的，这两种观点是片面的，是两种极端，都没有看到建构的"述行性"过程就是规范产生作用的过程。我们知道，述行并不是自由的，而是受约束的，这种约束维系着述行的进行。

巴特勒从德里达那里借鉴而来的关键元素之一，是"重复"。她的述行理论是与重复联系在一起的，要从对规范的常规化、受限的重复来理解述行。重复并不是由一个先在的主体来演示的，而是相反，是重复使主体成为可能。不符合规范就意味着被放逐，某种流放甚至死亡的威胁强迫着主体的生产。但巴特勒认为这些威胁并不能完全决定主体的形成。这就触及性象与律法的关系问题，律法一方面压抑着性象，一方面也生成着它。规制，可以被阐释为一种生成性的约束。它不仅仅是一种建构，也不仅仅是对自由意志的促成，而是建构与自由之间的辩证关系。所以，巴特勒将建构与自由的关系问题，转化为一个律法的生成性和压抑性的关系问题。巴特勒要探讨的是，"律法的同时产生和限制的能力是如何为每个身体获取一种性别、一个语言内的性别角色、一个在某种意义上为任何一个作为主体（'我'）说话的人所领受的性别角色的？"[①]

为了说明这个问题，巴特勒继续引入弗洛伊德和拉康的理论来论述性别差异的形成问题，以揭示性别化过程中的象征性约束。在她看来，在弗洛伊德的俄狄浦斯情结中，象征体系在性别形成过程中伴随着惩罚的威慑。其中，"阉割是惩罚的具象，对阉割的恐惧促成男性化（mascu-

---

① ［美］朱迪斯·巴特勒：《身体之重：论"性别"的话语界限》，李钧鹏译，81 页，上海，上海三联书店，2011。

line)性别领受，对不被阉割的恐惧促成女性化（feminine）性别领受。阉割之具象以不同的方式构成了性属化惩罚（gendered punishment）的约束力"①。同样，在拉康的象征体系里，性别是人在某种威胁下所领取的象征性的角色，是一种被强加的、不得不接受的角色。这种强加是一种位于语言结构中的约束。从这个意义上说，性别总是位于文化生活的建构中的。所以，巴特勒要考察建构与否是根据怎样的约束来进行的。巴特勒认为，在性别的建构过程中，有些东西被遮蔽了，我们很可能看不到这是一种排除式的建构，比如，对同性恋的排斥。她认为至少有两个被嫌恶的同性恋具象被隐含在阉割具象之内——女性化的男同性恋者（feminized fag）和男性化的女同性恋者（phallicized dyke）。拉康的理论假定，在恐惧的驱动下，对这些被嫌恶角色的惧怕使人去领受一个语言内的性别角色。这个性别角色是通过异性恋强制体系的定位而被性别化的，而且是经过对男女同性恋的拒斥与嫌恶而被"领受"的。

在性别领受的限制性规定中，

> "性别"事先展示了用什么符号角色来标记身体，从而先于其标记而标记着身体，这后一个"标记"显示为在身体之后出现，逆向地给予身体一个性别角色。这种标记和角色构成了身体意指性的象征前提。②

---

① ［美］朱迪斯·巴特勒：《身体之重：论"性别"的话语界限》，李钧鹏译，82 页，上海，上海三联书店，2011。

② 同上书，84 页。

因此，身体与性别规范出现的先后时序被模糊化了，我们往往会以为先有身体，后有各种性别规范。身体被性别规范标记的故事是难以讲述的，因为这个过程是被遮蔽的。从拉康的理论来看，似乎没有任何身体可以出现在象征域之外。巴特勒认为，

> 如果这个推论成立的话，我们将永远无法讲述一个身体如何被性别分类所标记的故事，因为只有通过这一标记，先于标记的身体才具有意指性。或者，更准确地说，一切有关这种身体获取其性别标记的故事都是虚构的，即便这是必要的虚构。[①]

也就是说，当我们讲述"我"或者"我们"的身体的时候，实际上这虚构了一种先于身份认同的主体的存在，这种先于性别身份而获得的"我"是虚构的。

身份认同与禁止有关，欲望通过律法被标记。甚至，在精神分析学看来，打破禁忌将有带来精神病的可能。性别二元对立是与精神病联系在一起的，对性别的认同和对某种想象性的威胁联系在一起，这种威胁虽然处于我们的想象之中，却具有真实的强制性。象征域通过一种想象的威胁，一种阉割，以性别对身体进行标记。律法，先通过恐惧来标记身体，然后才以性别这一象征对其进行再标记。而领受律法，就是与由象征域所规划的性别角色进行想象的联盟。其中，女性被认为是受到惩

---

① ［美］朱迪斯·巴特勒：《身体之重：论"性别"的话语界限》，李钧鹏译，84 页，上海，上海三联书店，2011。

罚与已经受到阉割了的，是阳具妒羡的。对于男性来说，女性化就是一种威胁。

在性别分配过程中，女性是作为一种惩罚的具象出现的。象征域将女性的身体标记为一种缺失和阉割，领受女性的角色，就是扮演了被阉割的角色。在不断的重复中，身份认同被不断地制造出来。阳具妒羡理论认为，将菲勒斯与女性联系在一起就会带来厄运，这种理论有很强的厌女症倾向，也是对同性恋的强烈排斥。

> 强行假定了男性和女性特征的"威胁"对于前者来说，是一种向女性阉割与嫌恶的降格；对于后者来说，则是一种向阳具崇拜的巨大的升格。这两个地域般的具象构成了律法所威胁施行的惩罚，并在部分上表达了对同性恋的嫌恶。①

因此，他"有"和她"是"菲勒斯的镜像关系本身是通过排除那些被认为错误认同的关系而建立起来的。但是，巴特勒乐观地认为，在这个过程中，身份认同很可能无法被顺利完整地进行重复，这可能会指向一种自由。菲勒斯是可以流动地穿越的，比如，上文提到的女同性恋菲勒斯。但是拉康式的象征域中只有异性恋化的男性气质和女性气质的互指这两种嫌恶具象，而排除了"身份认同与欲望的复杂的穿越，而这种越界可能会超越或质疑其二元框架本身"②。

---

① ［美］朱迪斯·巴特勒：《身体之重：论"性别"的话语界限》，李钧鹏译，90 页，上海，上海三联书店，2011。

② 同上书，90 页。

虽然象征域为了维系自己的霸权，而将某些限制性的幻象制造为自己的威胁性边界，比如，女性化的男同性恋和男性化的女同性恋，并且阉割显示着女性的缺失，但是律法所强制的规范，和女性身体所产生的认同，并不总是重合的。"如果她必须领受、实现、许可对她的阉割，那么，从一开始就存在着一种社会化（socialization）的失败，一种外在于并超越其标记的身体的异变（excessive occurrence）。"[①]建构与自由意志之间的辩证关系，就隐藏在这种身体形态的摇摆变化之中，走向任何一端，都是一种偏颇。

因此，虽然我们并不能自由选择我们的身体形态、我们的性别，而且律法的强制力一直在威胁着另类选择的可能性，但律法总是有着失败的可能，这种可能或许能让我们走向更多的自由。这也是为什么巴特勒一直在以一种乐观的态度去思考——反抗的可能性何在。

四、反抗的可能性何在

经过对身体的物质化过程的讨论，我们看到了律法对性别化身体的巨大的控制力量，这容易使人看不到颠覆的希望。但是，巴特勒的可贵之处在于，她总在寻找一种反抗的可能，总在为那些不符合律法要求的生命形态寻找生存的空间。她认为总有一种身体并不能满足律法的要

---

① ［美］朱迪斯·巴特勒：《身体之重：论"性别"的话语界限》，李钧鹏译，91页，上海，上海三联书店，2011。

求，总有一种身体并不是一个阉割服从的具象。"事实上，有一个没有遵从象征律法而被阉割的身体，它是一种抵抗的场所，一种'有'菲勒斯的欲望尚未被放弃并得以维持的方式。"①

我们看看，这样的身体，是不是真的存在。

（一）寻找被排斥者的幽灵

我们在本章第三节看到，巴特勒试图用女同性恋菲勒斯去对象征秩序进行挑战，去揭示身份的不稳定性。她认为，身份认同的不稳定性在于，它可以表现为多种形式，比如，女性可以对"有"菲勒斯进行认同。甚至，很难断言这种认同发生时身份认同已经发生了，巴特勒认为"身份认同不属于事件所构成的世界（world of events）"，它只是一种"幻识性产生"（phantasmatic staging）②，是属于想象域的。身份认同总是处于重构之中。而律法是象征域的威胁，通过使人形成一种恐惧感，来控制性别的形成和身体的形态。虽然律法总是会持续地发号施令，但是幻识性认同的失败会形成对律法的抵抗，在想象域中产生自我的不稳定性。但是，我们如果将抵抗牢牢限制在想象域之中，是无法撼动象征域的律法的。如果象征域与想象域被认为是不可通约的，那么作为象征域的律法总是完好的。

因此，巴特勒并不赞同克里斯蒂娃式的在想象域进行的反抗。在她看来，这种反抗假定了象征域是由"父系律法"维系的，将女性的反抗置

---

① ［美］朱迪斯·巴特勒：《身体之重：论"性别"的话语界限》，李钧鹏译，91页，上海，上海三联书店，2011。

② 同上书，92页。

于想象域中，丝毫无法撼动象征域，这样反而通过一种对象征域的反抗在无意中保护了父系律法。女性的抵抗，反而确立了女性的他异性，这丝毫不能触动反而巩固了象征域。巴特勒认为，"我"是通过性别角色获得的，性别角色不是一种固定的位置（locality），而是一种对律法的征引，但性别和律法都不能说是先于他们的各种具身化和征引而存在的。如上一节我们所提到的，律法必须被重复，其中就隐含着失败的可能性。

因此，我们对反抗的可能性的思考，只能在象征域中而不是在象征域之外进行。要思考象征域是怎样获得权力的，巴特勒认为，也即对身份认同的想象要从两个方面来进行——"通过对象征域的征引，身份认同对象征律法进行（再）引证和（再）投注，借助于这种先在于其想象性例示（imaginary instancing）的构成性权威"①。也就是说，象征域的权威性和先在性，是通过征引这样的复归构成的，所以说"前面谈到的这种征引实际上生成了它后来所延迟的先在性权威本身"②。象征域的权力是在征引中获得的，我们再次看到，性别角色的先在性，只是一种虚构。

那么，如何才能对象征域进行挑战呢？巴特勒试图从同性恋性象中寻找一种对异性恋体制的挑战的可能，在她看来，对于同性恋来说，因为对性别角色的领受是一种否定同性恋的具象的过程，所以这些具象作为性欲投注之处的回归，会对象征域产生一种重构，会引发一种争议。

只要有一个角色得自差异化，就没有任何角色可以仅仅作为异

---

① ［美］朱迪斯·巴特勒：《身体之重：论"性别"的话语界限》，李钧鹏译，97页，上海，上海三联书店，2011。

② 同上书，97页。

性恋常态的对立物。相反，它们将重组、再分配并再意指这一象征域的构成，并在这个意义上构成了对这一象征域的颠覆性再现。[1]

对于一个规范体系来说，只要有一个不符合规范的角色出现，就证明了这个体系是不完备的，在巴特勒那里，对于象征域中的异性恋规范体系来说，同性恋就是这个不符合规范的角色。当然，这个角色是被排斥的，但它总会作为一个幽灵存在，冲击着异性恋体系的霸权。

当然，异性恋体制是受到律法保障的，并不那么容易被挑战，甚至同性恋会作为一种惩罚性的图像被律法利用，来维持异性恋规范的稳固。从福柯的角度看，权力关系首先是生产性的，进而，禁止本身可以变为性欲化的对象，这个时候禁止反而需要同性恋的存在。既然"经受律法的问责成为弗洛伊德所说的爱恋之必要前提"[2]，那么为了维持律法，情感中就需要有一种恐惧存在。而那些难以界定的认同就成了强制性别角色领受的惩罚。假设前提是，异性恋是一种符合律法的性别认同，而同性恋是被嫌恶的对象，是会受到惩罚之威胁的。

既然在异性恋认同的内核中，有一种对遭嫌恶之同性恋的可能的认同，那么这就要对角色领受过程中的排除进行质疑，也就是对维持性别规范的那些征引进行探讨。所以，巴特勒很大胆地问，异性恋的身份认同有没有可能不是基于对同性恋认同的拒绝，而是基于对同性恋的认同而产生的？也就是说，规范性主体的角色，很可能是依赖而不是排除一

---

[1] [美]朱迪斯·巴特勒：《身体之重：论"性别"的话语界限》，李钧鹏译，98 页，上海，上海三联书店，2011。

[2] 同上书，99 页。

个被嫌恶的认同的区域，并通过这个认同的区域来表达。我们在这里，可以看到黑格尔的主奴辩证法的影子，主人并不希望奴隶消失，反而对奴隶具有依赖性。

我们知道，那些认为同性恋幻象只能存在于文化不可能的界域之中的观点，得到了拉康的指认，他通过将同性恋贬斥为稍纵即逝的幻象般的不切实际的生活，保留了文化的异性恋本性。拉康并不认为那些被排斥的幽灵可以存在于象征界之中。但是，巴特勒并不同意拉康的观点，她不认为同性恋只能作为一种必需的边界存在。同性恋并不是外在于异性恋体制的，用福柯的理论来说，权力和对权力的抵制是互为前提的，哪里有权力，哪里就会有抵抗。① 所以，同性恋不可能真的只存在于文化之外，它同样也是被文化塑造的。她认为这个对同性恋的排斥过程并不一定总能如愿进行。那些被嫌恶、被排斥的人，未必会形成完全的服从。因为通过嫌恶，对男女同性恋的性象进行的再意指本身，会成为象征域自身不期而至的重构与繁衍。要真正触动象征界，就要努力将同性恋这种被嫌恶的认同合法化，去抵抗那种将律法常态化的力量。

值得注意的是，在提倡同性恋对律法进行一种内在的反抗的同时，巴特勒认为，同性恋在进行斗争的过程中，要警惕自己会复现异性恋对同性恋的排斥逻辑。她认为，同性恋很可能会复制异性恋的逻辑，产生另一种排除。异性恋并没有能够完全垄断排除逻辑，因为同性恋也包含着对其他爱恋形式的拒绝，比如，对双性恋的排除，同性恋往往将其看

---

① 参见［法］福柯：《性经验史》，佘碧平译，127 页，上海，上海人民出版社，2002。

作一种背叛。此时，同性恋本身也在复现那种排除逻辑，成为一种排除性的生成。同性恋在试图形成同盟的过程中，如果也依赖于对异性恋的否认，那么这可能会削弱其同盟。这会使异性恋变成一种虚假的联合，反而会削弱改变异性恋的非此即彼的逻辑的政治要求。对于同性恋来说，异性恋由此成为一种被拒斥的异性恋，异性恋由此只能通过维持同性恋认同的合乎逻辑来得到维持。这是具有反讽意义的，巴特勒指出，在这个过程中，

> 彻底拒绝对某个角色的认同暗示着，在某种意义上，一个被制造出来却又被否认的认同已经产生了，这种被否认的认同表现为对男女同性恋主体用来在公共话语中进行意指的认同的坚持和过度决定（overdetermination）。①

从精神分析的角度看，"合乎逻辑"的维系暗含着一种自我虐待，用自我贬抑维系自身。这不仅仅存在于合乎逻辑的异性恋中，还存在于合乎逻辑的女同性恋、男同性恋，以及"其内部合乎逻辑的男性特质的女同性恋（butch）与合乎逻辑的女性特质的女同性恋（femme）的制造中"。在所有这些认同的制造中，认同都是通过对立、拒绝来建构的。巴特勒尖锐地指出，如果一个"女同性恋对异性恋持绝对反对的态度，她可能会发现自己比一个了解或经历着其构成性不稳定的异性恋或双性恋的女

---

① ［美］朱迪斯·巴特勒：《身体之重：论"性别"的话语界限》，李钧鹏译，102 页，上海，上海三联书店，2011。这个版本的中文版将 overdetermination 翻译为"过于坚定"，笔者认为应该翻译为"过度决定"，所以做了改动，特此说明。

人更处于异性恋的权力范围中"①。她认为同性恋不能犯异性恋强制体系那样的错误，毫无疑问，男同性恋和女同性恋受到了公众抹杀的暴力威胁，但是在坚决对抗这种暴力时我们必须警惕，不要用另一种暴力来代替这一种暴力。②

不管是同性恋认同还是异性恋认同，在构成性认同中，总是存在着对嫌恶具象的反复的否认，主体在这种否认中设置自己的边界，取得"整体性"。但是，主体与陈述之间并不是相互外在的，主体并不先于陈述，两者的时序需要我们再思考。这种陈述与那个被排除的区域有关，与不存在的角色有关。

我们看到，不管从异性恋规范的角度，还是从同性恋同盟的角度看，主体—角色的增长都会产生越来越多的排除，越来越多的差异。而如果我们还坚持将"合乎逻辑"的认同作为出发点，那么假定主体是已知的、固化的，如果这种合乎逻辑是"以主体本身之复杂性，即构成主体本身的认同的越界为代价的，则这一主体预先排除了可能会使其自身所处的领域民主化的抗争性关联"③。也就是说，对合乎逻辑的追求可能会削弱主体的多元性，在政治上，主体进入其他从属联盟将更加困难。这里面暗含着一个政治问题，即一种身份认同必须以对另一种身份的否定为前提吗？一种合乎逻辑的身份认同，一定要通过一种否定的嫌恶来

---

① ［美］朱迪斯·巴特勒：《身体之重：论"性别"的话语界限》，李钧鹏译，104 页，上海，上海三联书店，2011。

② 参见［美］朱迪斯·巴特勒：《模仿与性别反抗》，见李银河主编：《妇女：最漫长的革命》，220 页，北京，中国妇女出版社，2007。

③ ［美］朱迪斯·巴特勒：《身体之重：论"性别"的话语界限》，李钧鹏译，104 页，上海，上海三联书店，2011。

形成吗？巴特勒认为这并不是必然的，二者是有联系起来的可能性的，这种可能性要求放弃对身份的"合乎逻辑"的要求。

巴特勒并不是要消除所有的拒认，因为她认为某些拒认是构成性的约束，构成了主体，相反，如果她将全部被排除的那些身份认同变成可以包容的成分，将所有的差异变为统一，变成一个黑格尔式的合题一般的大同理想，则这可能带来另一种风险——身份认同会变得没有外在，如果它将所有认同收归自身，这就成为一种帝国主义的象征。这个具有包容性的具象，用一种理想化的、潜伏的、流行的人本主义将自己构造出来。对于巴特勒来说，她宁愿让身份类型永远处于模糊之中，因为身份类型会成为规则统治的工具。①

但是，即便如此，被排除的认同的存在与对它的强化，倒置排他性认同（exclusionary identity），那么那些不在"正确"位置的人，还是会受到排斥。被排斥者的幽灵，还是会一直萦绕在"主体"的周围，时刻冲击着身份认同的稳定性。

(二)主体的多元性与话语的重构

巴特勒在揭示身份的不稳定性时，不仅批评了异性恋体制的排斥逻辑，还指出同性恋也可能会形成同样的排斥性的认同。在巴特勒看来，这两种身份话语都会形成一个被排斥者的领域，造成某种压迫。所以，她要去寻找一种能包容差异、容忍多元的体系。这个体系，不能只看到

———————————

① 参见[美]朱迪斯·巴特勒：《模仿与性别反抗》，见李银河主编：《妇女：最漫长的革命》，213 页，北京，中国妇女出版社，2007。

性别，因为性别本身，不是单一的。

在巴特勒看来，主体原本是多元化的，性别总是与种族、国家等因素纠缠在一起的，各种认同之间实际上是存在着交集的。那些看上去独立的因素实际上是互相表述的前提条件，比如，种族其实是和性象混为一体的，巴特勒用一连串的问号追问——

种族是如何存在于性象形态中的？性属是如何存在于种族形态中的？殖民与新殖民民族-国家是如何在巩固国家的权力中排演（rehearse）性属关系的？殖民统治的屈辱是如何被具象化为阉割（emasculation）的？种族主义暴力是如何被具象化为鸡奸（sodomization）的？"同性恋"是在哪里以及如何被视为被殖民者的性象，同时成为西方帝国主义的早期标志？"东方"是如何被具象化为蒙着面纱的女性的？女性主义在多大程度上掠夺（pillage）了"第三世界"，以寻找支持女人普遍从属于男人这一论点的女性牺牲品的例子？①

也就是说，对种族的压迫是和某种性别想象联系在一起的，而女性主义的运动，可能在有意无意中忽略了第三世界国家女性的特殊性，从而对她们形成一种交织于种族压迫之中的忽视。

所以，巴特勒从对阿尔都塞的主体质询理论的批判开始，对主体的多元性问题进行思考。巴特勒认为，阿尔都塞的质询理论没有考虑到质

---

① ［美］朱迪斯·巴特勒：《身体之重：论"性别"的话语界限》，李钧鹏译，106 页，上海，上海三联书店，2011。

询有可能会失败，有可能会引起某些反叛行为。询唤（hailing）"不再是一种简单的述行，不再是一种能够生成其指涉之物的话语行为。它的意指超出了任何意料之中的指称对象，制造了非其本意的对象"①。这种失败，这种话语的指令与它的被僭用的后果之间的裂痕，为"随后的叛逆行为提供了语言学场合与指标"②。巴特勒试图在质询失败的可能性中寻找反抗的可能性。

我们要注意到的是，巴特勒总是强调一种内在反抗，而不是权力之外的反抗，她认为要获得主体的能动性，必须卷入权力关系中才能获得。比如，语言的使用，首先是去呼叫一个名字，通过占有一个名字，人别无选择地被置于话语之中。"我"在这种称呼的积累中形成，"我"如果要反对这种建构，也总是基于这种建构来表述反对的。所以，巴特勒不是要去取消种族、性别的种种称呼，因为这些称谓虽然是在权力体制中产生，但它们有可能颠倒并移动权力的目标。所以，我们并不一定要与这些话语保持距离，而是在这些话语被占据的同时，也去占据它。

强迫重复一种伤害并不必然是完全一样地强迫重复这种伤害，或者完全停留在这种伤害的创伤轨道（traumatic orbit）内。语言的类叠（repetition）可能是从选择之不可能性中获得主体施为——与

---

① ［美］朱迪斯·巴特勒：《身体之重：论"性别"的话语界限》，李钧鹏译，110页，上海，上海三联书店，2011。

② 同上书，110页。

视自我为环境掌控者的幻想无关——的矛盾性的前提。①

对规范的重复征引未必就是对规范的完全顺从，它有可能是在不得不进行征引的情况下，让征引呈现另一种结果，比如，伊格瑞来对柏拉图的批判性模拟，巴特勒所说的女同性恋菲勒斯的虚构，都是一种反抗性质的征引行为。

巴特勒认为，对建构话语既不拒绝，也不完全接受的两难处境，开启了对话语进行重构的可能。巴特勒以"酷儿"这个称谓从一种贬抑性语言向肯定性称谓的转变的可能和变化历程为例，去说明这个问题。她认为，在"酷儿"这个词的运用与流变的过程中，"酷儿"由一种嫌恶者被重构为一种政治化同盟。

在巴特勒看来，称谓是具有某种力量的，从语言的述行性角度来看，

　　"我"是一种对"我"在言语中的位置的征引，而就其所引发的生命来说，这一位置具有某种先在性和匿名性：它是一个称谓的与历史情境有关的（historyically revisable）可能性，这个称谓先在于我并超越了我，但缺之我将无法说话。②

从这个角度来看，"酷儿"这个词的出现，是作为一种询唤出现的，它起

---

　　① ［美］朱迪斯·巴特勒：《身体之重：论"性别"的话语界限》，李钧鹏译，112 页，上海，上海三联书店，2011。

　　② 同上书，224—225 页。

初是一种羞辱性的述行语言，通过羞辱来询唤出一个主体。它是一种重复的、与病态联系在一起的征召，这种征召称谓是恐同社群的链接纽带。异性恋规范的反对者、抵抗者，都在征召中被"酷儿化"。

但是，巴特勒要强调的是，"复现从来就不是简单的全盘照搬"。历史中有了权力的累积和掩饰，才有述行用语。这说明话语具有历史性，比如说，"酷儿"这个词原来是贬义的，但是 1990 年之后，这个词获得了一种重要的再赋义（resignification）。在酷儿理论家和活动家对"酷儿"这个词一次又一次肯定性地使用中，"酷儿"得到了不断的重复，被带出一种排除性的伤害的语境。① 如今，"酷儿"反而成为一个反抗权威、反抗同一性压迫的旗帜。

因此，在"酷儿"一词的变化过程中，巴特勒认为，言辞总是处于再赋义中的，没有哪个词是完全腐坏的（corrupted），也没有哪个词是完全无辜的，这两种状态是同时存在的。主体的语言上的存活与死亡是同时进行的。语言的取用与再赋义（appropriation and resignification）是政治承诺得以进行之处，所以巴特勒比较关注语言行动的结构条件。②

莫娅·劳埃德指出，巴特勒对语言的再赋义的讨论，有三点值得注意。③ 第一，巴特勒承认，再赋义不仅要言说者承受面对伤害性话语的

---

① Judith Butler，"Changing the Subject：Judith Butler's Politics of Radical Resignification"，in *The Judith Butler Reader*，ed. Sarah Salih（with Judith Butler），Oxford，Blackwell，2004，p. 351.

② Judith Butler，*Excitable Speech：A Politics of the Performative*，New York and London，Routledge，1997，p. 139.

③ Moya Lloyd，*Judith Butler：From Norms to Politics*，Cambridge，Polity，2007，p. 122.

本体论上的风险，而且再赋义的成功缺乏保证。① 比如，"黑鬼"（nigger）这个词，就很难用巴特勒所说的方式再赋义，因为它深深根植于美国奴隶的历史之中，我们很难想象能在积极意义上使用它。所以这种对规范的挑战方式是不是真的有用，还有待进一步思考。

第二，巴特勒对政治语境的考量是否恰当是存疑的。巴特勒似乎预设了一种不需要考虑言说的特殊语境的、能反对屈从式言说的政治理论，她似乎将再赋义看作一种对"酷儿"之类的贬抑言辞（hate speech）的政治介入。巴特勒辩护说，她之所以更喜欢将语言上的再赋义看作贬抑言辞的回应，是因为贬抑言辞仅仅表现出一种语言上的伤害，它或许还有另一种可能性。换句话说，既然语言是伤害的空间与工具，那么语言也可以作为反抗的空间与工具。但是巴特勒似乎也承认，虽然作为语言的逻辑上不可避免的因素，再赋义有其政治的潜力，但是它并不适用于所有政治。

第三，巴特勒在理论中似乎反对所有先在的普遍性。她更注重偶然性（contingency），这也是她为什么那么反对拉康，因为拉康假设了一个不可改变的结构的存在——象征界。但是巴特勒自己对语言的理解似乎也依赖于某些不变的结构性元素，比如，它的可重复性（iterability），它所冒的失败风险，它不太考虑语境的可被再赋义的特性等。但是问题在于，如果不考虑时间和空间的特殊性，可重复性如何可能呢？

以上几点都集中于巴特勒对社会语境的忽略，但巴特勒并不承认这

---

① Judith Butler, *Excitable Speech: A Politics of the Performative*, New York and London, Routledge, 1997, p. 163.

一点。巴特勒从她所推崇的语言的述行性角度来说，认为语言的述行性是文化的，语言与文化不能分离。她认为语言不仅仅只是语言，还是在社会和文化的造作中进行的。巴特勒对布尔迪厄、德里达的理解可能会有助于理解这一点。

巴特勒的理论和布尔迪厄有很高的契合度。布尔迪厄也从奥斯汀那里吸收了对语言的述行力量的看法，也同意这种力量来自习俗，但他认为奥斯汀将习俗看得太狭隘了，没有阐明一种潜在的社会权力。而布尔迪厄则打算分析这种权力。他认为操演的权力来自言说者的权力，比如，警察在说"你被捕了"之时，是在言说他的力量。对于语言的使用者来说，我们要区分被授权的和不被授权的言说者。因此，布尔迪厄和巴特勒一样都同意"言说（utterance）的社会的可重复性"。但是巴特勒不同意布尔迪厄的地方在于，她不认为这是不得不进行的，虽然她同意要扩展"习俗"的"仪式"（ritual），但她不同意的是，布尔迪厄没有强调述行性的暂时性。① 因此，巴特勒转向了德里达的征引理论。她认为布尔迪厄过于强调语言的述行力量对社会情况的强化，而没有看到述行性对于社会转变的潜力。

巴特勒从德里达的角度看，认为语言中总是内含着失败的可能的。她认为德里达太少看到重述（iteration）的社会本质。换句话说，德里达过于强调语言而太少注意语言的社会形式，② 这是巴特勒认为自己与德里达不同的地方，她认为在语言的变化过程中并非没有社会的因素在起

---

① Judith Butler, *Excitable Speech: A Politics of the Performative*, New York and London, Routledge, 1997, p. 151.

② *Ibid.*, p. 150.

作用。巴特勒认为，在"酷儿"这个称谓的含义变化中，她有可能找到一种新的民主的可能性。她认为，"酷儿"这个词的含义变化与一种主体批判联系在一起，而且对酷儿主体的批判的重要性在于——

> 如果对主体的系谱学批判是对当代话语资源所依赖的权力构成与排除关系的审问，那么，对酷儿主体的批判就对酷儿政治的持续民主化至为重要。……对酷儿主体的系谱学批判是酷儿政治的核心，因为它构成了抗争运动的自我批判维度，它不断提醒我们，不能忘却对抗争运动至为重要的当代前提的排除效力。①

也就是说，对"酷儿"用法的历史变化的追溯，是酷儿运动的一种自我批判的方式，在这种自我批判中，"酷儿"从一个贬义的称谓变成一种为更多被排斥者争取可能性的运动口号。这个词汇的变化，能让我们看到一个词语在使用过程中所发生的排斥过程，这个过程隐藏了某种权力的压迫。巴特勒认为，对于酷儿化的主体能动性（queering agency）来说，追溯"酷儿"的含义的变化，在历史链中重塑酷儿主体的能动性，就是去寻找在历史中，以及在将来可能存在的一系列的规范限制。并且这些限制是具有两面性的，因为这些限制既压制了主体的能动性，也奠基了主体能动性。

所以，对酷儿在政治上的解构不等于要废除这个称谓，虽然这可能

---

① ［美］朱迪斯·巴特勒：《身体之重：论"性别"的话语界限》，李钧鹏译，226 页，上海，上海三联书店，2011。

会与反对种族主义和女性憎恶话语的民主化力量产生冲突。巴特勒并不认为解构是一种抹除，解构的重要性在于，主体已经被证明不再是一个自我同一的实体，所以身份类别虽然不够充分，但它所表现的暂时性的统治力量，却揭示出一种无法避免的错误。从这个意义上说，"酷儿"这个词的使用也是无法避免的。我们要做的是肯定、保护它的不被限定的可能性，看到它的历史性，延续酷儿政治的民主化。可见，主体的多元化会拓展语言的意义边界，而未必会被语言的使用压抑，这是巴特勒的乐观之处。

（三）对扮装的反思

主体的多元不仅仅表现在对语言意义的重塑上，还表现在对身体表面的塑造上，在巴特勒那里，主体身体的多元性和扮装表演理论是联系在一起的。在第二章阐释巴特勒的性别理论的过程中，我们知道，在对反抗的可能性的寻求过程中，巴特勒曾经试图借助"扮装"来挑战性别身份的稳定性。但是，在《身体之重》中，她对扮装所蕴含的反抗性进行了反思，通过对电影《巴黎在燃烧》①的解读，她开始认为，扮装（drag）与颠覆之间并不存在必然的联系，它们反而反映了被卷入权力之后的主体的两难处境。一方面，巴特勒依然承认扮装的颠覆性，因为"扮装反映

---

① 《巴黎在燃烧》，美国纪录片，1990 年上映，由詹尼·利文斯通导演，获 1990 年旧金山国际同性恋电影节（Audience Award）最佳纪录片奖、1991 年 Sundance Film Festival（Grand Jury Prize）纪录片奖、1991 年 Seattle International Film Festival（Golden Space Needle Award）最佳纪录片奖。该片记录了纽约的下层阶级组织的一个"扮装之夜"的活动。"扮装皇后"在影片中被采访，这些人都在为很多舞会的竞争做准备。有人认为电影中的人物、衣服和环境都相当古怪。

了制造霸权性性属的模仿结构(imitative structure),并对异性恋的自然性(naturalness)与初始性提出了质疑"①。也就是说,扮装的积极意义依然在于它有助于揭示异性恋体制的非自然性,有助于将性别去自然化;但是另一方面,巴特勒开始看到,扮装这种质疑力量是有限的,异性恋特权有多种形式,使其本身自然化只是其中的一种形式而已,它也可以在承认自己的非自然化的条件下,依然掌握着权力。这个时候,扮装就未必具有颠覆性了。

巴特勒是个涉猎相当广泛的学者,她常常借助文学、电影等各种文化形式来说明自己的理论。在对扮装的反思中,她是从电影分析的角度来说明扮装的两难之处的。她认为,那些被认为具有扮装的颠覆性的电影,很可能"为必须持续地规制边界,以抵御酷儿入侵的异性恋体系提供了一种仪式性的释放(ritualistic release)"②,这种释放并不是真正的自由。巴特勒认为,扮装秀中存在着对同性恋者的过度表现,这是一种被移置了的生产,去生产出一个异性恋体制所想象的"同性恋"形态,反而可能会增强异性恋体制自我维系的能力。比如,胡克斯将《巴黎在燃烧》中对男同性恋者的扮装抨击为对女性的贬抑。在这里,"扮装是对女性的冒犯,是一种基于嘲弄与贬抑的模仿"③。

当然,巴特勒认为只是这样想是有问题的。因为将男变女的易性、变装和扮装行为看作仅仅是男同性恋的活动是有违事实的,将男同性恋

---

① [美]朱迪斯·巴特勒:《身体之重:论"性别"的话语界限》,李钧鹏译,114页,上海,上海三联书店,2011。

② 同上书,115页。

③ 同上书,115页。

的某些性别表现看作对女性的憎恶，可能会使那些女性的同性恋者成为男同性恋活动所排斥的人，从而复制了异性恋的排斥逻辑。比如，这会引起一些人对女同性恋的猜度，他们认为"女同性恋者要么和男性有过糟糕的过去，要么还没有找到合适的男性伴侣"①。这种观点认为，女同性恋者之所以会成为女同性恋者，源自在异性恋经历中的失败体验，这是将异性恋看作女同性恋欲望的"起因"。在这种看法中，"女同性恋欲望被塑造为一种出轨了的异性恋因果律的致命后果"，女同性恋之所以是女同性恋，仿佛只是因为她们在异性恋关系中失败了。在这个框架中，异性恋欲望才是真实的，而女同性恋是一种伪装，这本质上是对男性的仇视，是一种"男性贬抑"（misandry）。在这种建构中，扮装被看作受挫的爱恋的产物，是对由爱生恨的"他者"的吸纳，而女同性恋只是对最初所爱之男性角色的僭用。扮装和女同性恋成为受阻挠的爱恋的症候。

巴特勒对此用精神分析理论作了一个说明，她认为精神分析理论家们在运用精神分析理论的时候，对待异性恋和同性恋是不同的，

> 我接受精神分析学的观点，认为爱恋的对象和目的在部分上都是由被否认的对象和目的构成，但我还认为，同性恋只不过是被否认的异性恋的说法是对这种洞察的愤世嫉俗的、恐同性的曲解。由于同性恋作为一种爱恋在文化上还不为人所接受，将同性恋化约为

_____

① ［美］朱迪斯·巴特勒：《身体之重：论"性别"的话语界限》，李钧鹏译，116页，上海，上海三联书店，2011。

异性恋的倒置或偏离只会重新巩固异性恋的文化霸权。这也是对同性恋郁结的分析不能与对异性恋郁结的分析相对等的原因。[①]

也就是说，精神分析学的性别抑郁理论在对待同性恋问题的时候，往往将同性恋看作失败的异性恋的结果，这是对同性恋的曲解。这种曲解也在扮装表演中体现出来。

巴特勒继续对《巴黎在燃烧》中的扮装表演进行反思。她认为，在《巴黎在燃烧》中，规范虽然被去自然化了，却带来一种再理想化（reidealization），这比将规范自然化更具压制性。在这部电影中，性属成为种族、阶级进行一种幻识性改造的工具，"拥有真实性，成为一个真正的女人，这尽管不是所有人的欲望，却构成了从贫困、恐同症与种族主义的合法性丧失（delegitimation）中得到挽救的幻识性承诺"[②]。成为一种性别，似乎成了被压迫群体从种族压迫到阶级压迫，从贫穷的痛苦中得到解脱的方式。这部电影使人看到，性与种族、阶级复杂地交织在一起，性别差异与种族、阶级体系的构建并无先后之分，那个代表了权力的象征域其实同时也是一系列种族化的规范。而性别认同的建构，有可能会成为受到种族、阶级压迫的人们的一种幻觉般的解脱方式，这是极其需要警惕的。

所以，在巴特勒看来，扮装走台的过程，实际上也是将一种幻觉和想象制造成真实的过程。在这个过程中，有色人种的女人与女同性恋者

---

① ［美］朱迪斯·巴特勒：《身体之重：论"性别"的话语界限》，李钧鹏译，117 页，上海，上海三联书店，2011。

② 同上书，119 页。

是被排除在幻识性承诺的场域之外的，并且，她们在对扮装、易性、模拟的幻识性的集体追求中，构筑的总是一个被拒绝和嫌恶的身份认同。扮装表演对那些被排斥者进行了一种再理想化，这种表演将黑人女性当作一个特权域，仿佛她可以受到一个男人的保护，在现实生活中，这是一种幻觉，是对众多贫困的、没有男性支持的单身黑人母亲的否认。而对于男同性恋来说，这种扮装表演则存在着对男同性恋的女性化，特别是黑人男同性恋的女性化趋势，也就是男同志的黑人女性化（black feminizetion）。这是一种想象性的建构，实际上这并不能颠覆异性恋强制体制，反而霸权性异性恋文化能这样做。

巴特勒将《巴黎在燃烧》中的扮装表演看作一种"回应"（talking back）[①]，被看作女人的黑人扮装皇后体现出一种过度的生产，在对女性特质的强化表演中，这个由男人扮演的皇后会比女人更像女人。因此男扮女装的过程实际上是一个生产被过度渲染的女性特质的过程。观众在困惑与被引诱中，被白人恐同霸权操控。女性被构筑为一种双面体：女性实质上是性欲交换体系中的商品，表面上却是享有特权和财富的消费者。这是一种变形，代表了一种在扮装过程中被理想化了的嫌恶。这种被美化的"嫌恶"，会掩盖权力的残酷，譬如，黑人女性的悲惨境地就在这种表演中被消弭于我们的视线之外。而对于那些穷苦的黑人男同性恋来说，这更是一种排斥性的表演，他们在这种表演中被过度女性化了，于是对种族的压迫和对女性的贬斥，甚至阶级的区隔都同时降临在

---

① ［美］朱迪斯·巴特勒：《身体之重：论"性别"的话语界限》，李钧鹏译，121 页，上海，上海三联书店，2011。

这些人身上，这种表演将压迫的形式更复杂化也更隐蔽化了。我们看到，"贫困的黑人男同志的女性化，是一种已经产生了的嫌恶策略，它源自种族主义、恐同症和女性贬抑以及阶级构建的混合体，而后者又属于更大范围内的霸权压制"①。巴特勒看到，扮装表演产生的去自然化的作用，很难对抗霸权的再表述的力量，它面对着强大的、残酷的、致命的社会限制。

巴特勒认为，在《巴黎在燃烧》的拍摄中，摄像机充当了菲勒斯的角色，将男变女的黑人易装者性欲化了，使黑人易装者依赖于导演的视角继续作为女人，并且比女人还女人。对此，巴特勒认为，胡克斯正确地指出，"中立视角的民族志构想将永远是白人的视角，一种没有引起注意的白人视角，它将自己伪装成全知全能者，而这个全知全能者假定了它自己的视角，使得视角似乎根本就不存在"②。扮装舞会的幻想，掩盖了这种视角所隐含的偏见，让人忽略了表演者们在现实生活中的艰辛，在观众眼中，舞会仿佛才是他们的"现实"。

这种分析相当尖锐，我们看到，虽然性别角色可以通过扮装的模仿表现出来，如男性着异性服装往往被当作颠覆社会性别的一个例子，但我们应该警惕所使用的有关述行性的例子，因为公共领域显然存在着很多富有戏剧性的重塑身体的欲望，存在着虚幻地改变身体的欲望。巴特勒并不把男性着异性服装看作颠覆社会性别的一个范式，因为男性着异性服装本身有其内在制约性，用巴特勒的话来说，男性"着异性服装有

---

① ［美］朱迪斯·巴特勒：《身体之重：论"性别"的话语界限》，李钧鹏译，122 页，上海，上海三联书店，2011。

② 同上书，125 页。

其自身的忧郁症"。事实上，巴特勒并不认为，如果我们被更多地拖离社会性别，我们的生活就会变得更舒畅。① 所以，扮装的颠覆作用到底有多大，值得审慎地思考。因为在巴特勒看来，

> 暴露异性恋的自然化并不必然导致它的颠覆。当看到未加质疑而重新理想化异性恋规范的去自然化的嘲仿时，我们知道，异性恋可以通过去自然化扩展其文化霸权，例如，再次对异性恋常态进行理想化而未对其加以质疑的去自然化的戏仿（denaturalizing parody）。②

扮装表演虽然揭示了异性恋体制的非自然化，但是却从另一个方面扩展了异性恋的霸权形式，去自然化的戏仿并不真的是一种可行的反抗方式。巴特勒在对自己所提出的"扮装"理论的尖锐反思中，似乎否定了她原来所追寻的对异性恋强制体制的反抗方式，这似乎让我们再次陷入悲观的境地。因为在她那里，不管是对被排斥者的幽灵的强调，抑或对语言再赋义的追求，还是对扮装表演的反思，仿佛都困难重重，我们看不到一个清晰的反抗的未来。巴特勒自己也在这种反思中调整自己的思考方向，希望能对权力的运作方式进行更加彻骨、更加深入的批判。

---

① 参见［英］安吉拉·麦克罗比：《没有女人，就没有哭泣？——朱迪斯·巴特勒和后女性主义文化研究政治学》，见《文化研究的用途》，李庆本译，83—118 页，北京，北京大学出版社，2009。

② ［美］朱迪斯·巴特勒：《身体之重：论"性别"的话语界限》，李钧鹏译，230 页，上海，上海三联书店，2011。

小　结

　　巴特勒在为德里达写的悼文《论雅克·德里达》中对德里达的评述，实际上也可以放在她自己身上。巴特勒认为德里达对诸多哲学大家背负着一种深深的"负债感"，因为——

　　　　他们是他无法离开的作者，是与他共同思考的人，德里达通过他们进行思考。他写作，这是因为他阅读。他阅读，只是因为有这些作者存在，可以让他一读再读。如果没有这些作者，他就无法写作，仅从这一点来说，他常常"亏欠"他们，也许他的一切都来自于他们。他们的作品是他的作品的先在条件，他们的作品构成了激活和保护他的写作声音的渠道，很重要地，他的声音呈现为一种致辞。[①]

巴特勒的作品，和德里达一样，植根于深远长久的哲学史。她通过对经典的重读形成了自己极具个人特色的回溯性追问，对传统理论命题进行了创造性的改写，这体现了一种难能可贵的理论想象力。在其身体政治学中，巴特勒通过对哲学史的重读，指出身体作为一种界限所具有的区隔作用，这种区隔作用是通过身体的物质化过程呈现出来的，合乎规范的身体才是具有文化的可理解性的身体，其他身体则是被排斥、被嫌恶的。身体的物质化过程也是个体获取性别身份、形成主体的过程，这就

---

　　①　[美]朱迪斯·巴特勒：《论雅克·德里达》，载《国外理论动态》2005 年第 4 期。

将女性身体的物质化问题带进身体政治学的讨论域中，因为女性身体在文化史中总是被排斥的，女性甚至无法形成主体。巴特勒在对女性身体进行物质化讨论中，将身体形塑与话语的作用联系起来，讨论了身体与话语的关系、身体与身份认同的关系，以及身体的建构与自由意志之间的关系。在这种讨论中，巴特勒试图从多个方面寻找并反思反抗的可能性：她认为那些不能构成主体的、被排斥者的幽灵总是寻找颠覆的可能，但这些被排斥者譬如同性恋者们，又必须警惕复制排斥者的逻辑；她以对"酷儿"的讨论来寻找话语的再赋义的积极含义，并强调社会语境对语言使用的重要作用；她还对自己之前提出的"扮装"理论进行了深刻的反思，认为扮装未必是一种可行的反抗之道。在主体、语言和身体扮装表演的多重思考中，巴特勒并没有为我们指出一条明晰可行的反抗之路，但她为我们打开了多重思考的空间，她自己也在这种自我反思中寻找另一种思考主体问题的方向。

当然，这个目标并不是那么容易达成的。如有学者指出，在《性别麻烦》和《身体之重》中，能动性的概念有一个问题，即再赋义的观点没有得到发展。身体范畴的不稳定性，比如，性和性别的不稳定性的基础在于，它们是无法被满足的规范理想，并希望能在规范和满足规范之间的裂隙中，找到一种再赋义的主体需求。而在这两本书中，巴特勒没有提供一种能动性的理论，也没有解释这种主体的需求从何而来。在其后的《权力的精神生活》中，巴特勒借助一种精神性主体的理论去发展了她的颠覆性的理论。在对欲望的讨论中，巴特勒开始试图进一步解答能动性的问题。在《权力的精神生活》中，巴特勒通过揭示欲望的双面性而解释了主体的形成，寻找反抗的可能，她为欲望的特质提供了反抗的基础。[①]

在《身体之重》之后，为了给被排斥者寻找另一种可能性，巴特勒试图揭示出对权力的"服从"的非必然性，她想知道这种服从是如何内化于人的精神，并在身体上显现出来的，所以，她再次走向了精神分析理论，并通过对抑郁之内化的解读，去重新构建俄狄浦斯关系，从而重新定义了改变的空间，进一步揭示出那个处于认同与非认同、承认与非承认、可见和不可见中的身体具有的流动性，去证明它们不是固定的和永恒的。

---

① Gill Jagger, *Judith Butler: Sexual Politics, Social Change and the Power of the Performative*, London, New York, Routledge, 2008, p. 102.

第四章 | **主体的服从与反抗**①

　　时隔整整 10 年，巴特勒在 1997 年出版的《权力的精神生活》一书中，再次回到了黑格尔的理论，换句话说，巴特勒的《权力的精神生活》又回到了对主体性的思考，去研究主体性是不是一定要建立在"自我"对"他者"的否定上。她再次扎根于漫长的哲学传统，对福柯和弗洛伊德，以及阿尔都塞、尼采和黑格尔的理论进行了再解读。

　　虽然巴特勒不再直接讨论性别问题，但《权力的精神生活》、《性别麻烦》和《身体之重》之间存在着某种连续性，它们都是对主体与权力关系的探讨。如果

---

　　① 此章的部分内容已以前期成果的形式修改发表于《安徽大学学报(哲学社会科学版)》2016 年第 6 期，发表时文字有改动。

说在《性别麻烦》和《身体之重》中，巴特勒的目的是去证明：我们变成性别化主体所经过的那些实践，是规范和限制、能动和反抗同时发生且矛盾地发生的场所；那么，在《权力的精神生活》中，她的目标是去证明：使我们顺从的权力恰恰也是我们能动性的源泉。① 巴特勒在这本书的开篇绪言中，首先指出了"服从"的矛盾状态，一方面，服从作为一种权力的形式，是被外在于自身的权力支配的，这是令人苦恼的；但是另一方面，为了知道"自己"是什么，自己是如何作为一个主体存在的，服从又需要依赖另一个人的权力才能达到。形成这种矛盾的原因在于，如福柯所说，权力在支配主体的同时，也在形成主体，惩戒性的权力机制有一种直接生产的能力，实际上它生产了它们所施加的强制力的客体，也就是说，权力不仅压迫主体，还提供了主体得以存在的条件和欲望的轨道。② 所以，"权力就不单单是我们所对抗的东西，而在很大意义上，权力是我们的存在所依靠的东西，和我们在我们所是的存在中所隐匿和保有的东西"③。我们实际上是依赖权力而存在的。为了对"我们"进行表述，我们需要话语，而"服从恰好就在于是对一种话语的根本的依赖，我们并没有选择这种话语，但矛盾的是，它却开启并维持了我们的能动性（agency）"④。巴特勒指出，服从，既是一个向权力

① Gill Jagger, *Judith Butler*：*Sexual Politics*，*Social Change and the Power of the Performative*，London，New York，Routledge，2008，p. 116.

② 参见［法］福柯：《性经验史》，佘碧平译，126—127 页，上海，上海人民出版社，2002。

③ ［美］朱迪斯·巴特勒：《权力的精神生活：服从的理论》，张生译，2 页，南京，江苏人民出版社，2009。

④ 同上书，2 页。

屈服的过程，也是一个主体生成的过程。

这就涉及服从的古怪之处，一方面主体的形成依赖于对权力的服从，另一方面这个主体又是反抗权力的主体。巴特勒再一次触及主体的能动性的问题，触及主体的被建构性与能动性之间的关系。她认为主体的完全自主是一种幻觉，精神的主体性并不是独立形成的。为了说明这一点，巴特勒试图从精神分析的角度去探究主体是如何从精神方面被建构的。她认为，福柯虽然指出了主体是在服从中形成的，但却没有注意到在精神的领域中，这一过程是如何发生的。巴特勒要进一步发问的是"权力所采取的精神形式是什么？"[①]她认为这个问题需要把权力理论和精神分析理论结合起来思考，虽然这样的研究方式同时被追随福柯理论的人和追随精神分析理论的人回避。巴特勒在《权力的精神生活》中展开了这样的工作，再次返回黑格尔的传统，讨论主体是如何在服从、屈从中形成的。她要在对哲学史的又一次重读中，揭示"欲望的主体"如何变成"主体的欲望"。她将认同的欲望看作权力和社会管制由以在主体形成过程中产生作用的机制，所以她要去讨论良心、内疚对主体的形成和延续的必要性，去探究那种外在于主体的权力是如何构成了主体的自我认同的精神形式的。

① ［美］朱迪斯·巴特勒：《权力的精神生活：服从的理论》，张生译，3页，南京，江苏人民出版社，2009。

一、对服从的依恋[①]

在《权力的精神生活》中，巴特勒首先对阿尔都塞的质询理论进行了重读，试图说明"服从"在主体被询唤形成的过程中所扮演的角色。巴特勒指出，在阿尔都塞的路人被警察召唤的例子中，主体化的过程就像一次转身，主体在转身中才存在。权力的形式采取的是一种"转向"的姿态，从对自身的转回，到对自身的开启，这就是主体的形成过程。在转身之后，个体才变成主体。所以，为了得以成为主体，个体不得不服从权力的召唤，甚至个体会"依恋"这种对权力的服从。

这里可以看出巴特勒对主体与个体有一个明显的区分，在巴特勒那里，"主体"与人（the person）、个人（the individual）是不同的，不可以被随意交换使用。个体尚不具有社会文化中的位置，这一位置的获取需要以成为主体为条件，主体是个人获得和再生产可理解性的语言的诱因，是它的存在和能动性的语言条件。也就是说，主体被看作"一种语言的范畴，一个占位的符号，一个形成中的结构"[②]，甚至是一个场所（site），一个可以被个人占据的场所，它具有文化的可理解性（intelligibility），是在文化上可见的。从这个意义上说，个人要想成为主体，要想占据主体的位置，就必须先屈从，先被社会规范支配、征服（subjectivation）。

---

① 我们注意到，齐泽克曾经给予巴特勒思想这样一个意味深长的定位：强烈的（非）依恋，或作为弗洛伊德的读者的朱迪思·巴特勒。（参见［斯洛文尼亚］斯拉沃热·齐泽克：《敏感的主体——政治本体论的缺席中心》，应奇等译，283 页，南京，江苏人民出版社，2006）当然我们得说，这个弗洛伊德是经过拉康与阿尔都塞的中介才被巴特勒消化掉的。

② ［美］朱迪斯·巴特勒：《权力的精神生活：服从的理论》，张生译，10 页，南京，江苏人民出版社，2009。

巴特勒一方面认为阿尔都塞的主体理论为后来福柯的"主体的话语生产"理论提供了基础；另一方面又认为这是一个蹩脚的例子，因为"对于为什么那个人会回转过来，把那个声音当作正在向他或她发出的声音接受下来，并且，同时接受了由那个声音所导致的屈从和校正，阿尔都塞并没有提供线索"①。也就是说，这个主体为什么要转向警察，为什么会认为自己有罪，它又是如何获罪的，阿尔都塞并没有解释。巴特勒也不认为阿尔都塞能够解释，这些问题连福柯的理论都无法回答，他们的理论都将权力的模型与语言概念联系在一起，无法解释那些没有以声音或者信号传播的权力。这种缺陷需要一种尼采式的"良心"②理论来补充。尼采将"良心"看作一种负罪感，在巴特勒看来，个体之所以要去回应权力的呼唤，是因为代表着社会规范的良心认为自己是有罪的，这种负罪感使个体不得不向权力转过身去。从这个角度说，个人必须有一种先于臣服的"良心"存在，有了这种良心，个人才会有对权力的臣服，进而变成一个具有社会文化属性的主体。巴特勒认为，"良心"可以被理解为由社会标准对个体所产生的精神作用，是权力运行并产生作用的一种方式。

如果是良心造成了对服从的需要，那么良心是如何产生的呢？我们跟着巴特勒的分析，首先讨论对服从的依恋与良心的关系。

---

① ［美］朱迪斯·巴特勒：《权力的精神生活：服从的理论》，张生译，5 页，南京，江苏人民出版社，2009。

② ［德］尼采：《论道德的谱系》，周红译，43 页，北京，生活·读书·新知三联书店，1992。

（一）主体的苦恼：依恋与拒斥

从一般意义上说，权力对个体来说往往是一种压制性的存在，但是为什么对这种压抑人的力量，个体会产生一种服从的需要呢，也就是说，这种对服从的依恋是从何而来的呢？对服从的依恋与良心有关，但作为一种心理活动，良心似乎是内在于主体的精神的。这使得依恋很容易被看作主体主观上自愿采取的一种行为，接受良心控制的责任也似乎应该落在主体身上，但是巴特勒并不认为主体具有这种自主选择的权利，她认为主体对服从的依恋并不是自然生发的，而是在权力的运作中被生产出来的。这种权力运作是具有欺骗性的，巴特勒认为，主体的形成，采取了一种尼采意义上的"自反性"的方式，其形成和屈从是同时发生的，这必须通过精神分析的理论来进行解释。

对于良心的起源，巴特勒分析了弗洛伊德和尼采对主体依赖于规范性生产的观点的论述。她指出他们都将"良心"的形成解释为由内在化的禁律所产生的作用。禁律不仅仅是压迫性的，还是生产性的，生产出禁律所希冀的那种主体。禁律将驱动力转向自身，形成一种自我审查，即"自反性"。"这种转回自身的驱动力成为主体形成的促进条件"①，在自反性之中，一种自我贬斥的精神倾向出现，并渐渐成为"良心"。

可见，良心的产生和权力的力量息息相关。巴特勒尝试将福柯的权力理论和精神分析理论嫁接起来。在巴特勒看来，福柯的理论具有一种

---

① ［美］朱迪斯·巴特勒：《权力的精神生活：服从的理论》，张生译，19 页，南京，江苏人民出版社，2009。

特定的"精神分析价值（valence）"①，福柯认为权力具有两面性，既压制也生产了主体。用齐泽克的话来说，福柯的"生命权力"（biopower）的概念的意义就在于揭示出"规训的权力机制怎样通过穿透个体身体并越过'主观化'这一层面来直接地建构个体"②。福柯的观点被用在对服从的假设中，有助于理解主体的形成和屈从为何是同时发生的。为了获得权力的生成性力量，个体不得不服从权力，即便个体同时也以一种"自愿"的方式去忍受权力的压制力量。从精神分析的角度来说，这种依恋属于某种"无意识"，所以我们也可以理解为，主体和无意识是一起出现的。巴特勒借助儿童对成年人的依恋来说明这一点。③ 在精神分析理论中，儿童的依赖和屈从，已经成为政治话语中的一个重要主题。尚无独立生存能力的儿童，需要依赖外在力量生存下去，即不得不服从于这个力量的引导。巴特勒认为，儿童对承认的依赖是最主要的人类依赖（primary human dependency），所有的主体在婴儿期都会对其靠之生存的人产生强烈的依恋（passionate attachment）。在政治中，依恋的存在是政治形塑和管理主体的条件，是产生臣服的方法。为了生存，主体会想去服从（subordination），这就是对服从的依恋。④

---

① ［美］朱迪斯·巴特勒：《权力的精神生活：服从的理论》，张生译，7 页，南京，江苏人民出版社，2009。

② ［斯洛文尼亚］斯拉沃热·齐泽克：《敏感的主体——政治本体论的缺席中心》，应奇等译，290 页，南京，江苏人民出版社，2005。齐泽克在同一段话中自己解释道，"主观化"指的是个体怎样从思想上主观化其困境，他们怎样与其存在的条件发生联系等困惑。

③ 虽然儿童的例子本身并无政治性，但我们可以将其与政治控制相类比。在精神分析理论中，儿童的依赖和屈从是政治话语中的一个重要主题。

④ Judith Butler, *The Psychic Life of Power: Theories in Subjection*, Stanford, Stan-ford University Press, 1997, pp. 7-8.

从精神分析的角度来说，对良心的呼应、对服从的依恋，实质上都来自一种想要"去存在"的欲望，为了生存，主体想要去服从，想要去顺从"良心"的质询。这种欲望往往被权力利用，去形塑一个符合规范性要求的主体。良心被建构成一种社会习俗，批判着个体，如同各种社会机构不断评定着社会中人的行为，自我就在这个过程中内化了特定的社会权力。① 用尼采的话来说，这是一种"良心谴责"②。

借助于精神分析理论，巴特勒指出主体的精神世界是由社会世界的权力运作决定的。在权力的作用下，为了能持续存在，为了成为主体，个体不得不迎合生存的欲望。"'我宁愿在屈从中存在，也不愿不存在'是这种困境的一种表述。"③对服从的依恋之所以产生，是因为生存。为了一种持续的生存，主体不得不一直处于屈从的状态，就像"孩子要想维持一种精神和社会的意识，一定会有依赖和依恋的形成：没有不爱的可能性，在这里，爱是和对生活的需要一致的"④。也就是说，为了生存下去，孩子根本就不能选择不爱那个让自己生存下去的人。只有生存下去了，孩子长大后才会有对所爱之人的评判。对于一个孩子来说，为了生存，他必须先有依恋，要先去爱，才会去判断所爱之人。爱先于判

---

①　Judith Butler, *The Psychic Life of Power：Theories in Subjection*, Stanford, Stan-ford University Press, 1997, pp. 181-183.

②　[德]尼采：《论道德的谱系》，周红译，146—147 页，北京，生活·读书·新知三联书店，1992。

③　[美]朱迪斯·巴特勒：《权力的精神生活：服从的理论》，张生译，7 页，南京，江苏人民出版社，2009。

④　同上书，7 页。

断，依恋先于对主体形成过程的思考。因为人在独立生存之前没有做出判断的能力，正因为如此，人才会在长大之后，在拥有了自己的判断力之后，在与最早的所爱对象相遇时，出现"我不可能爱这样一个人"[①]的义愤感和羞耻感。

这种生发于幼年时期，却被成年之后的当下所排除的爱，成为一种弗洛伊德意义上的抑郁结构，并建立了"我"，并且会作为一种病态的长久重复的东西威胁着"我"，让"我"不断体会那种不可能的爱。在这里，除了依赖，我们看到了主体精神形成所需要的又一个条件——拒斥。曾经屈从于权力的主体，开始寻找它自己的解体、拆解。但这种寻求不具有自主性，"这种寻求标志着一种能动性，但并不是主体的（subject's）能动性"[②]，在巴特勒看来，与其说这是一种主体的能动性，不如说这是一种欲望的能动性，这种欲望导向主体的解体，而主体成为欲望的障碍。与依恋一样，拒斥在主体形塑中有重要作用。在对服从的强烈依恋与对不可能的爱的拒斥中，主体产生。因此主体是分裂的、分化的，而不是自主的。这是一个不独立的主体，在屈服中形成，并且为了生存主体将继续屈服。巴特勒指出，在这个过程中，强烈的依恋会被隐藏，我们的某些部分必须变成不可知的，虽然它们会一直缠绕着主体。

在这里，主体遭遇了黑格尔式的"苦恼"，总是处于某种分裂状态。一方面，它被拒斥生产，并以欲望之名得以建立；另一方面，它又成为欲望的阻碍。主体为了持续存在，必须对欲望进行阻挠，而欲望为了获

---

① ［美］朱迪斯·巴特勒：《权力的精神生活：服从的理论》，张生译，8 页，南京，江苏人民出版社，2009。

② 同上书，8 页。

得胜利，又不断用解体来威胁主体。"主体反对它自身（它的欲望），似乎是主体持续存在的条件。"这样的苦恼意味着，

> 不单单是一个人需要他者的一种认可，而且，这种认可是通过屈从被授予的，而毋宁说，一个人依赖于形成他（她）的权力，如果没有这种依赖，那种形成是不可能的，而且，成熟的主体的姿态恰好就在于对这种依赖的拒绝和重演（reenactment）。[①]

也就是说，为了得到他者的承认，主体必须屈从，它依赖于那个使它屈从的权力，同时，由于对那个内化到自我中的权力的抗拒，主体又总是处于对自我的拒斥中。

在巴特勒的论证中，对服从的依恋来自一种想要去存在的欲望，为了生存，主体想要去服从。但是，服从总是以一种悖论的方式出现，因为在依恋于服从时，主体也是反抗权力的主体。这就涉及服从的两面性问题。

（二）主体的矛盾：服从的两面性

这里提到服从的两面性，必然要涉及哲学史上的一个争论，即自由意志与决定论之争，主体到底是一个能动性的必要前提，还是一个应该被拒绝的控制手段，这一问题在哲学、政治学中一直存在着激烈的争

---

① ［美］朱迪斯·巴特勒：《权力的精神生活：服从的理论》，张生译，9 页，南京，江苏人民出版社，2009。

论。巴特勒认为当这种论争达到高峰的时候，论争总是会呈现出一种矛盾，即主体既被看成能动性的条件和手段，又被看作服从的结果和能动性的丧失。在这种情况下，如果屈从被认为是能动性的条件，那么为什么能动性又被看作与屈从相抗衡的力量呢？

服从的两面性在于，权力一方面对主体产生压制作用，另一方面又是主体所需要的。能动性的悖论在这里出现——主体的能动性成为它的屈从的结果。但是，巴特勒认为，权力虽然对主体产生了作用，却未必会被主体完全采用。决定论与能动性之间的关系在于，

> 创始了主体的权力是无法保持作为主体的能动性的权力的连续性的。当权力从它作为能动性条件的状态转换到主体"自己"的能动性时（主体表现为它"自己的"权力的条件，构成了一种权力的表象），一个意义重大的和具有潜在积极力量的**逆转**发生了。①

也就是说，主体虽然依赖权力而生，却未必会完全执行权力的全部目标，巴特勒认为，主体在对权力的重申过程中蕴含着反抗的可能。

因为，主体虽然会保留使其存在的条件，比如，权力的控制作用，但是这并不代表主体的所有能动性都将忠实地体现、贯彻权力的意志，也不能保证在权力每一次运行的时候，那些使主体存在的条件都能保持不变。对权力的采纳并不意味着原封不动地运用权力，"占用的行动或

---

① ［美］朱迪斯·巴特勒：《权力的精神生活：服从的理论》，张生译，11 页，南京，江苏人民出版社，2009。

许包含了一种权力的变更，这样，被采纳或被占用的权力就会与使这种采纳成为可能的权力相冲突。……这种被采纳的权力或许同时既保持又反抗与这种屈从的联系"①。主体在采纳权力的同时也会反抗权力，在巴特勒看来，这种矛盾，就是能动性所面临的两难处境。

具有遮蔽作用的是，权力虽然是先于主体的，但当主体形成之后，权力与主体的关系有了一种视角上的转换——权力成了主体的结果。巴特勒很清楚地指出了权力对主体产生作用的两种形式，"第一，作为使主体成为可能的某些东西，作为它的可能性的条件和它形成的诱因；第二，在主体'自己的'行动中，作为被采纳和被重申的东西"②。主体依靠权力而形成，又"用权力遮蔽了权力"，从而让权力拥有了"是主体意志的结果"这样的外观。这就是主体的自由意志与决定论之间会产生那么多争议的原因。因为"不管权力被设想为是先于主体的，还是被设想为是它的作用的结果，在权力的这两种时间形态（在主体'之前'或'之后'）之间的摇摆，是绝大多数的关于主体和能动性问题的论争的特点"③。这种争论往往会陷入死胡同，因为无论说主体是能动性的条件还是说主体是能动性的天敌，都是有问题的。巴特勒指出，这种争论的困境在于主体本身就呈现为一种矛盾：一方面主体是权力的结果；另一方面主体又以能动性的可能性条件出现，影响着权力的运行。换个说法来说，这就是"作为外在于主体的权力和作为主体的构成的权力

---

① ［美］朱迪斯·巴特勒：《权力的精神生活：服从的理论》，张生译，12 页，南京，江苏人民出版社，2009。

② 同上书，12 页。

③ 同上书，13 页。

之间，即'作用于'主体的权力和主体'发生作用'的权力之间，并没有概念的转换"①。我们在面对"主体"这个概念的时候，就是在面对一种矛盾。因为形成主体的权力，和主体"本身"的权力之间，是很难进行区分的。

因此，只有把握了权力形成主体这一点，我们才可以穿透主体对权力的遮蔽。在主体的形成过程中，主体遮蔽了权力的运作过程，那个被权力生产的主体被认为是创立权力的主体。

虽然权力形成了主体，但是权力如果想实现持续存在的可能，就需要得到不断的重申，而主体就是权力得以重申之地，这也是为什么我们容易被认为是主体决定了权力的样态。实际上，权力对主体的形塑过程，在遮蔽和反转之后，被隐藏起来了，这使我们认为存在着一种能开创出一切的拥有自由意志的能动性。这也恰恰是权力的诡计所在。我们看到，在这种权力理论中，主体的能动性变得难以捕捉，如巴特勒所言，"不管是资本形式的统治还是象征性的统治，都被认为致使我们的行动总是已经预先被'驯化'（domesticated）了"②，主体似乎已经被权力驯服。但是巴特勒一直坚持，虽然能动性的获得与对权力的屈从有一定的联系，但是这并不意味着主体会走向完全的屈服。权力与主体的这种纠葛并不意味着权力对主体能够进行全然的控制，巴特勒指出，能动性是可以超越主体被授予的那种权力的，因为在她看来——"权力的目的并不总是能动性的目的"③。

---

① ［美］朱迪斯·巴特勒：《权力的精神生活：服从的理论》，张生译，13 页，南京，江苏人民出版社，2009。

② 同上书，15 页。

③ 同上书，14 页。

在对服从的两面性的揭示过程中，巴特勒小心地避免走向两个极端：既反对政治上的宿命论，又反对认为能动性总是在反对权力的"天真的政治乐观主义"的观点。她总是允许矛盾的存在，并且认为在服从的两面性中，一定能在权力的内部找到反抗的裂隙。

(三)隐秘的控制：被利用的欲望

我们看到了服从的两面性的存在，也看到了反抗的可能或许就隐藏在这种两面性之中。但是我们还没有弄清楚，服从是何以在权力中产生的。我们在讨论依恋问题的时候就提到，为了满足存在的欲望，个体选择服从权力，从而得以成为主体。但是权力形成了主体，并不是说权力将一个人带到这个世界上，就像母亲生育孩子一样。权力对主体的作用，是通过一种精神上的转向形成的，所以巴特勒会去讨论自我谴责、良心和忧郁等精神形式，这些精神形式和社会管制是一体的。在主体的生成过程中，主体对规范的吸纳过程必须得到解释，而对服从的欲望是如何产生的也需要得到说明。

对服从的欲望表现为对社会存在的渴求——"社会的范畴保证了一种可以识别的和持久的社会存在，对这样的范畴的接受，即使当它们服务于服从，也常被认为胜于毫无社会存在可言"①。也就是说，主体宁可服从，也不可以不存在。这种存在的欲望，被权力利用，成了权力的手段，也成为主体的一个弱点。所以我们可以这么认为，如果权力被滥

---

① ［美］朱迪斯·巴特勒：《权力的精神生活：服从的理论》，张生译，17页，南京，江苏人民出版社，2009。

用，那么这不仅仅是权力的原因，还与主体自身的弱点有关。因为主体不得不在并非由自己创造的范畴、术语和称谓中寻找对主体的认同，并且，社会范畴同时意味着屈从和存在。换句话说，在服从的范围内，存在的代价就是屈从。在这里，我们看到了主体被利用了的欲望——"服从利用了存在的欲望，而存在总是由别处授予的；它标志着为了存在而对他者的一种根本的弱点"①。

权力并不是用一种明显可见的手段来利用这种存在的欲望的。因为权力在对主体的社会形式进行限制和规制的时候，也生产出一种"自反性"的模式。这就进入了精神分析的领域中。规范通过精神的形式来起作用，限制并生产着欲望，控制着主体的生成。这种限制比外在的强制力量更为隐蔽，从而也更阴险，使权力变得更为"自然"，也更让人难以察觉。巴特勒将自反性和服从联系在一起，她指出，"对自反性的欲望，从终极上说，就是对服从的欲望"，"对欲望的反省把欲望吸收进了反省之中"②，欲望的主体在不知不觉中变成了主体的欲望。

除了我们提到的存在的欲望，以及与之相关的服从的欲望、自反性的欲望，还有一种欲望容易被我们忽视，那就是那些被权力结构所拒斥的欲望。弗洛伊德在区分哀痛与抑郁的同时，也区分了压抑和拒斥，他指出，"一个被压抑的欲望或许远离了它的禁律也可以生存，但被拒斥的欲望是被严格禁止的，它通过某种先发制人的遗失（loss）构成了主体"③，比如，

---

① ［美］朱迪斯·巴特勒：《权力的精神生活：服从的理论》，张生译，18 页，南京，江苏人民出版社，2009。

② 同上书，20 页。

③ 同上书，20 页。

异性恋制度对同性恋的拒斥。这种拒斥形成一种不被解决的忧伤（grief），那是被禁止的领域。抑郁症的存在实际上标志了主体的界限，划分出主体所不能思考的区域，而那些被理解为拒斥的、不允许触碰的遗失会对主体造成解体的威胁。

巴特勒指出，这种遗失发生在主体形成之前，不能被思考、被哀悼，但却是主体形成的条件。从精神分析的角度说，这是对爱的能力的放弃，只有放弃某些被禁止的爱，主体才得以获得社会的存在，也就是获得文化的可理解性，虽然用这种方式形成的社会性将被抑郁症折磨。如果与福柯的权力的生产性理论联系起来，我们可以看到，

> 作为拒斥，这种认可并不对禁止存在的欲望起作用，而是生产出某些种类的对象，禁止其他对象进入社会生产领域。这样，按照福柯的假定和批评，这种认可不是根据压抑的假说起作用的，而是作为一种生产的机制，以一种最初的暴力为基础来运作的。①

权力，生产出社会规范之内的对象。内疚，宣布了某些对象的生存，以及另一些对象的死亡。

这个死亡对象的领域，有助于理解社会权力的运行方式，解释抑郁症患者的侵犯和征服的欲望。更重要的是，对这个领域的揭示，有助于描述公众对"社会死者"（socially dead）之死亡的反应，他们有的是艾滋

---

① ［美］朱迪斯·巴特勒：《权力的精神生活：服从的理论》，张生译，22 页，南京，江苏人民出版社，2009。

病患者，有的是同性恋、妓女、吸毒者。社会的死亡，不同于肉体的死亡，是指在社会领域中失去存在的空间。权力对这些死亡者的征服所带来的"胜利"感，是通过一种社会差别的实践形式获得的。只有生产和维持社会死者的存在，自己才能实现和维护"社会存在"，从这个角度来看，对他者欲望的拒斥满足了主体存在的欲望。在权力的运作中，存在的欲望再次被利用，权力"把公众关于这些问题的话语建构为那种侵犯的倒置：通过一种反转，这种征服死去的他者的欲望，终于把他者标志为死亡的威胁，把他者看做社会规范和被规范者的（不可能的）迫害者"①。被拒斥的他者，被塑造成一种具有侵犯性的他者，这是一种刻意的颠倒，也是权力的隐秘和残酷之处。这种处理方式，我们可以在对上述社会死者的方式中看到，巴特勒也将这种观点用于"9·11"事件之后，美国政府对"恐怖分子"的处理方式的评论中。②

因此，为了避免死亡，为了获得存在，主体不得不将自己交给外在的社会规范，为了存在，主体只能服从于一个权力他者的世界。一个人只有成为他者③，具有"他性"，才能成为他自己。他只有通过范畴、命名、术语和分类，才得以存在，在巴特勒看来，这实际上是一种异化。

但是，会不会有一种冒着生命危险的"重复"，让我们去想象社会权

---

① ［美］朱迪斯·巴特勒：《权力的精神生活：服从的理论》，张生译，24 页，南京，江苏人民出版社，2009。

② See Judith Butler, *Precarious Life: The Powers of Mourning and Violence*, London and New York, Verso, 2004. And Samuel Allen Chambers and Terrell Carver, *Judith Butler and Political Theory: Troubling Politics*, New York, Routledge, 2008, pp. 85-91.

③ 注意这个他者不是前面提到的被拒斥的、在社会上死亡的他者，而是符合权力规范要求的他者。

力和规范之外的可能性呢？那些被排斥的、标志着主体界限的剩余，会不会是一种不可化约的"剩余"围绕着主体呢？是什么样的限制才使这些剩余无法出现在社会文化的视野中呢？在巴特勒看来，我们除了要分析主体出现的条件外，也同样要分析使主体无法出现的那些条件。

二、"欲望的主体"与"主体的欲望"

在权力与主体的矛盾关系中，我们看到，在巴特勒那里，主体的形成是与对权力的服从息息相关的。巴特勒对身体物质化的论述常常与文化可理解性联系在一起，这种文化可理解性与承认问题有关，这也是为什么巴特勒会在《权力的精神生活》中又回到了黑格尔。"承认"这个概念被用于解释主体性作为社会规训的产物是如何获得的，这种规训又是如何内在于我们自己的。巴特勒在《权力的精神生活》中，试图揭示"欲望的主体"如何变成了"主体的欲望"。这种尝试将尼采的良心、弗洛伊德的抑郁与力比多压抑和黑格尔的欲望与承认结合在一起。并且，在阿尔都塞的质询理论的讨论中，巴特勒将福柯和黑格尔结合在一起，论证人之为人是话语范畴的产物，符合这些范畴是承认得以可能的保证。从这个意义上说，这些范畴是必需的，即使不是决定性的。不管是去反对还是去适应当下的范畴，可理解性和承认都对个人、对理论具有重大意义。① 这些范畴

---

① Gill Jagger, *Judith Butler*：*Sexual Politics*, *Social Change and the Power of the Performative*, London, New York, Routledge, 2008, p. 141.

决定了哪些个体可以成为主体，哪些不能。

我们接着来看，巴特勒是如何通过对哲学史中几位哲学家的理论的梳理，来说明权力是内化到主体的精神世界之中，并拥有一种仿佛非强迫的外观的。

(一)既被放逐也被生产的身体

我们在第一章提到，黑格尔的理论在巴特勒讲述欲望的故事时起了很大的作用，从巴特勒的博士论文开始，黑格尔就是她最重要的思想资源之一。黑格尔的"苦恼的意识"和主奴辩证法在巴特勒的讲述中，有了另一番景象。

巴特勒从黑格尔对身体的贬斥开始讲起。身体在黑格尔的理论中的地位是低于意识的。在主奴辩证法中，根据对象与身体的关系，我们可以辨识出谁是主人、谁是奴隶。巴特勒认为，在黑格尔那里，

> 从某种意义上来说，主人的姿态则是一种非肉体的、对自我反省的欲望，他不仅要求奴隶以工具化身体的状态屈从，而且，他实际上也要求奴隶成为(be)主人的身体，而且是以这样一种方式成为它，即在生产奴隶的过程中，主人遗忘或者否定了他自己的活动，我们将称这种生产为投射(projection)。①

---

① ［美］朱迪斯·巴特勒：《权力的精神生活：服从的理论》，张生译，34 页，南京，江苏人民出版社，2009。

也就是说，主人是非肉体的，奴隶被迫扮演了主人的身体的角色，并且在这个过程中，主人掩盖了自己对奴隶的强迫，奴隶的活动有了自主的特征。

巴特勒认为，对身体的遗忘蕴含着一种巧妙的骗局。通过否定一个人的身体，主体将其变为"他者"，并将"他者"塑造成一个自主的结果，从而掩盖主人对奴隶所施行的压制。一个服从的身体由此产生，并且，这个身体的生产，还掩盖了其与主人的从属关系。主人与肉身，被巧妙地分离了，而奴隶所是的身体仿佛也真的属于奴隶，而不是主人安排的投射。奴隶收到的诫命是"你成为我的身体，但不要让我知道，你所是的身体就是我的身体"①。在这个过程中，指令被执行的同时，也保证了指令立刻被遗忘。

巴特勒是这样解读黑格尔的主奴辩证法的，她认为，在《精神现象学》中，黑格尔指出，在对象性劳动中，奴隶从对象中确认了自己的行为，这种劳动虽然一开始就属于主人，然而却作为奴隶自己的劳动反射到奴隶身上。似乎由主人所决定、发出的劳动，实际上却是由奴隶自己发出的。作为占据了主人身体的人，奴隶成为主人的代理者。为了不暴露主人不想成为的身体，这种代理也不能公开承认。但是，奴隶也在模拟主人的身体的过程中获得了自主权，但他还没明白其自主权只是主人的自主权的假象，更不会明白主人的自主权本身就是一个假象。所以这里出现了两个自主权之间的相互排斥，也就是主人的反省的自主权和奴隶的具体化的自主权之间的相互排斥。被奴隶标记了的对象，至少名义

---

① ［美］朱迪斯·巴特勒：《权力的精神生活：服从的理论》，张生译，35 页，南京，江苏人民出版社，2009。

上是主人的，所以所有权的斗争出现了，主人和奴隶都想拥有对对象的签名权。于是，这个签名变成双重所有权的场所，并且它因此为一场论争奠定了基础。

但是，主人才是拥有实际所有权的人，所以主人总能将对象烙上自己的名字。在这个过程中，一种抹除的行为一直在发生。

巴特勒认为，在主奴辩证法这个故事的末尾，奴隶通过一种绝对恐惧（absolute fear）的经验获得了自我确认（self-recognition）的意识。这种恐惧将奴隶和主人的逻辑聚合在一起，因为他们都在经历对象的丧失。黑格尔认为，工作可以抑制欲望的短暂性，作用于一个对象，赋予其形式就是给它一种存在，以克服短暂性。但是奴隶的恐惧在于他觉得他所持有的财产似乎要被剥夺。奴隶的劳动对象被无情献出，他也成为一种自我牺牲的存在。并且，这种消失是另一个人影响的结果，是一种"社会强迫的自我抹除"①。因为对象是成型的劳动，劳动是奴隶的，所以"事物的这种确定的和短暂的特征将暗示奴隶的确定的和短暂的特征"②，对丧失对象的恐惧实际上是对丧失自我的恐惧。

在与死亡照面之时，奴隶退却了，所以苦恼的意识出现了。"苦恼的意识就出现在通过用一种顽固性（stubbornness）来减轻恐惧的活动中，或者，更确切地说，是出现在通过用一种装模作样和顽固性来取代对身体死亡的恐惧的行动中。"③对于这种假装神圣的自我，它的自反性就是

---

① ［美］朱迪斯·巴特勒：《权力的精神生活：服从的理论》，张生译，39页，南京，江苏人民出版社，2009。

② 同上书，39页。

③ 同上书，40页。

它所恐惧的。奴隶的身体屈从于死亡，呈现出不停地走向死亡的模式，但是在意识中，死亡要不断地被避免，奴隶从奴役变成了苦恼的状态。也就是说，在劳动的过程中，奴隶

> 通过对自己的形成性能力（formative capacity）的认可，奴隶取代了主人，但是一旦主人被替换，奴隶就成了自己的主人，更明确地说，成了自己身体的主人；这种形式的自反性标志着从奴役到苦恼的意识的转换。①

精神被一分为二，主人和奴隶内在于单一的意识中，而可能会死亡的身体，作为意识必须否定的东西，成为一种他性，一种内在于精神的他性，这种他性只能通过意识的否定而得以维持。

在苦恼意识中，意识依恋意识自身，对意识的依恋同时是一种对身体的否定，因为身体与对死亡的恐惧联系在一起，对死亡的恐惧是一种绝对的恐惧。为了减轻这种恐惧，苦恼意识不得不求助于道德的规范，并且依恋于这种诫命。我们看到，对服从的依恋出现了，有了这种依恋，才有主体的出现。巴特勒指出，"出自（和反对）恐惧的规范的制造，和对那些规范的反身性的强迫接受，从双重的意义上使苦恼的意识成为主体"②，主体屈服于规范，规范形成了主体。以道德之名发生的服从，

---

① ［美］朱迪斯·巴特勒：《权力的精神生活：服从的理论》，张生译，41 页，南京，江苏人民出版社，2009。

② 同上书，41 页。

逃避了身体死亡的恐惧，"绝对恐惧就被绝对的律法所取代"①，原本针对死亡的恐惧，在这里被建构为对律法的恐惧。

在这个过程中，身体被放逐了，主体的物性部分被清空了。黑格尔对斯多葛主义、怀疑主义的论述就可揭示这个过程。② 苦恼的意识总是以一种道德自反性的方式出现，把自己作为嘲笑的对象。在这个过程中，苦恼意识把自己变为可变和不可变两部分，可变的部分被贬斥为非本质的，身体就是代表。思想是不可变的，可变的、被评判的那部分自我，"被沉浸入可变的身体感觉的世界之中"③。

巴特勒以基督教对身体的态度为例，指出那不可变的世界总在试图放弃可变的世界，被放弃的自我在基督教中被塑造成一个身体的自我，通过牧师施行的意识，身体的排泄被提高到宗教的高度，通过禁食和禁欲的仪式，身体被仪式化地否定了。在牧师的告解中，快乐被延后，成为对将来痛苦的补偿。巴特勒认为在黑格尔那里，此世的痛苦会在来世转化为快乐，这就建立了从自我意识到理性的过渡。

但是巴特勒指出，虽然苦恼意识试图让主体征服身体，使身体为思想服务，但实际上这是很难做到的。因为"超验"是一种永远缺失的东西，身体总是会"生还"。苦恼意识的发展未必一定会走向对宗教的驯服，巴特勒认为，比如，在牧师出现之前，苦恼意识似乎也可以走向对

---

① ［美］朱迪斯·巴特勒：《权力的精神生活：服从的理论》，张生译，42 页，南京，江苏人民出版社，2009。

② 参见［德］黑格尔：《精神现象学》上卷，贺麟、王玖兴译，132—153 页，北京，商务印书馆，1979。

③ ［美］朱迪斯·巴特勒：《权力的精神生活：服从的理论》，张生译，45 页，南京，江苏人民出版社，2009。

宗教的批判，就像后来尼采做的那样，"每个将它自己缩减为无为或者空无的努力，每个使自己的身体屈从或者受苦的努力，在自我意识的生产(production)中，作为寻求快乐和自我扩张的一个能动性，会不经意地达到顶点"①。而这些努力，恰恰是对主体欲望的肯定，对欲望的压制也可能会是对欲望的生产。可见，巴特勒对黑格尔用宗教来解决苦恼意识并不赞同，她明显受到了科耶夫的影响，在苦恼意识这里，她走向了另一条对黑格尔解读的道路。

这条路她是顺着尼采、福柯、弗洛伊德走出来的。巴特勒认为，尼采对伦理规范的批评与福柯、弗洛伊德存在着某种关联。在巴特勒看来，苦恼意识中身体的不可避免性，和弗洛伊德的"本能"、尼采的"意志"的不可避免性是相当的。

黑格尔的道德诫命是与对死亡的恐惧联系在一起的。人之身体的有限性昭示着死亡的必然性，因此"理想化的根本的自我满足又被身体的渗透性和依赖性所破坏"②。巴特勒认为，苦恼意识下的各种自我禁欲，既有神经症的预示，也有一种同性恋恐慌，是恐惧带来了对身体的控制。奴隶身体的所有权握在主人手里，其身体成为一个为了所有权进行斗争的场所，"通过支配或死亡的威胁，它可能永远被另一个人所拥有"。黑格尔走向了宗教，对身体持否定态度。而弗洛伊德所开创的精神分析理论却要论述身体服从之不可能性。在弗洛伊德那里，对力比多的压抑与力比多投注是一体的，压抑的律法与压抑的力比多是一体的。

---

① ［美］朱迪斯·巴特勒:《权力的精神生活：服从的理论》，张生译，50 页，南京，江苏人民出版社，2009。

② 同上书，51 页。

道德禁令，比如，对身体的禁令，实际上是被身体维持的。对本能的放弃，很可能反而成了良心的驱动力。"禁律并不试图删除被禁止的欲望；相反，禁律试图再生产被禁止的欲望，并且通过它所实现的这种放弃而变得更为强大。"①黑格尔所说的那个被禁止的欲望，就在禁律自身中得到重生。禁律和被禁止的欲望相互维系。

巴特勒认为，弗洛伊德的本能、黑格尔的未完成的身体和尼采的意志中，存在着一种对"辩证的逆转"②，他们的理论都显示出，对生命的完全自反性的抑制是不可能的。这种抑制针对的是身体，而身体不会被外界的力量完全控制，相反，"身体会不经意地被它的抑制的手段所保存"，且被保存在这种手段中。这种抑制，除了会导致对身体自我的推崇外，还"导向了对一种创立主体的表述"③。

黑格尔将苦恼看作一种顽固的依恋，和弗洛伊德看到被压抑后而产生的神经症情况，都表明，对身体欲望的道德规制是一个斗争的焦点。在黑格尔那里，被否定的身体经验和冲动，反而被这种否定的行为保存了下来。被审判的身体，成为维护审判的情感重新出现。特别是福柯那里，压抑的制度是更需要身体冲动的领域，他将身体作为一种道德的范围而不断扩大，以显示自己的权力。道德化的身体，成了权力的跑马场。

巴特勒认为，从这一点来看，福柯比黑格尔走得更远，"这种被置

---

① ［美］朱迪斯·巴特勒：《权力的精神生活：服从的理论》，张生译，53页，南京，江苏人民出版社，2009。

② 同上书，54页。

③ 同上书，54页。

放于身体之上（on）的限制不仅需要（require）和生产（produce）了它们试图限制的身体，而且也扩张（proliferate）了身体的领域，它超越了最初的限制的目标领域"①。比如，对同性恋的分类和病理化，也扩张和动员了同性恋文化。在福柯的理论中，司法制度使身体扩张，使之超越了辩证的逆转，成为可能的反抗的场所。与黑格尔的不同在于，福柯认为身体并不是先于管制存在的，而是"作为（as）一个管制的对象生产了出来，并且，为了管制的自我增强，身体作为一个管制的对象而被扩张"②。如齐泽克指出的，巴特勒认为黑格尔和福柯的观点存在着区别，黑格尔并没有考虑规训行为的增生（proliferating）效应。具体来说，这种区别在于，

　　在黑格尔看来，刚刚形成的规训只作用于肉体，这个肉体以自在为前提条件，属于内在的人性的一部分，并且逐渐"扬弃"其直觉性；而福柯则强调规训机制本身怎样对它们努力压制和调整的原初增生起作用：正是性能力的"压抑"引起了性快感的新的形式。③

压抑的律法实际上生产出一个被扩张的身体。

　　在讨论了身体的被放逐与被生产之间的辩证关系后，巴特勒又回到

---

　　① ［美］朱迪斯·巴特勒：《权力的精神生活：服从的理论》，张生译，56 页，南京，江苏人民出版社，2009。

　　② 同上书，56 页。

　　③ ［斯洛文尼亚］斯拉沃热·齐泽克：《敏感的主体——政治本体论的缺席中心》，应奇等译，290 页，南京，江苏人民出版社，2005。

了"顽固的依恋"这个问题上。管制既生产了欲望，也被一种依恋所培养，这是管制与欲望之间的双人舞。福柯认为欲望有某种不可见的逆转的能力，它有可能会超越管制原本设置的目标，从而形成反抗的可能，也就是说，那些控制人的制度并不能完全控制其生产出来的对欲望的刺激。

在"苦恼意识"中，主体宁可依恋痛苦，也不愿意无所依恋。个体为了生成主体，不得不放弃某些自由，并因此忍受痛苦。我们看到，拒绝成为爱的前提，拒绝，也是一种在场，总比不在场好。在尼采那里，"人需要一个目标，人宁可追求虚无，也不能无所追求"①。对欲望的欲望，是一种欲望的意愿，即使所欲的是将要排斥欲望的东西。但我们也要看到，欲望，恰恰可能构成管制制度的弱点，成为反抗的希望所在。

(二)社会管制与良心之形成

让我们继续讲述欲望的故事，在黑格尔那里，意识转向自身，对身体进行控制，是一种权力的转身，也是一种自反性。我们在上文说到，巴特勒在这个问题上走向了与黑格尔不同的道路，她是沿着尼采、弗洛伊德对自反性的论述走下去的。

尼采和弗洛伊德也在讨论"自反性"的问题，讨论意志是如何转向自身的。他们认为，愧疚、良心的运作最能说明这一点。巴特勒指出，在弗洛伊德那里，良心是一种转向自身的欲望的力量。意志和欲望都在转

————————

① ［德］尼采：《论道德的谱系》，周红译，76页，北京，生活·读书·新知三联书店，1992。

向自己，形成一种"折叠"，精神与肉体形成一种交错。身体在这些自反性结构中被编码，我们要思考的是这种折叠对身体意味着什么。

道德通过某种暴力，将主体建构成一种自反性的存在。在返回自身的过程中，主体是不是只能忠实地执行暴力的目标呢，有没有别的可能呢？这是巴特勒思考的问题。她说的暴力，不是外在强制的可见的暴力，而是一种她后来多次阐发的"规范的暴力"①。巴特勒认为主体的形成离不开规范的桎梏，但主体并不会完全地执行、重复这些规范。她总是试图在这里寻找另一种可能性。她肯定了尼采对道德价值进行重估的做法，认为道德与其所反对的东西，往往有一种同谋关系。尼采认为道德是在历史情境中产生的，并不是永恒的，他用一种谱系学的方式去重估道德。如有学者指出，在尼采那里，

> 谱系学的目标正是要对此提出质疑，要对道德产生的条件和环境提出质疑，要对道德价值本身的价值提出质疑。这样，只有将道德本身历史化，将道德价值标准历史化，将整个道德领域历史化，尤其是，将道德置于一种纷争的历史化语境中，才能发现道德价值的不稳定性，才有可能重估一切道德价值，这正是谱系学家的工作和使命。②

巴特勒并不认为尼采只是一个摧毁价值的人，相反，她认为，"尼采为我们提供了一种对精神形成和服从问题的政治洞察，矛盾的是，它

---

① Samuel Allen Chambers and Terrell Carver, *Judith Butler and Political Theory: Troubling Politics*, New York, Routledge, 2008, p. 75.

② 汪民安：《尼采与身体》，94 页，北京，北京大学出版社，2008。

不仅被看成是一个主体对规范的屈从，而且也被视为恰好通过这样一种屈从构成了主体"①。也就是说，愧疚是对主体的社会管制，如果没有对这种管制的服从，主体将无法形成。

在主体受到社会管制的问题上，巴特勒指出，社会性对精神性的形成有重大的影响。但是，要辨别社会性的影响并不容易，因为为"外在"和"内在"世界划分边界的恰恰是对主体的管制力量，这种管制恰恰是依赖主体返身而来的依恋所维持的，并且看上去是出于主体的意志的。这种划分拥有一种主体自由选择的外观，很难察觉。巴特勒通过对尼采和弗洛伊德的论述，说明自反性作为主体的一种现身结构，是一种不断地反复针对自我的申诉，形成被"误称"为"良心"的东西，她还要进一步证明的是，如果没有一种对服从的强烈依恋，就不可能有主体的形成。

在对尼采的解读中，巴特勒认为尼采指出了良心除了有形成的力量外，还有虚构、变形的力量。主体是愧疚的成果，但又被后者超越。良心是主体形成的必要条件，却未必是专断的。主体并不先于自反性，自我是自反性沉淀的结果，虽然名词形式的"自我"会遮蔽掉这个沉淀的过程。巴特勒指出，自反性只是一种比喻，并不能找到先于主体的那个返回自身的东西，这种描述并不具有本体论的性质。愧疚只能被描述，却不能说出它是什么，但它又是描述的条件，不是基础却如基础一般被使用。

那么，自反性是怎么出现的呢，和外在的强制是否有关系呢？惩罚与良心，到底谁先谁后呢？

---

①　[美]朱迪斯·巴特勒：《权力的精神生活：服从的理论》，张生译，63页，南京，江苏人民出版社，2009。

巴特勒指出，思考这个问题的困难在于，在一般人看来，良心的力量并不和惩罚的力量有关，而是"与一个人的侵犯行为的力量有关"①，在愧疚的名义下，良心不是向外而是向内发泄了自己。外在力量似乎被内在产生作用的因果联系打断了，良心似乎是来自自我的，这样将很难理解外在的或历史的惩罚所产生的作用。

尼采讨论了愧疚形成的问题。在尼采那里，承诺被破坏的可能性与惩罚联系在一起，精神本身就是惩罚的工具。那些不能释放的本能内在化了，并被理解为一种精神、灵魂的生产。社会壁垒产生的压力推动了内在化的过程，并进行着灵魂的生产。"我"与行为相联系，并且互相维系。"愧疚将是对内在化的制造，它伴随着承诺的破坏，意志的中断，但是这个将保持承诺的'我'，正好是内在化的持续制造所培植的一个结果。"②在尼采那里，自由是能在愧疚这种自我桎梏中找到的，它就在由痛苦而来的快乐中，这种快乐服务于道德和以道德的名义将痛苦施加于自身。起初这种施加痛苦的快乐是来自外界的债权人的，后来在社会契约中，它成为一种被内在化的快乐。

所谓愧疚，实际上来自一种"自我折磨的喜乐"。灵魂并非先于自反性，恰恰是惩罚的内在化生产了自我。在这种痛苦的惩罚中，快乐、自由竟也找到了容身之所，因为惩罚具有了生产性。愧疚是一种生产，生产出"形式"。巴特勒认为尼采没有解释愧疚形成的原因，反而看到了愧疚的结果。巴特勒认为，对于尼采来说，原因和结果只是一种虚构，或

---

① ［美］朱迪斯·巴特勒：《权力的精神生活：服从的理论》，张生译，67 页，南京，江苏人民出版社，2009。

② 同上书，71 页。

者说，是一种方便法门而已。所以，尼采的谱系化的叙事方式并没有找到那个最初的原因。巴特勒看到的则是，"一个人所寻求的用来反对禁制（inhibition）的力量的创造力，似乎在本质上是依靠那种禁制的"①。

因此，巴特勒又回到对社会管制的讨论，认为社会管制和精神、欲望的形成有共谋的关系，她又开始借鉴弗洛伊德的理论。在精神分析之前的学说中，禁欲将苦难与内疚联系起来，但是弗洛伊德通过神经症的研究提出了不同的观点，在他的神经症研究中，对身体的道德管制是一个焦点问题。他发现压抑的律法并非和力比多无关，反而被其试图阻碍的力比多支撑，也就是说，那些被否定的冲动反而被否定它的活动保存下来了。被压抑的东西，反而维持了压抑的体制。对力比多的压抑本身，已经被性本能投注，所以压抑并没有将力比多完全否定。压抑的律法并不外在于被压抑的力比多，反而使压抑成为一种性本能的活动。巴特勒认为，这说明道德的禁止实际上是被身体的活动维持着的。身体活动从未消失，甚至内含在规制着身体的精神中。

在这里，所谓"欲望的欲望"就是"自发地欲望那种会排除欲望的东西"②，社会管制利用了这种"欲望的欲望"。如果我们通过它使自己得到社会认可的东西，即那些管制我们而且使我们得到社会存在的东西，那么，确认一个人的存在就是向其屈从让步。比如，在弗洛伊德那里，自我理想（ego-ideal）束缚了同性恋的力比多，这种力比多不得不转回而并入自我之中，成为内疚感。但是对失去所爱的恐惧，引起了同性恋的

---

① ［美］朱迪斯·巴特勒：《权力的精神生活：服从的理论》，张生译，73页，南京，江苏人民出版社，2009。

② 同上书，75页。

升华和返身内转。巴特勒认为，在弗洛伊德那里，这个反对欲望的禁律，就是那种转回到它自身的欲望本身，这种转回，是"良心"的开端。良心使本能被放弃，但后来这种关系又倒转了，本能的每次放弃都成为良心的驱动源，并且，每次新的放弃都会增添后者的严厉。

巴特勒对此进一步解释道，

禁律成为在谴责的律法的名义下重新体验这种本能的机会。禁律重新生产了这种被禁止的欲望，并通过它所招致的这种放弃而得以强化。通过禁律自身，被禁制的"来生"的欲望将产生，这里禁律不仅维持了它强迫放弃的欲望，而且由后者维持。因而，从这个意义上来说，放弃是通过这种被放弃的欲望产生的：这种欲望从来没有（never）被放弃，而是在这种放弃的结构中被保存和再次强调。①

也就是说，禁律生产了欲望，并使自身得以强化，而欲望也因此没有被放弃，而是在禁制中得以保存和强调。巴特勒又回到《权力的精神生活》开头的问题，良心是如何转回自身的？

为了说明这一点，巴特勒在《权力的精神生活》中用美国军队中的管制同性恋的例子来说明，一个人是如何通过言谈，通过放弃某种身份而使自己的身份神圣化的。在她看来，同性恋在类似这样的放弃中一边被抑制，一边被维持。反抗，只能在权力之中获得。自反性，可能是一种

_____

① ［美］朱迪斯·巴特勒：《权力的精神生活：服从的理论》，张生译，76 页，南京，江苏人民出版社，2009。

隐蔽的统治，也可能是一种未被发现的反抗的可能，指向一种自由。

(三)内在反抗与重新指称

由黑格尔，经尼采和弗洛伊德，巴特勒揭示出权力内在化于主体之后，成为一种"良心"，"良心"使主体的选择拥有了一个"自由选择"的外观。这个外观，遮蔽了权力的压制性的一面，从而也使得反抗更加困难。在《权力的精神生活》中，巴特勒试图借助福柯的身体理论，对这种反抗的困难性做进一步的诠释，她希望通过对福柯的超越，找到一种反抗的可能。

我们知道，主体化(subjectivation)这个词既表示主体的形成，又表示服从的过程，为了拥有自主权，一个人必须服从一种权力。在福柯看来，这种主体化的过程是通过身体发生的，在《规训与惩罚》的描述中，犯人的身体被法律的话语建构和形成。在福柯那里，他关注的不是外在的权力关系对人产生的作用，而是"个人是通过他的被话语建立的犯人'身份'形成的，或者更确切地说，被这种'身份'阐明"[1]。用更准确的话来说，"服从就是主体的制造(making)，就是管制的法则，主体依此被阐明或被生产"[2]。服从成为一种权力，不仅作用于"个人"，也形成了"主体"(注意巴特勒借助阿尔都塞说过，主体和个人不同)。服从并不是对主体的简单控制或者直接生产，而是指明了生产中的某种约束，如果没有这种约束，主体的生产就不可能发生，主体的生产是通过这种约

---

① ［美］朱迪斯·巴特勒：《权力的精神生活：服从的理论》，张生译，80 页，南京，江苏人民出版社，2009。

② 同上书，80 页。

束而生产的。生产与管制的权力，是一体的。

福柯在《规训与惩罚》中对监狱中犯人受到的身体规训的论述，在女权主义者们讨论性别规训的生产时被频频引用。① 通过强迫犯人接近一种理想的行为规范，监狱对犯人的身体起作用。这种规范化的理想，实际上是一种精神上的身份，或者说，是福柯所说的"灵魂"——"灵魂是肉体的监狱"。这个"灵魂"可以跟精神分析中的"精神"进行比较，对于后者来说，主体的理想即自我理想，拉康认为，象征范围内的主体的位置，是一种规范，在语言的范围内安置主体，使主体拥有文化上的可理解性。从这个意义上说，"精神就是反抗福柯将其归之于规范化的话语的管制的那种东西"②。

巴特勒在很大程度上继承了福柯对权力的二重性的分析，但是她认为福柯的理论不够全面，无法揭示出反抗的可能性何在。可以说，《权力的精神生活》的政治意味就在于要去证明生产了我们的权力并不外在于我们，而是我们的一部分；使我们屈服的，也是让我们得以反抗的。有学者指出，巴特勒论述中的一个指导性的主题是寻找能动性的政治可能性。③ 巴特勒对福柯所进行的精神分析式的批评，是为了寻找一种反抗的可能性。在她看来，福柯没有能够清楚地解释在规训的主体形成中的反抗发生于何处。

①　参见黄华：《权力，身体与自我：福柯与女性主义文学批评》，80—100 页，北京，北京大学出版社，2005。

②　[美]朱迪斯·巴特勒：《权力的精神生活：服从的理论》，张生译，82 页，南京，江苏人民出版社，2009。

③　Gill Jagger, *Judith Butler: Sexual Politics, Social Change and the Power of the Performative*, London, New York, Routledge, 2008, p. 99.

当然，巴特勒对精神分析理论也同样持有审慎的态度。对于她来说，精神，或者说无意识，并不等于反抗，因为我们也看到了对服从的无意识的依恋。"暗示了这种无意识并不比主体更自由，并不能摆脱规范化的话语。"①它并没有较少地受到文化能指的权力关系的建构。所以巴特勒去追问——如果我们在无意识的层面上发现一种对服从的依恋，那么什么样的抵抗可以从这样的依恋中被制造出来呢？并且，她认为即使有这种反抗出现，它也可能只具有破坏性，而无法重新表达象征范围中的权力条款。

在福柯那里的被规训的身体，又是如何被剥夺了反抗的能力呢？福柯指出，权力不仅仅对身体之上（on）起作用，还对身体内部（in）起作用。主体的边界被权力生产出来，主体的内部也是。问题在于，福柯是要说灵魂是外在的形式而身体是内在的空间吗？这里，又涉及身体的物质性的问题。在《规训与惩罚》中，亚里士多德的影子出现了，灵魂被看作身体这种物质的形式，形构了身体。在福柯那里，"灵魂变成了一种规范的和规范化的理想，根据这种理想，身体被训练、塑造、培养和投注；它成为一种具有历史具体性的想象的理想（ideal speculatif），在它之下，身体被物质化"②，身体的物质外观，总是处于一种文化规范的塑造之中，所以"没有身体外在于权力，因为身体的物质性——实际上，

---

① ［美］朱迪斯·巴特勒：《权力的精神生活：服从的理论》，张生译，83 页，南京，江苏人民出版社，2009。

② 同上书，85 页。

物质性自身——是由并且在这种权力投注的直接关系中生产出来的"①。

同样地，监狱不会先于监狱的物质化，它的物质化的程度与其受权力投注的程度成正比。无论是犯人的身体，还是监狱的身体，都是在被权力渗透的过程中得以存在的，身体物质化的过程和被投注的过程是一体的。主体是以身体为代价出现的，它有效地代替了身体，充当了灵魂的角色。用精神分析的话语来说，这是身体的"升华"。

为了寻找身体的反抗之维，巴特勒接着问，身体中会不会有某些部分不会被升华为自我？巴特勒认为，身体所具有的反抗性就存在于这个主体化的过程中，这种反抗，是作为权力的结果出现的。福柯也认为，主体是在一种反复生产的过程中被生产的，这种重复并不能巩固主体，而是产生了破坏规范的力量。比如，同性恋，就动员了一个相反的话语来反对生产它的规范化制度。巴特勒指出，福柯从尼采《论道德的谱系》中的"符号链"出发，论证重新指称的可能性。"尼采认为，一个既定的符号最初被赋予的用途，与它后来变得可用的用途之间"②，有天壤之别。这两种用途之间的裂口，就具有了开创出另一种意义的可能性。在这个意义上，话语建构了可言谈的领域，却也束缚了自己，重复的过程也可能出现反对的过程。巴特勒认为，福柯可能已经把一种精神意义投注给了身体，而用他自己的术语是无法说明这一点的，也无法说明主体的规训的生产是如何终止的。

所以巴特勒在这里提到了精神分析，也提到了阿尔都塞的询唤概

---

① ［美］朱迪斯·巴特勒：《权力的精神生活：服从的理论》，张生译，85 页，南京，江苏人民出版社，2009。

② 同上书，88 页。

念。在她看来，警察的呼叫实际上是让某个人循规蹈矩的一种努力，从拉康的角度来说，这是对象征的建构的呼叫。阿尔都塞认为这种呼叫有被误识的风险，巴特勒很重视"误识"的出现，她强调说，"当名字不是一个专有名词而是一个社会的分类，并且因此成为一种可以被许多分歧和冲突的方法来解释的能指时，考虑一下这种询唤和误识的力量"[①]。阿尔都塞对拉康理论的利用，就集中在"误识"上，因为误识的出现证明想象域未必会马上服从法律。

但是，巴特勒对想象域的反抗总是抱着一种怀疑的态度，因为想象域是在律法之外的，巴特勒认为不可能在法律之外进行有效的反抗，所以想象域虽然可能阻碍法律的效应，但它无法对其进行重新表述，不能真正改变法律。巴特勒在这一点上是同意福柯的，福柯与拉康的理论的不同之处在于，他认为反抗恰恰来自反抗所要反对的那种权力。当拉康把社会权力的范围限制在象征域，把反抗的范围限制在想象域之中的时候，福柯却将象征域看作一种权力的关系，反抗是权力本身的结果。福柯由法律的话语进一步走到了权力的话语，所以对福柯来说，象征域生产了它自己的颠覆的可能性，这些颠覆是象征性询唤所未曾预料到的结果。

巴特勒对福柯进行了某种补充，她认为，主体是以对自身的重复或重新表达为主体的，这种对重复的依赖也可能使主体呈现出不一致、不完全的情形。所以，"这种重复，或者更准确地说，重复性（iterability）

---

① ［美］朱迪斯·巴特勒：《权力的精神生活：服从的理论》，张生译，90页，南京，江苏人民出版社，2009。

成为进行颠覆的'无地之地'(non-place)"①。在那里，巴特勒有可能对主体化的规范进行重新表述，修改其方向。比如，上一章提到过的"酷儿"这个词的用法和含义的演变，就是一种重复划界(reterritorialization)。

因为反抗的可能性就内含在权力之中，所以我们要想办法使权力运转起来。福柯倡导的不是主体性的解放，而是主体性的生产。福柯在《性史》中引入对性象的思考后才寻找反抗的可能，巴特勒认为，在《性史》中，法律的压抑作用恰好是通过它自己变成性欲投注和刺激的对象而遭到削弱的。在福柯看来，主体是被形成的，被权力授予性征，主体通过对某种欲望、性征的禁止而形成。性一旦和身份连在一起，就要被削弱。

但是，巴特勒并不像福柯这般消极，她认为福柯没有看到，即便是最有害的术语都是可以重新占用并重新指称的。"通过占有那个有害的术语，并被它占有，我才能抵制和反对它，重新改造那个把我建构为我所反对的权力。"精神分析的用途在这里显示出来，服从将成为反对服从的源泉。"那种对一种有害的询唤的依恋，经由必然是异化的自恋，成了一个条件，在这一条件下，重新指称那种询唤成为可能。"②这样的无意识，是内在于权力之中的，对呼召的重新指称，也只能在权力中进行。

在巴特勒那里，身份，一方面是伤害；另一方面也暗示着重新指称的可能，改造对服从的依恋。当然我们依然要承认，这种反抗，如果没

①　[美]朱迪斯·巴特勒：《权力的精神生活：服从的理论》，张生译，93 页，南京，江苏人民出版社，2009。

②　同上书，98 页。

有对服从的依恋，或许真的不可能成功。

(四)服从的非反思性与去主体化的未来

为了进一步说明服从是如何形成主体的，巴特勒再次开始了对阿尔都塞的主体质询理论的批判性阅读。在她看来，主体的形成需要对法律的顺从，这产生了对顺从的需要，而这种需要来自内疚，那么内疚又是如何形成的呢？巴特勒对阿尔都塞的评述，依旧紧紧抓住了服从如何产生的问题。

巴特勒指出，在转向法律的询唤之前，被召唤的人并没有来得及弄清楚自己转向的原因，以及自己为什么要接受呼叫的术语。也就是说，对质询的转身呼应是一种非反思的行为。"这意味着，面对法律的敞开或脆弱性，先于对法律的批判性的理解的任何可能性"①，并且在接触到法律之前，"内疚"已经形成，对法律服从的欲望，与法律形成了共谋关系，这限制了对法律的反思。主体的"我"必须依靠这种共谋关系形成，从而隐藏起良心产生的历史，所以"除非那个提供了这种批评的人愿意被他或她所履行的批评所解体，对法律的批判性的回顾将不会揭开良心的力量"②。

对身份的承诺导致了转向，这种转向是强制性的，而不是呼召这个动作带来的。询唤学说预设了一种良心学说，并且预先抑制了批判的可能。阿尔都塞举了基督教的例子，说明那个神圣的声音如何在命名中形

①　[美]朱迪斯·巴特勒：《权力的精神生活：服从的理论》，张生译，105页，南京，江苏人民出版社，2009。

②　同上书，105页。

成主体，阿尔都塞认为这是意识形态建构主体的过程。在阿尔都塞的描述中，这种声音似乎是不可抗拒的。先有命名，才有主体——召唤创造了它命名的东西，好像没有这个名字，就不会有这个被称呼的东西。这似乎意味着，在转向之前，被召唤的人已经屈服了，"转向仅仅是一个不可避免的屈服的符号，和可能的被召唤者一样，通过这个符号，一个人被建立成定位于语言中的主体"①。因为在叙述的语法中，我们假定主体先于服从，所以这种屈服使主体形成的过程成为一种"悖论"，成为难以叙述的前历史。

巴特勒解读了被呼召的人为什么会转向：对律法的转向，是一种被权威注视的欲望，也是一种去注视权威的欲望。巴特勒指出，这个面孔，是一种"声音的镜像"②，通过拉康式的"误识"，使主体获得社会性。而作为主体的存在，似乎要通过对法律之内疚的接受才能取得。内疚，成为法律干涉成功的保证，从而实现了主体的存在。

阿尔都塞看到了意识形态部分是通过"良心"发挥作用的。良心是一种约束，向自身转回就是一种自反性，与向法律的转向一致。对此，巴特勒明确地指出，内在化和外在化的区分无助于真正理解这种自反性，因为这种区分会遮蔽良心对主体的先在性，主体的"内在"并不先于良心的形成。"这种自我约束并不能把一种外在的法律内在化：内在化的模型理所当然地认为，'内在'和'外在'已经形成。相反，这种自我约束先

①　［美］朱迪斯·巴特勒：《权力的精神生活：服从的理论》，张生译，108 页，南京，江苏人民出版社，2009。

②　同上书，108 页。

于主体。"①

与拉康一致，阿尔都塞认为"良心"与"正确的言谈"（speaking properly）是联系在一起的。良心和熟练技能的获得有关，即学习怎样进行言谈才是合适的、正确的。通过这种语言技能的再生产，主体的再生产才得以发生。阿尔都塞将这种对语言的掌握描述为一种屈服（submission），并指出对意识形态的"做法"掌握越多，服从也就越充分。关键的是，屈服与控制是同时的、同体的，这是主体出现的可能条件。屈服先于主体，为了成为主体的那个"谁"（who），阿尔都塞暂时用"个体"（individual）代替。在阿尔都塞那里，社会关系的再生产先于这个过程中形成的主体，"这种社会关系的再生产，这种技能的再生产，是服从的再生产"②。劳动被"良心"道德化了，对技能的掌握是对"自己的偿清"，是"被告无辜的声明"。成为主体，就是不断地免除自身有罪的谴责的过程，是一个不断地再生产的状态。内疚，形成了对律法的一部服从的史前史。这是一个有罪、服从、掌握技能、拥有社会身份从而形成主体的过程。并且，掌握技能，不只是一种简单接受，还是再生产技能，不是只按照既有的规则去行动，而是在行动中将规则表达、生产出来。一种"赦免自身"的冲动导致了这种再生产，这是一种精神维度。

巴特勒指出，学者多拉认为阿尔都塞和拉康之间应该存在着一种互补，因为阿尔都塞没有将精神与社会实践分离开来考虑。多拉认为阿尔都塞虽然涉及想象域，但没有理解"真实域"（the Real）包含着的一些无

---

① ［美］朱迪斯·巴特勒：《权力的精神生活：服从的理论》，张生译，111 页，南京，江苏人民出版社，2009。

② 同上书，113 页。

法主体化的东西，个人的有些东西是无法进入主体的。多拉认为，在主体形成后，某种前主体的东西还是会存在于主体性中的，多拉称之为"原生物质"，它是非物质的，无法在物质性范围中出现。多拉批评阿尔都塞，认为后者没有看到询唤只能部分地解释主体的形成。象征域与精神领域是不同的，"这种精神领域与社会性不同，而且被定义为社会性的观念所无法考虑的剩余物"①。但是巴特勒指出，在多拉那里，还有一种笛卡尔式的对内在性（主体性）和外在性（外在于主体的物质）的区分。而阿尔都塞的贡献恰恰在于削弱传统马克思主义假定的物质基础和上层建筑的二分，坚持了意识形态的物质性。

多拉还认为，真实域，是内投作用的界限，限制了物质化，同时也限制了主体化。他认为阿尔都塞用宗教仪式来说明信仰的形成是一种颠倒，信仰是先于仪式的。巴特勒指出，实际上，多拉的批评假设了仪式之前的主体的存在，主体存在了，主体的动机才出现。巴特勒追问，这个同意的主体是如何形成的呢？巴特勒认为，多拉那里还有对惯常的语法规则的追求，它要求有一个先在的主体的本体位置。但是，在阿尔都塞和拉康那里，对语法规则的预期实际上是在事后安排的，语法由叙述本身产生。或者从维特根斯坦的角度来说，在仪式中，"在我们跪下之前我们一定不会首先相信，在我们说话之前也不知道词句的意义"，在"表达中并且通过表达本身，意义将会到来"②。"同意"下跪与下跪这个仪式本身，并不是分离的。巴特勒指出，在阿尔都塞那里，观念与仪式

---

① ［美］朱迪斯·巴特勒：《权力的精神生活：服从的理论》，张生译，116 页，南京，江苏人民出版社，2009。

② 同上书，119 页。

是不可分的，观念不可能拥有一种仪式外的存在。

多拉想诉诸一种外在于法律的爱，去反抗询唤，他认为爱能超越仪式化的法律。巴特勒看到，在他所说的爱的强制性特征中，询唤似乎不会失败。但实质上，投入爱情与下跪祈祷实际上是一样的。对法律的热情和爱，是不会超越询唤的。反倒是将爱的结构置于社会之外，有将爱的社会属性变成一种永恒不变的精神现象的危险。我们要真正造成"询唤"的失败，不能诉诸一个外在于社会结构的结构。

巴特勒同意阿尔都塞的质询先于主体的理论，但是她认为阿尔都塞没有说明先于质询的"良心"的作用。巴特勒想说明阿尔都塞的文本是怎样被包含在"良心"中的，询唤又是如何通过宗教的例子被描述的。阿尔都塞所说的宗教的例子，原本只想作为说明性的例子使用，但是巴特勒敏锐地发觉，宗教权威的声音使这个例子成了典范性的例子，"通过例证把假定的神圣的命名力量延伸到那个把主体呼召进入社会存在的社会权威身上"①。阿尔都塞的文本，在无意中卷入了对宗教权威的"一种意识形态的神圣化之中"，这很可能会削弱反抗的可能性。

那么，有没有可能出现一种新的转向，超过、反对法律，揭露出法律并非如它看起来那么有力？巴特勒认为，这种转向需要一种不存在的欲望，一种批判性的去主体化。"这样一种转向需要一个不（not）去存在的愿望——一种批判性的去主体化。"②存在的欲望总是被各种法律利用，去维持我们的屈从地位，而实际上我们可以去寻找另一种存在的可

---

① ［美］朱迪斯·巴特勒：《权力的精神生活：服从的理论》，张生译，110 页，南京，江苏人民出版社，2009。

② 同上书，125 页。

能性，因为任何特定的询唤实际上都无法穷尽"存在"。这种询唤的失败，可能会削弱主体的自我认同，但是，"它通向一个更开放的、甚至更为道德化的存在，它属于未来或者通向将来"①。

三、精神的社会之维

对黑格尔、尼采、阿尔都塞、福柯、拉康的理论反复兜转解读之后，巴特勒对几位哲学大家的思考方式进行了总结，

> 在黑格尔看来，转回到自身标明着自反性的禁欲和怀疑主义的模式，它标注着苦恼的意识；在尼采看来，转回到自身标示着一个人对已经说或者做的事情的一种否认，或者暗示了在面对一个人已经做的事情时，由于害羞所产生的一种后退。在阿尔都塞看来，这种行人转向法律的声音的转向同时是反身的（成为主体的这一刻，它的自我意识是被法律所调节的）和自我抑制的。②

可以看到，在阿尔都塞这里，巴特勒开始触及意识形态、社会关系的再生产等问题，她肯定阿尔都塞将精神与社会实践结合起来考虑的做法。在接下来对主体形成问题的讨论中，巴特勒越来越多地涉及主体的社会

---

① ［美］朱迪斯·巴特勒：《权力的精神生活：服从的理论》，张生译，126 页，南京，江苏人民出版社，2009。

② 同上书，164 页。

维度，她认为，主体精神世界的塑造，与社会制度的维持是一体的，主体的精神性总是和社会性紧紧地联系在一起的。

(一)抑郁症与自我申诉的形成

精神分析理论是巴特勒常常采用的资源，特别是弗洛伊德的性别抑郁理论，巴特勒将这种理论运用于解释社会主体的生成上。巴特勒认为，通过对抑郁的考察，我们可以观察到社会的疆界是如何被建立和维持的。主体的精神性和社会性是不可分的，两者的疆界并非那么泾渭分明。为了说明这一点，她首先挑战了主体的"内在"和"外在"的区分。

在巴特勒看来，抑郁也是和"转向"的描述有关的，转向似乎假定了一种外在和内在的区分。在弗洛伊德对抑郁症的描述中，转回自身的自我是这样的，"一旦爱（love）未能发现它的对象，取而代之的是，它不仅把它自己当做一个爱的对象，也将其当做侵犯和仇恨的对象"[①]。并且，当这种依恋的目标从对象转向自我的时候，爱变成了恨，变成了一种"好像是"的内在的心灵世界，自我在这个过程中作为一个精神的对象被生产出来。自我取代了对象，是对遗失的回应。但是，巴特勒指出，这种替代未必会成功，可能会导致矛盾，这就是抑郁症的特征。无意识总会造成自我的断裂，因为对自我的转向并没有真正补偿那种丧失，对象并没有得到恢复，反而使遗失成为自我出现的一种条件，"成为从开

---

① ［美］朱迪斯·巴特勒：《权力的精神生活：服从的理论》，张生译，164 页，南京，江苏人民出版社，2009。

始就作为建构性的和可承认的萦绕着它的一种遗失"①。也就是说，抑郁症的存在，证明宣告对象的遗失是不可能的，抑郁症，实际上是不能公开承认的遗失的结果。

值得注意的是，在这个过程中，是转向促成了内在和外在的区分，而不是先有了稳定的内、外区分，才有转向。自我不是先于忧郁的，而是相反，"这种从对象到自我的转向，是使它们之间的区分成为可能的活动，它标志了这种区分、分离或遗失，它首先形成了自我"②。

巴特勒需要进一步解释的是，抑郁症是怎样影响了内在世界的生产的，是如何建构了一套精神上的地形学的。以往的心理学话语，假定了一种内在世界的地形学上的稳定性，巴特勒并不同意这一点。我们来看一下她是如何论证精神世界和社会世界之间的疆界的不稳定性的。

从地形学的角度来说，巴特勒认为用抑郁症来解释精神的形成，是一种空间化的比喻。巴特勒再次回到了弗洛伊德对悲痛和抑郁进行的区分，"在忧郁症③中，那人所代表的理想似乎是不可知的；在悲痛中，那人，或者代替了那人的理想和造成了那人的遗失的东西，是不可知的"④。也就是说，在抑郁症中，我们无法知道理想是什么，无法知道自己失去的是什么。而对于悲痛，我们无法知道失去的人是谁。悲痛中断了与对象的关系，而抑郁则创立了一种内在的地形学。在这种向内退

---

① ［美］朱迪斯·巴特勒：《权力的精神生活：服从的理论》，张生译，165 页，南京，江苏人民出版社，2009。
② 同上书，166 页。
③ 即抑郁症，后同。
④ ［美］朱迪斯·巴特勒：《权力的精神生活：服从的理论》，张生译，168 页，南京，江苏人民出版社，2009。

回的过程中，抑郁症才获得一种有意识的方式，自我就因为这种退回才被表现。"自我和超我之间的地形学的差别预示了它自身是依靠忧郁症的。"①通过抑郁症，精神生活才得以表达。自我，是以迟到的方式出现的。我们看到，弗洛伊德是将良心作为自我产生的主要机制之一来提及的。巴特勒对抑郁症有一个比较清晰的描述，

> 忧郁症描述了一个最初的外在的对象被遗失，或者是一个理想被遗失的过程，而且，对打破这样一个对对象或理想的依恋的拒绝，导致了这种对象回撤进自我，自我替代了对象，一个内在世界建立起来，在其中批评的能动性被从自我中分离出来，并且继续把自我当成它的对象。②

在抑郁症中，被放弃的对象成为一种丧失，为了解决这种丧失，对象被投射到自我中，内化了他者的自我总是被他者批判着，但是这种批评却被看成是由自我的自由意志发出的。批评的能动性似乎很像自我对对象的谴责，其实不然。所以，自我在这个过程中分裂了，

> 自我"被认同改变"，换句话说，是由于吸收了对象或者是把它自己的投注拉回到它自身而改变。但是，这样一种认同的"代价"

① ［美］朱迪斯·巴特勒：《权力的精神生活：服从的理论》，张生译，171 页，南京，江苏人民出版社，2009。
② 同上书，173 页。

是，自我分裂为批评的能动性，和作为批评与判断的对象的
自我。①

自我与对象的关系，在外界丧失之后，又重新在自我中出现，并且是以
自我申诉的方式出现的。

(二)揭示精神的社会维度

那么，这种抑郁是如何生产的呢？巴特勒认为这要从社会角度来理
解。在她看来，抑郁症是被社会文化生产出来的，但生产出抑郁症的社
会世界被精神遮蔽了，在返身向内的过程中，精神领域实际上已经被社
会世界所席卷。抑郁所生产的是一个被斥责的自我，这个主体的批评之
能动性被视为"良心"。在抑郁的生产中，抑郁症患者不单单从意识中回
撤了被遗失的对象，而且，他们同样把一种社会世界的结构回撤进精神
中。在努力地消除遗失的过程中，精神世界把社会世界回退到自己之
中。在良心的作用下，抑郁症倾向于不断地谈论自己，却拒绝谈论遗失
的他者，而"对表达的压制越强烈，对良心的表达就会越强"②。弗洛伊
德认为，在抑郁症中，有一种对遗失的遗失，遗失不被察觉——"我没
有遗失任何东西"③，这种不可表达、无法言说的遗失，变成了我们所
说的"良心"。所以，对于理解精神和社会的关系来说，良心是一个关

---

① ［美］朱迪斯·巴特勒：《权力的精神生活：服从的理论》，张生译，174 页，南
京，江苏人民出版社，2009。

② 同上书，176 页。

③ 同上书，176—177 页。

键。因为社会的权力，通过良心去管制什么样的遗失是可以被忧伤的，什么样的遗失又是不可以的。巴特勒称之为一种"良心的内在的暴力"①。

弗洛伊德后来明确地说明了良心的运作方式，即超我用"自我理想"衡量自我。② 和这种理想相比，自我被发现是无力的，而且，自我所经历的"遗失"是它自己和判断它的理想之间的一种不可衡量性。那么，这种理想来自何处，是不是应该从外在的社会规制和规范性来寻找原因呢？巴特勒认为，这种自我理想是具有社会性的，它要在社会生活中被理解。

抑郁的社会维度在于，社会文化规范控制着什么是不能言说的丧失。在抑郁症那里，那些不能言说的丧失总是控制着抑郁症患者的言谈，某种不可表达性恰恰控制着表达性。抑郁症似乎沉淀于某些不可告人的不可见的东西中，却同时又具有外向的特征，不断地进行言谈。谈论自己取代了谈论他者，这说明遗弃已经被自我申诉所代替。自我，也被道德化了。巴特勒要解决抑郁状态，只能使这些丧失有得到表述的机会，所以巴特勒进而追问，"什么样的条件使对遗失的忧伤成为可能，或者使不为遗失感到忧伤成为可能呢？"③并且，我们应该如何面对丧失，如何面对忧郁症呢？怎样使那些不被悲痛的遗失得到宣告呢？

我们看到，巴特勒又一次隐隐地开始了对能动性、自由意志问题的

① ［美］朱迪斯·巴特勒：《权力的精神生活：服从的理论》，张生译，177 页，南京，江苏人民出版社，2009。

② 参见［奥］弗洛伊德：《弗洛伊德后期著作选》，183 页，林尘等译，上海，上海译文出版社，1986。

③ ［美］朱迪斯·巴特勒：《权力的精神生活：服从的理论》，张生译，180 页，南京，江苏人民出版社，2009。

思考，她发现"自我"只有在与外在世界发生关系的时候才有出现的可能，主体不可能自主地生产出自己，抑郁症对他者的内化揭示的是，自我需要他者的存在才能出现，自我是以他者的存在为条件而成为可能的，虽然之后出现的、主体对自我的自主权的接受会掩盖这一点。而这个他者，不仅仅可以是精神分析理论所说的母亲，还可以是"一种理想、一个国家、一个自由的概念，在其中这样的理想的遗失被良心的内在化的理想性所补偿"①。巴特勒要去寻找那个在主体形成中被遮蔽的东西，去寻找那个不同以往的谱系，这个谱系可以解释出那些不能言说的丧失是如何存在于人的精神世界之中的。

巴特勒承认，遗失作为一种暴力影响着主体的形成，社会性被转向到精神，将自己的痕迹留在良心中，或者说，隐藏在良心中。良心其实无法说明社会管制，相反，它是社会权力自我掩饰的手段。巴特勒用一种辩证的、迂回的语言得出结论——"训唤是通过失败工作的，就是说，它把它的主体制定为一个能动者，恰恰是在某种程度上，它无法及时彻底地确定这样一个主体"②。我们将主体看作一个完全的能动者注定会失败，因为主体在形成时，已经将社会权力内化于精神之中了。

揭露这个过程的意义在于，一旦看到了这个"转向"的过程，我们就会发现精神的形成是通过这个过程形成的，而不是对社会术语的简单内化。我们已经很难看到权力的明显的管制方式，但是权力却通过变成那个询唤的声音，对我们的精神进行管制。权力是以回撤的方式，通过精

① ［美］朱迪斯·巴特勒：《权力的精神生活：服从的理论》，张生译，188 页，南京，江苏人民出版社，2009。

② 同上书，189 页。

神管制来形成主体的。社会权力以消失的方式，成为遗失的对象，于是"一种忧郁症，把权力重新生产为对自己说话（转向自己）的评判的精神的声音，因此，同时把自反性仿造为服从"①。这种服从，是看不到外在强制手段的服从，是一种仿佛来自自由意志，实际上却是社会权力作用下产生的服从。通过对自反性的解读，巴特勒一步一步地揭示出权力之隐秘的手。并且指出，自我中永远都有社会的残余物。

在巴特勒看来，权力既让我们出现，又压制着我们。用她的话来说，这个过程即，

> 被强加于一个人的权力是那种激发一个人的出现的权力，而且，似乎无法逃脱这种矛盾。实际上，似乎不存在没有矛盾的"一个人"，就是说，成为一个自我，必须进行虚构的自反，排除严格认同的可能性。因此，最后，如果没有作为社会性的裁决的遗失，就没有矛盾，在它出现的地方，它留下了转向的痕迹。②

小　结

在《权力的精神生活》中，巴特勒通过对黑格尔、尼采、弗洛伊德和阿尔都塞的理论的分析，试图说明主体如何内化了权力所设置的标准，

---

① ［美］朱迪斯·巴特勒：《权力的精神生活：服从的理论》，张生译，189 页，南京，江苏人民出版社，2009。

② 同上书，190 页。

从而挑战了主体的自足性。通过巴特勒，我们进入这个福柯—阿尔都塞的权力理论加拉康化的弗洛伊德主义的女性主义世界：巴特勒用福柯的规训式的权力理论与弗洛伊德的抑郁症心理学，以及尼采的道德谱系学来解读黑格尔的苦恼意识理论，将现代女性主体的强制差异化即异性恋而拒绝同性恋这种被迫的认同视为一种精神抑郁症。女性政治与对权力的精神生活分析，以及对资本主义生产关系的日常生活分析，仍然是一个未完成的任务。巴特勒的这本书的全部观点可以概括为一句话：服从意味着被权力屈从的过程，同时服从也是成为一个主体的过程。

如果将阅读分为接受式的阅读和批判式的阅读的话，巴特勒对各个哲学大家的阅读明显是一种批判性阅读。一般来说，批判性阅读是一种强力阅读，因为这一阅读的根本并不是为了还原作者的理论，而是为了在一种强力性的阐释中，甚至在一种合理的误读中打开通向自身理论建构的道路。① 通过与精神分析理论的结合，巴特勒认为抑郁是精神的内在世界被生产之处，界划着精神之内外，以及精神与社会之边界。主体的精神世界是由社会世界的权力运作决定的。在抑郁中，自我不仅内化了失去的客体，还内化了特定的社会形塑。② 良心被建构成一种社会习俗，批判着个体，就像社会机构评定着社会中人的行为一样。于是，主体的良心与社会权力决定哪些失去应当悲痛，哪些不该。③

---

① 参见吴琼：《雅克·拉康：阅读你的症状》上，22页，北京，中国人民大学出版社，2011。

② Judith Butler，*The Psychic Life of Power：Theories in Subjection*，Stanford，Stan-ford University Press，1997，p. 181.

③ *Ibid.*，p. 183.

特别要指出的是，巴特勒还揭示出了权力的隐蔽性。在《权力的精神生活》中，巴特勒挑战了自足的主体的存在，认为主体只有对失去的他者产生认同才能形成。巴特勒认为，主体的存在依赖于对他者的需要，比如，婴儿对照顾他的人在肉体和情感上的依赖。因此所有的主体都是作为与他者的接触和依赖的结果出现的，但这种与他者的基本关系是被压抑的。用精神分析的话语来说，这是被取消的（foreclosed），虽然它会一直纠缠着主体。它被存放在无意识中，因此不会被意识检验到。所以，无意识不一定是反抗的场所，反而可能是权力用来隐蔽自身的工具。所以巴特勒对精神分析所推崇的无意识的反抗作用，抱着审慎的态度，她总是在思考——

　　如果我们的认同"失败"了，那么这些失败会不会为一种颠覆性的认同的重构提供机会？或许这些重构会以尽可能颠覆的形式，结束认同这种以自己的方式形成的压迫性。我们如何才能分辨哪些是颠覆的而哪些又是巩固了权力的行为呢？我们又在何种程度上能够"行使"我们在认同上的选择权呢？①

虽然如此，巴特勒仍以她特有的可贵的乐观精神指出，对权力的认同未必总能取得成功。认同的失败之可能蕴含着某种反抗的可能，和福柯一样，她想寻找当压抑的规训机制作用于客体的时候所产生的那些过

---

① Judith Butler, "What is Critique? An Essay on Foucault's Virtue," in David Ingram (ed.), *The Political: Readings in Continental Philosophy*, London, Basil Blackwell, 2001, p. 20.

剩，因为她也认为这个压抑机制本身为抵制提供了空间。① 巴特勒比福柯更乐观的地方在于，福柯虽然认为，抵制在权力的内部被生产出来，但是这种抵制是被权力事先选择好的，是权力可以控制的，并不能严重地摧毁制度。而巴特勒却认为在一种权力制度中产生的那些抵制的过度发展，是可以导致这个体制自身的最后崩塌的。巴特勒虽然以福柯对主体的形成与述行式的规训的关系作为自己理论的出发点，但是她还运用了其他理论体系，如黑格尔的理论、精神分析的理论、阿尔都塞的意识形态理论等来进行一种理论的再创造，去超越福柯的理论，寻找权力的裂隙所在。

这种再创造表现在对经典理论的再解读上，正所谓"哲学就是哲学史"。如齐泽克指出，在巴特勒对黑格尔的主奴辩证法的解读中，她认为奴隶越是用人，就越认为或误认为自己是作为自主性的行为者存在的。所以，主体和制度之间的关系也可以这么说，

> 官僚的/象征性的制度不仅使主体降格为它的喉舌，而且要求主体否认他只是它的喉舌这一事实，并要求主体（假装）作为自主的行为者——一个具有人性的人，而不仅仅是一位姓名不详的官僚——来行动。②

通过对经典学说的解读，巴特勒揭示出了自主性的幻觉，但并不认为主

---

① 参见［斯洛文尼亚］斯拉沃热·齐泽克：《敏感的主体——政治本体论的缺席中心》，应奇等译，291—292 页，南京，江苏人民出版社，2005。

② 同上书，296 页。

体的抵制不能破坏这个象征性的制度。她认为可以通过对权力的述行性的移置来扰乱这个制度的运作，譬如，语言的不断使用会产生再赋义去修正语言原有的含义。从精神分析的角度来说，抑郁与良心虽然是权力制度的产物，但它也是权力被动摇的场域。她认为，

> 忧郁症是一种已经被镇压、被粉碎的反抗。然而，它不是一个静态的东西；作为一种由于偏差而发生的"作用"（work），它持续进行。在精神的运作中，仿佛表现的是国家权力抢先制止一种反抗的愤怒。忧郁症患者的"批评的能动性"同时是一种社会的和精神的手段。①

良心虽然可以看作是国家权威在国民心中的巧妙内置，但也可能是国家的权威消失的地方，因为在这里，国家作为外在的形象消失了。"形成主体的过程是一个使国家的恐怖的权力隐形的过程——作为良心的理想，它是看不见的——而且是有效的。"②这种对权力的吸纳，也是重新表述的场所，既是一种完成，也可能是一种摆脱的可能。

我们看到，从承认到服从，从苦恼到抑郁，从斗争到反抗，巴特勒将黑格尔的苦恼意识理论转换成为后现代语境下的抑郁理论，将科耶夫的主奴辩证法的启蒙解放叙事逻辑转换成为服从的政治这种新的现代性压迫形式。可以说，这是一种对启蒙主义的深度异化与自反性的深刻批判，不再是传统意义上的解放政治，而是一种承认的政治、服从的政治。

---

① ［美］朱迪斯·巴特勒：《权力的精神生活：服从的理论》，张生译，183 页，南京，江苏人民出版社，2009。
② 同上书，183 页。

第五章

走向激进民主政治实践

在《性别麻烦》、《身体之重》和《权力的精神生活》中，巴特勒以对主体形成的思考为主轴，对性、性别、精神与权力的关系进行了论述。在这三本书以及相关的文章中，我们对她的主要观点和理论疆域有了一个基本的了解。她之后的著作，有的是对这三本书中的理论进行拓展和反思，比如，《令人激动的言辞》对述行性理论的进一步思考，将述行性理论与阿尔都塞的质询理论进行了更深入的嫁接；《安提戈涅的诉求：生与死之间的亲缘关系》，巴特勒在这本书中继续同传统女性主义理论、异性恋规范和弗洛伊德的精神分析理论进行论战；《消解性别》，这本书对性别问题进行了更深入的讨论。更重要的是，巴特勒之后的著作有明显的转变，即她越来越多地关注现实世界的政治问题，在与拉克劳、齐泽克合著的《偶然性、霸权和普遍性——关于左派的当代对话》中，她提出了文化翻译在全球化语境中的重要作用；在《危弱不安的生命：哀悼与暴力的力量》中，她对"9·11"事件之后的美国政治进行了反思，在与斯皮瓦克合著的《谁为民族国家歌唱：语言、政治、归属感》和《战争的框架：不值得悲悼的生命政治学》中，她努力为那些被排斥的生命寻找生活的可能性。如巴特勒自己所说，她处在学院之中，但又在学院之外过着生活。巴特勒不仅是一个用抽象的语言论述学术问题的学者，还是一个活跃在社会运动中的活动家，所以，我们要了解巴特勒，不仅要了解她艰涩的理论，也要看到她的现实关怀。本章的主要任务，就是讨论巴特勒如何将她复杂迂回的理论用于对现实生活的思考，我们会看到，她在面对社会政治斗争的过程中，走向了激进民主政治实践。

一、重思可能性[①]

巴特勒是一个具有很强的理论生产力的学者，表现之一就是她将对性别问题的思考推进到更为广阔的政治理论实践中去。在她看来，"女性"不仅仅是一个需要通过批判性思考而不断解构和建构、冲突和融合的永恒的命题，性别差异伦理并非专属女性主义内部的命题，还是一种

---

① 此节的部分内容已以前期成果的形式修改发表于《广西师范大学学报（哲学社会科学版）》2015年第4期，发表时文字有改动。

"如何冲出他者的牢笼，在保持政治立场的同时永不停止的思考"①。不管是对性别问题的思考，还是对种族、阶级问题的介入，巴特勒在思考的，总是那些被排斥的边缘人群的生存问题，她为他们寻找一种生活的可能性，这成为巴特勒不断寻找规范权力的裂隙的动力。在《权力的精神生活》出版之后，巴特勒越来越多地转向对怎么才能创造一种宜居的生活的思考，这使她转而思考人的问题，巴特勒甚至转向到了伦理学方面的思考。但巴特勒的关注点仍然是规范的暴力与文化的可理解性之间的关系，即文化上特定的规范是如何界划了谁是可以被承认为一个主体的，谁是可以过上一种值得过的生活的。不过，巴特勒把这种思考放在人类生存的层面来讨论，她要问的是——人类需要什么样的必要条件才能拥有多元化的生存方式的可能性呢？

(一)对规范暴力的批评

早在《性别麻烦》中，巴特勒就开始了对规范的省思。英国学者卡弗就认为，如果从对"规范的暴力"(normative violence)的理解的角度去读《性别麻烦》的话，我们可以将其看作一本政治学理论的书，而不仅仅是一本关于性别理论的书。他认为，巴特勒 1999 年为《性别麻烦》所写的序言，已经勾画出此书的政治学语境。在卡弗看来，打开性别的可能性不一定要从性别的多元性来理解，也不仅仅与异性恋规范(heteronor-

---

① Judith Butler, "The End of Sexual Difference,"*Feminist Consequences：Theory for the New Century*, ed. by Elisabeth Bronfen & Misha Kavka, New York, Columbia University Press, 2001, p. 418. 转引自王楠：《性别与伦理——重写差异、身体与语言》，载《妇女研究论丛》2013 年第 6 期。

mativity)的问题联系在一起，还要与不规范的性属的生存状态联系在一起。卡弗认为，巴特勒已经将性别问题拓展到对生存可能性的思考之中，她将性别的可能性与"规范的暴力"这个概念联系在一起。① 巴特勒所提出的"异性恋矩阵"定义了能在社会上、文化上一致被承认的那一类人，在这个矩阵之外的人是没有文化上的可理解性的，是被拒斥的生命。这种异性恋规范的框架生成了一种严格的观念，即什么构成了拥有正常的性和性别的生命。在巴特勒看来，定义了性别的规范用不同的方法建构了主体，因此性别规范有时会毁灭一个人的人格，毁掉其过去一种有价值的生活的可能。② 在《消解性别》中，巴特勒对那些被规范拒斥，在文化上是不可见的人进行了描述，指出"新性别政治"（"New Gender Politics"）的出现引起了她对性别问题的诸多新思考。③ 比如，巴特勒对管理人类解剖学工作的规范进行了考查，认为这种工作剥夺了具有两性性器官的阴阳人的选举权，因为主导性的形态学想象没有双性人的空间。这一类人为了成为"自然"的人，要么进行纠正手术，要么继续拥有一个不可想象的身体，这就是他/她们的选择。④ 在《消解性别》中，巴特勒特别考查"性别不安"（gender dysphoria）标准在美国的使用情况，她发现这个标准不仅仅用来诊断易性癖，还用来检查青少年中的

---

① Samuel Allen Chambers and Terrell Carver, *Judith Butler and Political Theory*: *Troubling Politics*, New York, Routledge, 2008, p. 76.

② 参见[美]朱迪斯·巴特勒：《消解性别》，郭劼译，1页，上海，上海三联书店，2009。

③ 同上书，4页。

④ 同上书，58—65页。

同性恋状况。①

在巴特勒那里，"规范的暴力"表现为，规范定义了谁是文化上可见的，谁又是不可见的。实际上，在《性别麻烦》中，她已经开始了这方面的思考；在《身体之重》中，她已经对"社会死亡"现象进行了批判；到了后来的《消解性别》，这种思考才越来越清晰，她也开始了对宜居性（liveability）的考查，将性与性别的问题和持续生存的问题联系在一起，从而走向了一种她称为"生命政治学"（a politics of human life）的政治。她并不是要崇尚差异，并不是要宣扬不一样，而是要建立一种能维持生命、反对同化、具有包容性的条件。② 这是一种政治上的需要，重思可能性使那些被规范所驱逐的生命获得承认，使那些不合规范的身体得以存活，同样的，关于亲属关系和婚姻，她考虑的是，对于那些在性别上外在于婚姻关系以及相关的亲属关系的人来说，什么样的性别规范的重新组织是必要的，是能使他们自由获得社会和文化的承认的。③ 对性别规范的颠覆问题，应该被理解为如何使有价值的生活的可能性最大化，如何使不可忍受的生活的可能性，或者说社会或者文化上的死亡最小化。

在《消解性别》中，巴特勒将她对性别的思考推进到更加开阔的对"规范的暴力"的反思中，这触及了规范暴力在种族与伦理框架中扮演的角色。早在《性别麻烦》中，她就说，

---

① 参见［美］朱迪斯·巴特勒：《消解性别》，郭劼译，5页，上海，上海三联书店，2009。

② 同上书，3—4页。

③ 同上书，5页。

努力把"他者"文化纳入一个全球一体的阳具逻各斯中心经济，作为它多样化的引申，这是一种巧取豪夺的行为：它的危险在于重复了阳具逻各斯中心经济自我膨胀的作为，把那些原本可以用以质疑一统化概念的差异，殖民于同一的符号（the sign of the same）之下。①

这种行为，就是规范的暴力。

对可能性的重思，使巴特勒将她在性别问题中所揭示的规范力量运用到其他问题中，她发现仅仅思考性别、同性恋问题是不够的，所以进而思考"人的范畴"，去追问"什么是人？什么构成人？进而什么样的生命算是生命？"以及"什么造成了悲惨生活？"②值得注意的是，巴特勒对女性问题的思考不仅仅局限在性别问题中，如果仅仅这样看待她的理论，会使我们看不到伦理、种族因素在性别问题上的影响。"拒斥"的力量不仅仅局限在性别问题上，还与"所有类型的、那些生命没有被认为是'活着'的和那些物质性没有被认为是重要的身体有关"③。

在对规范的暴力的反思中，巴特勒回到了她在黑格尔那里就开始思

---

① ［美］朱迪斯·巴特勒：《性别麻烦：女性主义与身份的颠覆》，宋素凤译，19页，上海，上海三联书店，2009。

② ［美］朱迪斯·巴特勒：《消解性别》，郭劼译，17页，上海，上海三联书店，2009。

③ Irene C Meijer and B Prins，"How Bodies Come to Matter：An Interview with Judith Butler，" *Signs*，Vol. 23，No. 2（Winter，1998），p. 281.

考的问题——承认问题。那些被规范的暴力所驱逐的生命，应该如何得到承认，以避免社会与文化意义的死亡呢？巴特勒继续发展了她在性别问题研究中就已经开始的对承认问题的思考。

（二）为了承认而斗争

在第二代女性主义浪潮之后，在女性主义领域，承认政治与身份政治是结合在一起的。在某种程度上说，巴特勒讨论的并不是简单的为女性争取平等地位的问题，她的关注点是考察如何为那些被规范所排斥的生命寻找社会文化世界的可见性，她考虑的是承认与社会规范的关系。在这一点上，她又一次回到了《欲望的主体》中所讨论的黑格尔。

承认是两个结构上相似的自我意识之间的斗争所产生的互惠过程。和她早期的理解一样，这也是一个超越自我的过程。在《消解性别》中，她认为黑格尔没有注意到两个很重要的点：一是，主体被承认为人的标准是"社会性地表达出来的，而且是可变的"①，她认为黑格尔忽略了主体形成中的社会维度；二是，她认为这个标准是通过排除某些有可能得到承认，可能作为人的个人来达成的，这引起了人类与非人类，以及以性、身体形态和种族为基础的"不那么像人"之间的差别。巴特勒认为，黑格尔没有注意到，承认的图景假定了一种文化规范，或者说一种规范的地平线，这种规范成为谁之后才可以成为人的条件。我们看到，巴特勒将承认与权力联系在一起，认为"如果我们可以运用的承认机制是通

----

① ［美］朱迪斯·巴特勒：《消解性别》，郭劼译，2页，上海，上海三联书店，2009。

过赋予或收回承认来'消解'(undo)这个人的话，那么承认就变成了权力运作"①。

在这个问题上，巴特勒又一次转向了福柯，因为福柯注意到了规范在建构主体性上扮演的角色。巴特勒认为，承认是一个对人进行区隔的过程，其基础是某种特定规范的运作，而这种规范规定了谁才算得上是人。并且，社会规范不是一个关于孤立的个体的问题，社会规范不仅仅决定了我可以成为什么，还首先决定了我是否可以承认他人，或者他人被承认。② 因为，并不是每个人都符合规范，并不是每个人都算得上在本体论上是真实的。

当某些生命被拒斥，暴力就发生了。这并不是身体上的、赤裸裸可见的暴力，而是上文中我们所讨论的"规范的暴力"，巴特勒也称之为"现实感丧失的暴力"(violence of derealization)③。当在文化的可理解性中某些团体不被认为是人类时，这种规范性暴力的形式就出现了，其运作一般有两种表现：一种是在话语的水平上④，另一种则是通过删除(omission)来实现。

这里，我们有必要区分一下禁制与抹除(prohibition and erasure)。

---

① ［美］朱迪斯·巴特勒：《消解性别》，郭劼译，2 页，上海，上海三联书店，2009。

② Judith Butler, *Giving an Account of Oneself*, Assen, Koninklijke Van Gorcum, 2003，p. 22.

③ Moya Lloyd，*Judith Butler：From Norms to Politics*，Cambridge，Polity，2007，pp. 144-145.

④ Butler, Judith, *Precarious Life：The Powers of Mourning and Violence*，London and New York，Verso，2004，p. 34.

禁制是能看到其所禁止的对象的存在的，而抹除就不是。比如，男同性恋被话语生产为禁制的目标，而女同性恋则连这种目标都不算，女同性恋被社会地抹除了。可见，巴特勒不仅仅认为压迫是通过明确的身体禁制来进行的，也是通过"抹除"这种隐蔽的方式进行的。通过生产一个不被思考，也不被命名的领域，压迫发生了作用。巴特勒认为，"抹除"是权力的结果，而不是通过话语起作用的工具。

莫娅·劳埃德认为，在巴特勒那里，对丧失现实感（derealization）的解读要通过两个平行的角度来达到，现实感的丧失是通过话语（discursive）和抹除的双重作用产生的，肉体暴力的行为往往与已经被文化所生产的思想是一致的。在巴特勒看来，去禁止某些权利，实际上是拒绝承认人之为人，比如，美国将恐怖主义推论为非人类，就是一种暴力，是通过拒绝他们的某些权利来达成的。①

这种抹除，意味着人的"社会死亡"，并不是话语命名了非人类，而是通过不去命名来制造非人类和非现实。比如，媒体往往不会对战争中平民目标（civilian targets）的被杀害以及社团、基础设施和宗教中心的被毁坏进行报道。② 这些时候，并不是有一种可怜的死亡被标示，而是人有意地使某些死亡不被看到，这些死亡也就不被哀悼。这样的死亡消失了，而不是进入明确的话语中，不被公共话语所涵盖。在这里，"规范的暴力"是通过抹除来发生的，"规范的暴力"作用下的战争仿佛根本

---

① Moya Lloyd, *Judith Butler*: *From Norms to Politics*, Cambridge, Polity, 2007, p. 145.

② Butler, Judith, *Precarious Life*: *The Powers of Mourning and Violence*, London and New York, Verso, 2004, p. 36.

就没有发生过死亡。① 暴力"留下了没有标记的标记"（leaves a mark that is no mark）②。这种暴力虽然在发生，但在话语中却没有被认为是暴力。在真实中，这些身体并没有在媒体、军队、国家以及其他机构中被描绘出来。

那么，如果苦难在意识中被抹除了，那么人还有可能与苦难认同吗？如果脆弱性不被看见，那么基于一种身体的脆弱性的伦理学是否可能呢？如果悲痛是那种与苦难认同的必要的前提条件，一种死亡根本无法引起悲痛，只因为这种死亡不被认为是死亡，那么将发生什么呢？③

不被哀伤的丧失，使巴特勒又一次回到了弗洛伊德的抑郁理论。在《消解性别》之后，抑郁不仅仅是性别抑郁，还与整个社会的权力结构相关。那种被抹除的死亡并没有消失，因为其不被哀悼，所以它内化到主体之中，而成为主体的组成部分。在巴特勒看来，它们构成了社会世界的抑郁的背景。④ 这也是为什么巴特勒后来的理论有一种微妙的伦理学转向，在她那里，伦理的问题实际上成了可见的问题，规范建构了人类，定义了哪些人对我们来说是不可理解的。⑤ 在那样的时刻，个体是

---

① Butler, Judith, *Precarious Life: The Powers of Mourning and Violence*, London and New York, Verso, 2004, p. 147.

② *Ibid.*, p. 36.

③ Moya Lloyd, *Judith Butler: From Norms to Politics*, Cambridge, Polity, 2007, p. 146.

④ Butler, Judith, *Precarious Life: The Powers of Mourning and Violence*, London and New York, Verso, 2004, p. 46.

⑤ Moya Lloyd, *Judith Butler: From Norms to Politics*, Cambridge, Polity, 2007, p. 146.

否有可能对他者，或者从他者那里被给予或者得到认同呢？①

对边缘群体的关怀与认同问题，使很多政治理论家和女性主义者求助于国家的力量，他们认为，广泛的承认要通过对平等权利的争取来获得，而国家在其中扮演了重要的角色。但巴特勒认为国家是一个维持自己权力的管制机构，她并不认为国家在争取承认的斗争中会发挥一种非常积极的作用。②

譬如，巴特勒对同性婚姻的看法，她对同性婚姻一直抱有一种相对警觉的态度，认为"只要婚姻关系依然是建立性与亲缘关系的唯一形式，在性少数人群中构建可行亲缘关系的持久社会纽带就存在着难以被承认、难以存活的危险"③。她认为争取国家以一种不带偏见的方式给同性婚姻授权并不是一种明智的做法，因为国家并非没有考虑性的倾向，国家的运作本身就是一种规范化的机制的运作。国家不仅仅决定了某个特定的主体是否可以被公众承认，也决定了谁有资格成为一个主体——它设定了承认的标准。因此，国家是一种欲望和性属被知道、被裁决、被公众诉说、被想象的单一模式。因此，如果一个主体想从他者那里得到承认，那么他首先要得到国家的承认。如果这个主体不能得到国家的承认，不能"欲望着国家的欲望"，那么，他就是非真实的，他就不再是一个主体了。巴特勒由此追问，如果对国家的承认仅仅用于满足一种新的

---

① Judith Butler, *Giving an Account of Oneself*, Assen, Koninklijke Van Gorcum, 2003，p. 22.

② Moya Lloyd, *Judith Butler: From Norms to Politics*, Cambridge, Polity, 2007, p. 146.

③ ［美］朱迪斯·巴特勒：《消解性别》，郭劼译，5 页，上海，上海三联书店，2009。

社会等级制度的生产，而关闭了别的生活模式的可能性，那么我们还有别的选择吗？我们有没有可能绕开国家，去培育一种承认呢？①

巴特勒的答案是，去寻找一种对管理社会规范的"激进民主"的转变。她对激进民主的定义是什么呢？应该如何转变现存的规范呢？

（三）激进民主与文化翻译

如莫娅·劳埃德所指出的，巴特勒旨在建立一种"激进民主政治"，这是一种后结构主义式的激进民主。② 她的目的是拓展那种定义了生命之合理性的规范的包容力量。如同对待理想的性别、身体一样，巴特勒很少对什么是理想的民主形式进行具体的描述，在她看来，民主是不会真正达到的，它总会朝向未来，总是开放的，任何的界定都可能带来一种强制和封闭。在她看来，普遍性永远都是有局限的，总是以某种排除为基础的，比如，《人权宣言》就假定了一个男性主体的存在，而排除了女性的存在。

但是，普遍性并非一无是处，对普遍性的追求刺激了民主政治斗争，民主斗争又会反过来拓展普遍性概念的包容性，比如，女性就因此为了争取人权去斗争，去寻找对女性特质的承认。巴特勒认为这些斗争，扩展了普遍性的范围。虽然巴特勒拒绝从普遍性中寻求出路，即使她认为它是以一种总体化的、暴力的方式来运作的，③ 但是巴特勒后来

---

① Moya Lloyd, *Judith Butler: From Norms to Politics*, Cambridge, Polity, 2007, pp. 146-148.

② *Ibid.*, p. 148.

③ "Changing the Subject: Judith Butler's Politics of Radical Resignification", in *The Judith Butler Reader*, ed. by Sarah Salih (with Judith Butler), Oxford, Blackwell, 2004, p. 339.

也承认普遍性的政治必要性。她在《偶然性、霸权与普遍性——关于左派的当代对话》中和拉克劳、齐泽克一起讨论了普遍性的问题。巴特勒认为普遍性总是在文化中的普遍性，总是已经被习俗实践所形塑过了的普遍性，因此它是动力学的（dynamic）、时间性的概念，是会改变的。①

另外，因为普遍性对文化是特定的，不同的文化对"普遍性"的理解是不同的，所以对于什么是普遍性是有争议的。巴特勒对普遍性的看法是有一个变化过程的，她参与的政治运动使她的理论一直处于一种开放的状态中，这也使她得以不停地通过社会活动的刺激来反思自己的理论，不断修正自己的观点。她在学院之外的经历促使她修正了一些在《性别麻烦》写作时提出的观点，比如，她对"普遍性"的看法。之前她倾向于"以完全负面而且排除性的框架来理解"普遍性的主张，但是后来，她"开始看到正因为这个词语是一个非实体、开放架构的范畴，它本身具有重要的策略使用价值"。

> 我开始了解对普遍性的主张可以是预期性和操演性的，它召唤一个还不存在的现实，让尚未相遇的文化地平线之间有交会的可能性。因此，我对普遍性有了第二种观点，我把它定义为一种以未来为导向的文化翻译/番易工作。②

---

① 参见［美］朱迪斯·巴特勒、［英］欧内斯特·拉克劳、［斯洛文尼亚］斯拉沃热·齐泽克：《偶然性、霸权和普遍性——关于左派的当代对话》，胡大平等译，34—35 页，南京，江苏人民出版社，2004。

② ［美］朱迪斯·巴特勒：《性别麻烦：女性主义与身份的颠覆》，宋素凤译，序（1999），12 页，上海，上海三联书店，2009。

可见，激进的民主政治兴盛于一种论争的语境中。普遍性的观念是相对的，所以我们要从这些争议中生发出一种更具包容性的普遍性，巴特勒称之为"翻译的实践"（practices of translation）①。

上一节中，我们提到巴特勒反对一种以国家为中心的政治，所以她的激进政治斗争都是发生在"市民社会"（civil society）之中的，与国家的政治斗争很不一样。市民社会中有各种非国家机构，也与社会运动相关。个人与组织会参与与之相关的事务，并且去改变和影响这些事情。巴特勒将市民社会看作规范管理社会生活和人类互动的场域，看作一种日常的基础，所以市民社会也是民主斗争的场域。因此，社会的转变也应发生在日常社会关系被再阐释、新的观念视野被颠覆的实践所打开的地方。② 巴特勒所说的生命政治，是发生在人们的日常交往关系和社会生活的再生产的水平上的。文化翻译也是一种发生在市民社会中的实践。③

两种普遍性会产生冲突，一种是目前定义的承认的普遍性，比如，男性中心主义的规范（masculinist norm）；另一种是由那些被排除的人制定的规范，比如，性别中立的规范（sex-neutral），它们冲突之时就是文化翻译产生作用之时。④ 巴特勒将激进民主政治的实践方式和文化翻译联系在一起，那么在她看来，如何从文化翻译的建构行为中重新获取

①　Judith Butler, Lacla, and Zizek, *Contingency, Hegemony, Universality: Contemporary Dialogues on the Left*, Phronesis, London, Verso, 2000, P. 167.

②　参见［美］朱迪斯·巴特勒、［英］欧内斯特·拉克劳、［斯洛文尼亚］斯拉沃热·齐泽克：《偶然性、霸权和普遍性——关于左派的当代对话》，胡大平等译，4 页，南京，江苏人民出版社，2004。

③　Moya Lloyd, *Judith Butler: From Norms to Politics*, Cambridge, Polity, 2007, p. 150.

④　*Ibid.*, p. 149.

一种普遍性呢？

巴特勒对文化翻译问题的思考并不是凭空而来的，学者莫娅·劳埃德为我们追溯了文化翻译问题的来源。文化翻译问题，起于霍米·巴巴（Homi K. Bhabha）对文化政治学中排外（exclusion）问题的讨论。他认为文化翻译中总是存在着一种语境的特殊性，一种历史的独特性。某种文化形式中总有一些元素是无法翻译转换的。他让人注意到那些文化中无法翻译的东西，并考察了移居经验的局限：那些处于文化之间的人，戏剧化了文化的不可翻译性的活动，生产了一种与撕裂的、混杂的矛盾过程的相遇。换句话说，与其让少数文化同化到多数之中，不如让这些少数文化在与多数文化的互动中独立存在。那些外来的元素对翻译的反抗提供了一种互动的立场，一种价值与信仰的分享基础，或者一种分享的语言。它们颠覆了翻译的定义，拓展了人们对文化翻译的理解。不同的语言是不同的、杂乱无章（discursive）的、文化的意义系统。这些意义系统相互对抗，努力地排除对方。这里，一种跨文化的交流是必需的，在翻译的过程中，文化的差异正在上演。

巴特勒认为，首先，普遍性在不同的语言中有不同的、斗争的外观，因此普遍性有着不同的文化版本，而不仅仅只有一种单一的跨文化形式。文化共识的缺乏，特别在不同的国家之间，比我们想象得更为常见。因此，对于谁来声张普遍性，谁来规定其形式，是无法达成共识的。考虑到"人"是一个普遍性的范畴，这个问题就会转变为：对人权（一种普遍性的话语）的论争性话语对权利的分配方式是不同的。一种普遍性可能会将一系列的权利看作适用于所有人的，即使在某些情况下，有些权利可能恰好会显示出普遍性的缺陷来。以男同性恋和女同性恋的权利为例，在他们的权利中，不同的文化形式和不同的主流人权组织都没有将他们看作能拥有人权的"人"。

其次，为了发展一种更长久、更有包容性的普遍性的观念和实践，在一种论争性的普遍语境中，我们有必要看到排除与狭隘（parochial）两种观念之间的一致性，这种一致性是其现存的历史描述的基础。在巴特勒看来，这只是在规范内的转变而已，他们没有看到规范的局限性，没有看到其边界。他们只有臣服于性别、种族和宗教框架的批判性检视，我们才可以去质疑他们。一种新的普遍性的产生，是通过挑战其现存的构想来进行的。文化翻译，要在准确暴露什么被排除在普遍性之外，来重构、颠覆一种现存的普遍性。我们要看到，某些概念，譬如，"人"的概念，是在时间的长河中通过文化翻译形成的，而"这种翻译不是两种封闭的、相异的、自成一体的语言之间的翻译"①。当两种不同的文化形式相遇时，两者是相互拓展的、相互揭示的。譬如，一种以男性主体为前提的普遍性只有在男性中心的框架被揭示时，才会被颠覆，那个时候就是女性被建构式地排除出其论述的时候。这里，将女性同化于男性并不是好事，因为这是让女性更像男性。

因此，文化翻译的目标并不是要提出一种关于人类的先验的普遍性；也不是通过使某种文化适应于现存的框架，去提出一种要求反抗自己的文化的普遍性②；也不是要在一种先在的普遍性的综合中产生一种

---

① ［美］朱迪斯·巴特勒：《消解性别》，郭劼译，38 页，上海，上海三联书店，2009。

② Judith Butler, "Universality in Culture", in Joshua Cohen（ed.）, *For Love of Country：Debating the Limits of Patriotism：Martha C. Nussbaum with Respondents*, Boston, Beacon Press, 1996, p. 51.

辩证的、进步的普遍性；而是让各种关于普遍性的解释处于一种论争的状态中，让这些解释在一个文化翻译的时刻，能够为了理解对方而同时产生改变，"文化翻译也是一种放弃我们最基本范畴的过程"①。因为同样的语词总是有着不同的意义，所以抗争总会产生。因此，为了解决这种抗争，每一方都不得不重思自己对人、对可以过的生活、对什么才是普遍性的诉求的前设。在它自己能发展出一种更具包容性的版本之前，每一方都不得不面对自己的对普遍性的观念的、特定文化所拥有的局限性，并将自己向对方打开。"这个翻译会迫使每种语言发生改变，以理解另一种语言，而这种理解发生于熟悉的、具体范围内的以及已知的事物的边缘，并将成为伦理和社会转化的发生场所。"②因此，文化翻译是一种必需的、不断进行的连贯的民主人权政治正在进行的部分。

这与霍米·巴巴的理论有着明显的相似之处。巴特勒和霍米·巴巴一样，在每个翻译的例子中，关注的都是文化差异，以及不同文化之间的不可通约性，因为他们都处于不同的文化处境之中。③ 莫娅·劳埃德指出，巴特勒进一步回应霍米·巴巴的地方在于，她看到一种文化在引入外来因素时，潜在地引入了一些新的东西，因而一种杂和的形式在两种普遍性的论争性"语言"的相遇中产生。文化的冲突会引入一些对社会矛盾之形式的考察，分享的知识和共识的局限也会暴露。霍米·巴巴与

---

① ［美］朱迪斯·巴特勒：《消解性别》，郭劼译，38 页，上海，上海三联书店，2009。

② 同上书，38 页。

③ Judith Butler, Lacla, and Zizek, *Contingency*, *Hegemony*, *Universality*: *Contemporary Dialogues on the Left*, Phronesis, London, Verso, 2000, p. 35.

巴特勒也有不同。霍米·巴巴使用翻译这个概念的时候，是把一个词从一种语言中提取出来，将它放在不同的语言或者另一种中介中去。翻译是一种跨语言的实践。他认为语言中有些词或者思想具有不可翻译性，在其他语言和习语中是无法表达的。霍米·巴巴认为文化差异就是在这里显现出来的，然而巴特勒并不看重不可翻译性，她强调的是语言的可塑性（malleability）。

在巴特勒看来，文化翻译可以带来一个更有包容性的、重塑的普遍性，一种对人的更具有包容性的感觉，但这并不是一个容易的任务。然而，没有文化翻译，一种与他者的非暴力的伦理关系是会被侵袭的。文化翻译谋求的是这样一个时刻，"一个主体——一个人或一个集体——坚持要得到有价值地生活的权利或资格，而在此之前，从来没有出现过这种授权，从来没有存在过任何清楚的授权惯例"①。在巴特勒看来，文化翻译开拓的新疆域虽然会造成"一种丧失，一种方向迷乱"②，但也会为原有的范畴带来新的机会。

巴特勒将承认问题置于激进民主政治的背景中进行思考，并试图通过文化翻译来拓展民主的边界。在思考两种文化如何交融的问题上，巴特勒越来越多地开始了伦理学的思考。因为对于巴特勒来说，人类的脆弱性是一种新的、非暴力的伦理学和政治的基础。人类的脆弱性在于身体，巴特勒认为肉体的脆弱性和政治选择之间有直接的关系，身体的脆弱感会带来人们对彼此生命的集体责任感，巴特勒思考的是，"具有身

---

① ［美］朱迪斯·巴特勒：《消解性别》，郭劼译，229 页，上海，上海三联书店，2009。

② 同上书，38 页。

体性的我们是如何从一开始就不由自主地被抛到不是我们的生命中去的"①。因为她认为，暴力将我们置于危险中，我们对彼此的依赖在悲痛和哀悼的经历中暴露出来，将我们向他者打开。然而，有两个因素阻挡了我们。第一个是，我们无法将某些个人承认为人（因为去真实化的暴力，或者说规范的暴力，决定了谁可以得到承认），也不能认识到他们的处境的危险性。因此，我们无法为那些生命抛除悲伤。在巴特勒看来，悲伤也是一种政治资源，因为悲伤让我们意识到"我们的生存可能由那些我们不认识的人决定，而对这些人我们并没有什么最终控制手段；这就意味着生命随时面临着危险"，意识到这一点的政治意义在于，政治"必须考虑什么形式的社会和政治组织最能在全球范围内维系这些处于危险的生命"②。第二个阻碍因素是，普遍总是通过文化规范的语言表达的，所以总是被限制的。从激进民主政治的角度来说，用于克服这些困难的方法在于——从尽可能多的方面，通过质疑对人的定义（限制而不是扩展了生活的可能性）的过程来克服。这恰恰是文化翻译的实践得以实施的地方，因为它在普遍性观念的文化和社会边界之处起作用，以暴露它们所排除的东西，并为它们的重构提供空间。这种翻译实践为一种非暴力的伦理相遇生产了其所需的空间。在市民社会的意义上，从巴特勒的角度来说，"出于一种激进的民主转化目的，我们需要知道我们的基本范畴可以而且必须得到延伸，以变得更有涵括性、对整

---

① ［美］朱迪斯·巴特勒：《消解性别》，郭劼译，22页，上海，上海三联书店，2009。

② 同上书，23页。

个文化群体都能作出响应"①，激进民主政治是拓展一种可见生活的可能性的最好方式，也是去创造一种丰富的伦理学（generous ethics）的条件，这是一种非暴力的伦理。

莫娅·劳埃德认为，巴特勒转向伦理的原因是，她认为伦理学并不是从权力的使用开始的，而政治学则是。她对规范的重视，说明她在试图融合伦理学和政治学。巴特勒的大部分讨论都集中于一个问题，即在伦理的相遇中，双方如何能够取得某种共识。其中的核心，则是对人类范畴的建构，而这种建构是通过某种严格的文化框架来进行的。她思考的是，为什么某些人是人化的，而另一些是非人化的。与他者的相遇并不一定能得到一种伦理的回应，因为这种相遇是被权力关系所解构的。当我们不能将他者承认为人的时候，我们是无法合乎道德地进行回应的。目标并不是要将政治从伦理中去除，而是接受这两者的连续性。针对规范的政治斗争也是一种保证伦理关系的可能性的方法。

当然，如莫娅·劳埃德所言，与伦理相关的政治思想，在巴特勒那里还处于萌芽状态，目前还难以产生影响。② 然而可以说，巴特勒的伦理学"转向"，提出了很多尚未得到解决的问题：伦理学的冲动是不是像她说的，出自对存在（existence）的欲望，这是前话语的吗？是不是存在着一个从政治学的本体论向肉身脆弱性的本体论的转向？对经验和存在状况的关注是不是使她回到了她早期著作的现象学语境之中？她所期望

---

① ［美］朱迪斯·巴特勒：《消解性别》，郭劼译，229 页，上海，上海三联书店，2009。

② Moya Lloyd, *Judith Butler: From Norms to Politics*, Cambridge, Polity, 2007, p. 155.

的那种重塑过的、更民主、更少暴力、反帝国主义的政治真的有实现的可能吗？

这些问题尚有待巴特勒，也有待我们进一步进行思考。我们不能忽视的是，巴特勒的政治思考，总是与她对资本主义社会的理解相联系的，作为左翼批判理论阵营中的一员，巴特勒一直致力于讨论社会转化何以可能的问题。

二、对左翼批判理论的思考

作为一个同时活跃在左翼批判理论和后结构主义性别理论中的学者，巴特勒常常会思考性别问题对于左翼批判理论的重要性，她认为，"女性主义是关于性别关系的社会转化的"①。她认为，对于资本主义来说，异性恋主义正如阶级剥削一样是重要而实质性的，因此她对性别问题的思考是与对资本主义社会的批判相一致的。

巴特勒从后结构主义理论出发，将性别问题和资本主义社会批判联系在一起。在论证两者的关系之前，她首先为后结构主义理论进行了辩护，在《纯粹的文化维度》一文中，巴特勒承认了后结构主义所面临的批评：

---

① ［美］朱迪斯·巴特勒：《消解性别》，郭劢译，209 页，上海，上海三联书店，2009。

很明显，在这些争论中，一个或多或少暗含的假设是：后结构主义阻碍了马克思主义的实现，任何对社会生活作出系统说明的能力，或评价理性规范的能力——无论是客观的、普遍的，还是两者兼有——现在都受到了后结构主义的严重阻碍，后结构主义已经进入了文化政治的领域，其中后结构主义被视为具有破坏性、相对性和政治麻痹性。①

巴特勒坚持后结构主义的理论并不会阻碍人们对社会生活的实际干预，她认为"理论本身具有转化力量"②，她反对将物质与文化生活割裂开的考虑。对此，她抛出了一连串的问题——

人们试图把马克思主义与文化研究相分离，并把批判理论从文化特殊性的包围中解救出来，这些努力仅仅是左派文化研究者与更为正统的马克思主义者之间的地盘之争吗？新社会运动分裂了左派，剥夺了我们的共同理想，让认知和政治激进主义领域四分五裂，并把政治激进主义还原为纯粹的文化身份的评价和肯定，那么这种人为的分离如何与此观点建立联系呢？③

---

① ［美］朱迪斯·巴特勒：《纯粹的文化维度》，见［美］凯文·奥尔森编：《伤害＋侮辱——争论中的再分配、承认和代表权》，高静宇译，43 页，上海，上海人民出版社，2009。

② ［美］朱迪斯·巴特勒：《消解性别》，郭劼译，209 页，上海，上海三联书店，2009。

③ ［美］朱迪斯·巴特勒：《纯粹的文化维度》，见［美］凯文·奥尔森编：《伤害＋侮辱——争论中的再分配、承认和代表权》，高静宇译，45 页，上海，上海人民出版社，2009。

也就是说，巴特勒认为左派在这个问题上发生了分裂。

巴特勒并不认为新社会运动是"纯粹的文化运动"，也并不认为统一的、激进的马克思主义理论非得回到从阶级问题出发对物质生产活动直接进行客观分析的唯物主义。在她看来，这样的诉求本身假定了物质与文化这两者之间的界划是稳固不变的。她宣称——"求助于物质与文化生活之间明显稳固的区别，显然是复活了理论的时代错误"①，因为在她看来，在阿尔都塞和各种形式的文化唯物主义那里——如雷蒙德·威廉斯（Raymond Williams）、斯图尔特·霍尔（Stuart Hall）和加亚特里·查克拉沃尔蒂·斯皮瓦克（Gayatri Chakravorty Spivak），这些马克思主义学家已经冲击了经济基础和上层建筑之间的二分结构。在这个问题上，巴特勒反对左派正统主义，认为其追求的是同一性，这种理论追求会与性行为的保守主义协同发挥作用，让人觉得"种族和根据性行为划分的群体对'真实'的政治事务来说是次要的"②。

（一）异性恋矩阵与资本主义的联姻

巴特勒坚决捍卫反对"新保守马克思主义"的文化左翼，她认为对资本主义来说，异性恋主义正如阶级剥削一样是重要而实质性的。巴特勒并不是第一个提出要将性别理论和资本主义批判联系在一起的学者，马克思主义女性主义的阵营围绕这个问题已经展开过数十年的讨论。

从美国激进女性主义者凯特·米利特于 1969 年在《性的政治》中提

---

① ［美］朱迪斯·巴特勒：《纯粹的文化维度》，见［美］凯文·奥尔森编：《伤害＋侮辱——争论中的再分配、承认和代表权》，高静宇译，45 页，上海，上海人民出版社，2009。

② 同上书，46 页。

出父权制（男性统治）的存在是人类历史中最重要的存在以来，父权制就成了当代女性主义者们解释女性受压迫和不平等根源的主要概念。而推翻父权制争取男女平等也成为女性主义者们的奋斗目标。有人认为，随着西方资本主义社会文明的进步，资本主义的发展可以提高女性地位，从而削弱父权制，最终实现女性解放。这就向女性主义者们提出了如下问题，即父权制的产生机制是什么？它为什么能在奴隶社会、封建社会和资本主义社会等截然不同的社会形态下保持长久的统治地位？在资本主义社会下，父权制真的会消失吗？当代马克思主义女性主义者们面对这些问题，提出了许多不同的见解：要么将父权制看作一种意识形态，将它视为资本主义存续的产物，并有助于存续资本主义；要么将父权制与资本主义看作各自既有区别又有互为条件的系统。围绕着这两种观点，马克思主义女性主义者们建立了两大理论体系，即二元制理论和一元制理论。

首先，我们来看二元制理论。当马克思主义女性主义的学者们将研究焦点从性压迫转向意识形态和社会制度研究时，她们发现，要解决妇女地位不平等的问题，首先要厘清妇女的受压迫地位与资本主义制度有什么关系。20 世纪 70 年代，马克思主义女性主义内部形成了一个重要的理论体系——二元制理论。这个理论体系的重要特征就是，资本主义社会与父权制是各自独立的，在实质上，它们是两种不同的社会关系和利益关系。但是在现代社会，这两个独立的体系却以复杂的方式结合起来，共同对妇女形成压迫。所以，二元制理论的代表人物认为，想要全面地理解妇女的受压迫状况，我们必须先将资本主义社会与父权制统治作为两个分别独立的对象来进行分析，然后再综合考察。只有这样，我们才能真正找到女性解放的道路。琳达·菲尔普斯（Linda Phelps）1975年发表的一个纲要可以概括这个理论派别的特征——在她的《父权体制与资本主义》中提道：

> 如果性别歧视是一种男性统治女性的社会关系，那么父权制正是描绘在这个基本关系中相互作用的整个体制的术语，正如资本主义是建立在资本主义和工人之间的关系上的一种制度。父权的和资本主义的社会关系是两种显著不同的道路。①

她的这个纲要，很快成为马克思主义女性主义的运动原则。

这种理论体系的特点及主要贡献在于，它深入分析了资本主义制度和父权制理论之间的关系，看到了发生在家庭中的对女性的压迫与发生在工作中的对女性压迫的关系，将父权制分析与其他因素结合起来。后来的女性主义学者沿着这个研究路径，开始关注种族主义与资本主义父权制的相互影响，关注资本主义制度和父权制的互补关系，开拓了广阔的研究空间。但是，尽管如此，二元制理论家们依然面临一种追问，即父权制与资本主义间的关系到底是怎样的，它们如何具体地影响了人们的生活。这样的问题尚未得到明确的解答。甚至有批评者认为，二元制理论过于偏重对资本主义生产的分析，反而忽略了父权制内部的诸多层面，也没有对父权制的变迁进行历史性的分析。并且，他们在将家庭内

---

① 参见 Karen V. Hansen and Ilene J. Philipson. eds.，*Women，Class，and the Feminist Imagination：A Socialist-Feminist Reader*，Philadelphia，Temple University Press，1990，p. 17。

与家庭外分为两个领域来进行分析时，并没有对现实有太多的触动。因为在现实生活中，我们看到，随着社会的发展，大量的妇女已经不再专注于家务，比如，有研究显示，至 20 世纪 80 年代中期，美国女性（年龄为 18—64 周岁）外出工作的比例已经上升至 63％。从这个角度出发，二元制理论对家庭的分析似乎已经落后于时代。

在马克思主义女性主义内部，与二元制相对的一元制理论，主要特征在于，认为父权制和资本主义是处于同一种社会经济结构中的，而不是相互独立的。这个理论体系的思想家们认为，性别问题与经济问题的研究应该结合起来进行，两者整合为一种理论框架，才能更为深入且全面地分析女性受压迫问题。在他们看来，传统的"阶级"分析视角忽略了性别因素，二元制理论也没能克服这一点，所以我们必须提出新的分析范畴。这种观点的代表人物，就是著名的马克思主义的女性主义者艾里斯·扬（Iris Young）。

艾里斯·扬的一元制理论首先是建立在马克思的分工理论之上的。她提出了"性别分工"的概念，认为这个概念可以弥补传统分工理论的"性别盲"缺陷。在女性主义者那里，"性别分工"这个术语，"一般指基于性的基础上对男性和女性进行不同的社会任务的分配。分配给女性的首要职责是家务劳动和养育子女等任务，而分配给男性的首要职责是从事政治、经济等社会性的工作（wage labour）"①。在两性关系中，私人领域和公共领域的区分就是女性世界和男性世界的区别，而女性只能留

---

① 戴雪红：《女性主义对资本主义的批判：立场、观点和方法》，157 页，北京，光明日报出版社，2010。

在私人领域中，这就是"性别分工"体现出来的两性的不平等。虽然随着社会的发展，男女分工的差异有缩小之势，但是女性的主要职责依然被认为是母亲、家庭主妇。男女地位并没有得到真正的改变。"性别分工"的长期存在造成了两方面的结果：一方面，家庭与工作的双重压力使女性陷入无从抉择的两难之中；另一方面，女性在职场中又往往处在报酬低、身份卑微、权力小和非全日制工作的岗位。

但是，虽然艾里斯·扬对二元制理论进行了深刻的批评，但是她的"性别分工"理论没有对特定时期的历史背景进行考察。而性别分工到底是不是导致女性边缘地位的根本原因也是值得商榷的。因为，女性劳动被边缘化的原因必须要通过一定的、具体的、历史的分析才能找到。另外，关于再生产、性行为和儿童社会化的问题，一元论理论也无法给出答案。

我们看到，马克思主义女性主义的一元论和二元论理论各有利弊，对资本主义社会提出了各自不同的理解。巴特勒因其后结构主义的立场，并不属于其中任一阵营，但她的理论更接近一元论，因为她认为，在资本主义社会中，性的生产与资本主义生产关系的再生产是一致的，资本主义利用了性的生产，通过维持异性恋强制体系来维持它所需要的家庭结构。

(二)性的生产与社会生产关系再生产

我们在上文中多次提到，巴特勒认为，性、性别和身体都是在社会中被建构的，性别斗争具有强烈的政治意味。在《纯粹的文化维度》一文中，巴特勒试图指出，性别斗争的社会意味在于，它为社会关系的再生产服务。巴特勒也承认，相对于直接为了物质条件的提高所进行的斗争来说，同性恋政治的斗争显得无足轻重，并且这种斗争常常被正统的左派看作政治斗争中文化的异端，与物质生活相隔太远，代表了一种"单纯文化的形式"①。

巴特勒反对这种看法，她问道："为什么一个与批判和改变社会规范性行为的方式相关的运动，不被视为政治经济运行的核心呢？"②在巴特勒看来，女性主义理论不仅仅是关于性别的理论，还与生存问题本身相关，"它探讨我们如何组织生活，如何给生活/生命赋予价值，如何保卫生活/生命、抵御暴力，如何强制世界及其机构容纳新的价值观"③，因此，女性主义的理论诉求是以社会转化为目标的。

她认为，性的生产包含在生产方式中，不仅仅在 20 世纪 70 年代和 80 年代的马克思主义女性主义阵营中，甚至在恩格斯和马克思本人的著作中，他们也承认生产方式不仅仅包含物质生产，还有多种形式。巴特勒指出，马克思主义女性主义，已经根据异性恋体制下的家庭再生产的规范，将家庭看作生产方式的一部分，并且他们还试图证明性别生产必须被理解成"人类自身生产"的一部分。所以，在马克思主义女性主义那里，心理分析被看作一种揭示的方法，去揭示血缘关系如何在资本主义生产关系再生产中发挥作用以服务资本利益的社会形式并进行人类再

---

① ［美］朱迪斯·巴特勒：《纯粹的文化维度》，见［美］凯文·奥尔森编：《伤害＋侮辱——争论中的再分配、承认和代表权》，高静宇译，48 页，上海，上海人民出版社，2009。

② 同上书，49 页。

③ ［美］朱迪斯·巴特勒：《消解性别》，郭劼译，210 页，上海，上海三联书店，2009。

生产。比如，朱丽叶·米切尔的研究就充分体现了这一思潮的特征，她借鉴了精神分析的研究成果，第一个对马克思主义的经典著作进行了批评。她在 1966 年发表于《新左派评论》中的《妇女：最漫长的革命》(*Women：the Longest Revolution*)一文，至今依旧是马克思主义女性主义的经典著作。

马克思主义女性主义者们试图证明性的再生产是物质生活条件建构的一部分，也是政治经济体制所固有的建构特征。在巴特勒看来，他们试图揭示的是，性别化的人的再生产，即对符合规范的"男人"和"女人"的再生产是依赖于资本主义社会对家庭的管制的，也依赖于异性恋家庭的再生产。"异性恋家庭作为再生产异性恋的场所，生产出适合作为一种社会形式进入家庭的人。……规范性的性别再生产是异性恋和家庭的再生产的核心。"①

与艾里斯·扬的"性别分工"理论不同，巴特勒认为，劳动中的性别分工应该被理解为性别化的人的再生产过程，在这个过程中，心理分析成为一种工具，被用于理解社会组织运作的心理轨迹，也被用于管制劳动者的性欲，使性行为的规则能系统地与适合于资本主义政治经济体制运行的生产方式联系在一起。巴特勒把性的再生产与家庭的再生产联系起来，认为"规范性的性别服务于规范性家庭的再生产"②，而家庭是资本主义社会运作的基本单位，所以性的再生产，是服务于资本主义生产关系的再生产的，"性交换的强制方式不仅再生产了受限于再生产的性

---

① [美]朱迪斯·巴特勒：《纯粹的文化维度》，见[美]凯文·奥尔森编：《伤害＋侮辱——争论中的再分配、承认和代表权》，高静宇译，50 页，上海，上海人民出版社，2009。

② 同上书，50 页。

行为，而且还再生产了关于'性'的普遍概念，即性在再生产中发挥了重要作用"①。因此，性的再生产不能仅仅被理解成一种文化形式，譬如，同性恋政治斗争，就不能被看成仅仅是一种文化斗争，因为它挑战了性的再生产的规范方式，也就挑战了资本主义生产关系再生产的稳定进行。在这个意义上看，改造性行为的社会斗争完全可以和工人的被剥削的劳动问题连在一起。如果不对"经济斗争"的范畴进行拓展，将产品的再生产，甚至人的再生产包括到经济斗争的范围之中的话，我们将无法理解这些斗争。

巴特勒认为，当非规范性性行为被边缘化和贬低时，譬如，男女同性恋被排斥在"家庭"概念之外，不能享受"家庭"所享受的各种法律和经济的保障时，这已经不仅仅是一个文化上的承认问题了。因为文化的规范和它所影响的物质性的效果是不可分离的，"当法律'人格'的定义受到文化规范的严格限制时，我们是否可能，甚至在理论上对一种文化承认的匮乏与一种物质压迫进行区分呢？"②所以，巴特勒认为，如果从生产方式的角度来界定一个社会的政治经济结构的话，性别也必须被理解为生产方式的一部分。在巴特勒看来，对于女性主义斗争来说，这种观点是来之不易的。

巴特勒的这种观点，明显继承了阿尔都塞对资本主义社会的理解，阿尔都塞的多元决定论以及他对意识形态国家机器的讨论，将"文化"尺度带进了资本主义生产关系再生产的讨论中。意识形态是存在于国家机

---

① ［美］朱迪斯·巴特勒：《纯粹的文化维度》，见［美］凯文·奥尔森编：《伤害＋侮辱——争论中的再分配、承认和代表权》，高静宇译，54—55 页，上海，上海人民出版社，2009。

② 同上书，51 页。

器及其实践中的，所以这种存在具有某种物质性，在人的再生产中具有突出作用。因此，"即使对同性恋的憎恶仅被视为一种文化态度，那么这种态度仍然被定位于那种（国家）机器及其制度化的实践中"①。性的再生产，贯穿于教育、道德、宗教等社会文化形式中，规定了什么才是符合规范的性别和人。这是一种服务于资本主义生产关系再生产的性的再生产，会对社会运转产生一种物质性的结果，"使人成为一个人和一种性别的资格将被剧烈改变——这种观点并不是纯粹的文化观点，而且还确定了作为一种主体生产方式的性行为规则的地位"②。

（三）性别斗争的政治意义——与弗雷泽的论争

巴特勒引发了女性主义学者们关于性别斗争的物质效果的争论，其中尤以法兰克福学派第三代代表人物南希·弗雷泽（Nancy Fraser）的论争最为著名。在对资本主义社会的批判上，弗雷泽和巴特勒同属左翼阵营，都致力于从马克思主义理论中汲取对当前社会分析有价值的东西，以批判资本主义的现实。弗雷泽也承认巴特勒和她具有共同点——"都致力于找回新马克思主义对资本主义批判中真正具有价值的立场，并把这些立场整合进后马克思主义批判理论中最具洞察力的观点之中"③。但是，巴特勒和弗雷泽对资本主义社会的不同理解，使她们产生了激烈

---

① ［美］朱迪斯·巴特勒：《纯粹的文化维度》，见［美］凯文·奥尔森编：《伤害＋侮辱——争论中的再分配、承认和代表权》，高静宇译，53 页，上海，上海人民出版社，2009。

② 同上书，55 页。

③ ［美］南茜·弗雷泽：《异性恋、错误承认与资本主义：答朱迪思·巴特勒》，见［美］凯文·奥尔森编：《伤害＋侮辱——争论中的再分配、承认和代表权》，高静宇译，67 页，上海，上海人民出版社，2009。

的争论。

在《异性恋、错误承认与资本主义：答朱迪思·巴特勒》中，弗雷泽认为，错误承认的不公正与分配不公正同等重要，前者不能被还原为后者。她还认为，文化伤害和经济伤害都是根本的伤害，在概念上是不可还原的。她和巴特勒的根本分歧就在于她们对当代资本主义社会的历史定位不同。[①] 在弗雷泽看来，巴特勒认为同性恋受到的来自异性恋的经济伤害，是社会经济结构的直接表现，就像马克思主义者看待工人受剥削一样，她认为，巴特勒似乎赞同这种解释，即同性恋受到的经济伤害在生产关系中被固化了。要消除这些伤害需要改变这些生产关系。而弗雷泽自己认为，"异性恋造成的经济伤害"，是"更基本的错误承认不正义所造成的分配不公的间接结果"，所以"改变承认关系，分配不公就会消失"。

但在巴特勒看来，弗雷泽没有考虑到再生产领域是如何受制于性规则的，没有考虑到性的生产对经济运转的重要性，"如果这些生产对于政治经济的性秩序运行十分重要，那么把这些生产理解为'单纯的文化领域'就是错误的，即对其运行构成了根本威胁。与再生产相联系的经济必然与异性恋的再生产相联系"[②]。她借助社会主义女性主义的观点，指出家庭是生产方式的一部分，目的是论证性行为的异性恋规范之规

---

① [美]南茜·弗雷泽：《异性恋、错误承认与资本主义：答朱迪思·巴特勒》，见[美]凯文·奥尔森编：《伤害＋侮辱——争论中的再分配、承认和代表权》，高静宇译，60页，上海，上海人民出版社，2009。

② [美]朱迪斯·巴特勒：《纯粹的文化维度》，见[美]凯文·奥尔森编：《伤害＋侮辱——争论中的再分配、承认和代表权》，高静宇译，52页，上海，上海人民出版社，2009。

则维护了资本主义生产关系的再生产。巴特勒认为当代反对这种规则的斗争，譬如，妇女斗争、同性恋斗争，威胁了资本主义制度的运行。

与之针锋相对的是，弗雷泽认为，巴特勒将性行为的规范规则视为经济结构的一部分，经济变迁似乎对劳动分工和剥削方式没有任何影响，她认为巴特勒这样做"预示着去除了经济结构思想的历史性，并耗尽了其概念的解释力。所失去的是资本主义社会作为一个与众不同而十分特殊的社会组织的特殊性"①，在她看来，资本主义社会与其他社会形式的不同在于，

> 这种组织创立了一种专门化的经济关系秩序，与血缘关系和政治权威相对分离。因此，在资本主义社会中，性行为规则的模式与专门化的经济关系之间的联系被削弱了。后者存在的目的是剩余价值的积累。②

在弗雷泽看来，在资本主义社会这样一个高度分化的社会中，把性行为规则的模式仅仅视为经济结构的一部分是没有意义的。性行为与剩余价值的积累的联系已经被"个人生活"削弱了。这种生活与生产和再生产是脱节的。"把同性恋对差异承认的要求视为错置的再分配要求亦是毫无

---

① ［美］南茜·弗雷泽：《异性恋、错误承认与资本主义：答朱迪思·巴特勒》，见［美］凯文·奥尔森编：《伤害＋侮辱——争论中的再分配、承认和代表权》，高静宇译，62 页，上海，上海人民出版社，2009。

② 同上书，62—63 页。

意义的。"①她认为如果像巴特勒那样把关于性的斗争看作经济斗争，那么在关于剥削的斗争是经济斗争的意义上，这些关于性的斗争就不是经济斗争。将这两类斗争都看作经济斗争，会瓦解两者的区别。而这些原本是不同的斗争，甚至会产生分歧。

并且，弗雷泽认为同性恋斗争并没有威胁资本主义的历史形式。

> 实际上，同性恋更经常性地被建构为一个群体，其存在是一件可憎的事，十分类似于纳粹对犹太人的建构，他们在社会中应该根本没有"位置"。那么毫无疑问，当今男女同性恋权利的主要反对者并不是跨国公司，而是宗教和文化的保守人士，困扰他们的是地位，而非利润。②

弗雷泽认为，在当代资本主义社会中，经济秩序和血缘关系之间存在着鸿沟，家庭与个人生活之间也有鸿沟，资本主义社会并不那么排斥个体之多样的性别选择，并且"资本主义社会现在允许相当数量的个体通过付酬劳动而生活在异性恋家庭之外"。弗雷泽认为，如果承认关系被改变了的话，资本主义社会会允许更多的人这样做。所以她认为，"同性恋者的经济无能最好被理解为异性恋主义在各种承认关系中所造成的结

---

① ［美］南茜·弗雷泽：《异性恋、错误承认与资本主义：答朱迪思·巴特勒》，见［美］凯文·奥尔森编：《伤害＋侮辱——争论中的再分配、承认和代表权》，高静宇译，63页，上海，上海人民出版社，2009。

② 同上书，64页。

果，而非牢牢固定于资本主义的结构之中"①。我们需要做的是改变身份等级秩序，重建各种承认关系，而非推翻资本主义。弗雷泽认为，巴特勒的问题在于"把资本主义社会过度总括为一种单一的'制度'，具有压迫的连锁结构，并毫无间隙的相互强化彼此"②。

理解巴特勒和弗雷泽的这组争论的关键，是回到如何理解人的再生产和资本主义生产关系的再生产之间的关系的问题上来。巴特勒所举的同性恋斗争的例子，是为了说明人们的性别规制是与社会关系的维持直接相关的，如福柯在《规训与惩罚》中所说的，人的积累和资本的积累这两个积累过程是不可分割的。"如果没有一种能够维持和使用大规模人力的生产机构的发展，就不可能解决人员积聚的问题。反之，使日渐增大的人群变得有用的技术也促进了资本积累。"③同性恋的身体对于资本主义社会来说，并不是外在于资本主义的架构的，因为我们拥有的都是一具性别化的身体，而身体的性别化过程是被社会关系规划的。著名的马克思主义学者大卫·哈维（David Harvey）也在他的《希望的空间》中指出，"虽然马克思没有告诉我们想知道的全部事情，但他的确提出了资本主义制度下身体主体（bodily subject）的生产理论。既然我们全都生活在资本循环和积累的世界中，那么这就必须成为任何有关当代身体特征

---

① ［美］南茜·弗雷泽：《异性恋、错误承认与资本主义：答朱迪思·巴特勒》，见［美］凯文·奥尔森编：《伤害＋侮辱——争论中的再分配、承认和代表权》，高静宇译，64 页，上海，上海人民出版社，2009。

② 同上书，64 页。

③ ［法］米歇尔·福柯：《规训与惩罚》，刘北成，杨远婴译，247 页，北京，生活·读书·新知三联书店，2003。

争论的一部分"①。他也认为，对作为一个问题的身体的理解，必须和资本的循环过程联系起来。因为，

> 虽然马克思《资本论》的理论框架经常被解读为一种悲观主义基调，描述了身体是如何被资本循环和积累的外部力量所塑造，认为身体是承担某种特定述行经济角色的被动实体，但正是这种分析激活了他在其他方面的考虑，人类抵抗、渴求改革、反抗和革命，这些起改革作用的过程如何能够并确实发生。②

著名的马克思主义女性主义学者凯瑟琳·麦克金农（Catharine MacKinnon）认为，马克思主义的"劳动"和女性主义的"性别"都是一种组织原则（organizing principle），"劳动"以阶级为结构，以产品为结果，以资本为凝结形式。"性别"则以异性恋为结构，以性与家庭为凝结形式，以再生产为结果。两者的中心都是"控制"（control）。③ 性的生产，往往表现为一种代表着资本力量的权力对身体的塑造和控制。巴特勒将身体的生产和权力联系在一起，身体在话语中获得其存在的可能。在资本主义社会中，只有符合资本主义生产关系再生产要求的身体才具有"正常"的外观，才具有"正常"的性别。性别化身体的生产，承载了话语

---

① ［美］大卫·哈维：《希望的空间》，胡大平译，98 页，南京，南京大学出版社，2006。

② 同上书，98 页。

③ Catharine MacKinnon, "Feminism, Marxism, Method and the State: An Agenda for Theory," in *Feminist Theory: A Critique of Idelolgy*, ed. Nannerl Keohane, Michelle Rosaldo, and Brabara Gelpi, Harvester: Brighton, 1982, p. 13.

的建构性，而话语，虽然不直接表现为某种物质，但是却内化了物质生活的过程。哈维在《正义、自然和差异地理学》中，将社会生活分为六大环节："语言/话语、权力、社会关系、物质实践、信仰/价值/欲望、制度/仪式。"①他认为，话语把社会生活中的其他环节上发生的一切都内在化了，他同意德里达的"文本之外无物"的基本陈述，或者福柯的"话语即权力"，他认为，"话语表达人类思想、幻想和欲望。它们也在制度上依据于、在物质上受制于、在经验上植根于社会和权力关系的表现形式。因为同样的原因，话语的效果充满并浸透了社会过程中的所有其他环节（例如，影响信仰、实践，并被它们影响）"②。但是，这并不是说话语是凌驾于其他环节之上的。"当认为对一个'环节'的研究就足够理解社会过程的总体性时，错误就产生了。"在哈维看来，马克思的理论并不只是关注物质实践环节的社会变迁作用，还穿梭于社会生活的各个环节之中。在欲望环节和语言环节其理论具有重要的作用。

巴特勒同样认为，身体的欲望、语言的运用和经济的发展是联系在一起的。我们知道，马克思在《德意志意识形态》中强调，

只有现在，在我们已经考察了原初的历史的关系的四个因素、四个方面之后，我们才发现：人还具有"意识"。但是这种意识并非一开始就是"纯粹的"意识。"精神"从一开始就很倒霉，受到物质的"纠缠"，物质在这里表现为振动着的空气层、声音，简而言之，即

① ［美］戴维·哈维：《正义、自然和差异地理学》，胡大平译，89 页，上海，上海人民出版社，2010。

② 同上书，91 页。

语言。语言和意识具有同样长久的历史；语言是一种实践的、既为别人存在因而也为我自身而存在的、现实的意识。语言也和意识一样，只是由于需要，由于和他人交往的迫切需要才产生的。①

在《路易·波拿巴的雾月十八日》中，马克思还说道，

人们自己创造自己的历史，但是他们并不是随心所欲地创造，并不是在他们自己选定的条件下创造，而是在直接碰到的、既定的、从过去承继下来的条件下创造。一切已死的先辈们的传统，像梦魇一样纠缠着活人的头脑。当人们好像刚好在忙于改造自己和周围的事物并创造前所未闻的事物时，恰好在这种革命危机时代，他们战战兢兢地请出亡灵来为他们效劳，借用它们的名字、战斗口号和衣服，以便穿着这种久受崇敬的服装，用这种借来的语言，演出世界历史的新的一幕。例如，路德换上了使徒保罗 303 的服装，1789—1814 年的革命依次穿上了罗马共和国和罗马帝国的服装，而 1848 年的革命就只知道拙劣地时而模仿 1789 年，时而又模仿1793—1795 年的革命传统。就像一个刚学会一种新语言的人总是要把它翻译成本国语言一样；只有当他能够不必在心里把新语言翻译成本国语言，当他能够忘掉本国语言来运用新语言的时候，他才算领会了新语言的精神，才算是运用自如。②

---

① 《马克思恩格斯选集》第 1 卷，81 页，北京，人民出版社，1995。
② 同上书，585 页。

从这个角度来说，笔者同意哈维所指出的，

> 　　当马克思探究资产阶级政治经济学的拜物教观念，并试图代之
> 以完全不同的政治经济学语言时，这种对语言的专注就成为其著作
> 的持久主题。通过解构商品和利润的货币化语言，并创造一种强调
> 剥削的替代性语言，马克思明显地希望使用语言和命名的力量来达
> 到政治目的。①

马克思的目标，一方面是让我们关注资本主义矛盾和破坏性逻辑；另一
方面也试图让我们了解，资本主义的政治经济权力是自我复制的，它不
仅通过生产—分配—消费的社会物质实践，而且通过意识形态（话语）和
制度（国家机器以及学习、法律和宗教制度等）的霸权力量来进行。

　　如果从这个角度来看巴特勒与弗雷泽的争论，我们可以发现，巴特
勒实际上看到了劳动者的身体只有在符合商品生产的劳动力的要求的时
候，才对资本主义社会具有价值，这种价值，表现为榨取剩余价值的作
用。这也是为什么说，通过话语斗争，对身体进行意义重塑是一种政治
实践。② 性的生产，是一种意识形态的询唤，只有被权力话语询唤为符
合异性恋家庭要求的性，才是资本主义社会所需要的性。从这个角度来

---

　　①　［美］戴维·哈维：《正义、自然和差异地理学》，胡大平译，108 页，上海，上
海人民出版社，2010。
　　②　参见［美］朱迪斯·巴特勒：《消解性别》，郭劼译，228 页，上海，上海三联书
店，2009。

说，资本主义的生产方式不仅仅生产出商品，还生产出它所需要的性，从而促进其本身的再生产。但是，性的生产是不是应该被置于资本主义再生产的核心位置，对它的讨论是不是真的如弗雷泽所言会弱化对资本主义作为一种特殊的经济形态的研究，仍然有待讨论。①

三、主体/语言/身体②

我们看到，在上两节中，不管是对规范暴力的批评，还是对资本主义社会的理解，巴特勒一直有一种冲动，即将她抽象的理论用于具体的现实运动之中。但是，理论是不是真的可以跨越与现实之间的裂隙，到达现实的彼岸，真正对改变现状产生帮助，却值得思量。理查德·罗蒂（Richard Rorty）在《"文化承认"是左翼政治的有用概念吗?》中，对巴特勒试图将哲学引入身份认同和差异问题之中，将哲学与各种运动结合起来的做法所能产生的作用表示怀疑，他认为那只是让他看到一个观点所能达到的哲学深度而已。③

理查德·罗蒂认为，巴特勒的理论忽略了阶级，忽略了物质条件，他说："我不能明白巴特勒的哲学观点与我们的抱怨有什么关系，我们

---

① Gillian Howie, *Between Feminism and Materialism*，2010，pp. 24-25.

② 此节的部分内容已以前期成果的形式发表于《中共宁波市委党校学报》2016 年第6 期，发表时文字有改动。

③ ［美］理查德·罗蒂：《"文化承认"是左翼政治的有用概念吗?》，见［美］凯文·奥尔森编：《伤害＋侮辱——争论中的再分配、承认和代表权》，高静宇译，78 页，上海，上海人民出版社，2009。

指出，发展一种忽略阶级和金钱，而强调消除偏见和男性至上主义的左翼，将产生危险的后果。"①虽然他承认巴特勒哲学的复杂性在构建新社会运动的学术水平上起到了积极的作用，但是，他认为巴特勒的做法是"试图从哲学复杂性中获取超出她所可能得到的政治效用"②。理查德·罗蒂的观点在英美学界并非少数。虽然巴特勒常常以各种方式参与到社会运动之中，但她很少对改变社会现状的具体方式和未来的前景进行描绘，"在巴特勒的著作中，并不存在对准确的改变和改革的道路的理论预见"③。

　　巴特勒的研究方式确实值得我们思量，她的理论的艰深迂回是不是意味着远离尘世？她诉诸身体、语言的批判方式是不是过于个人化？她对主体的批判是不是带来了主体的死亡？如果主体已死，我们是不是可以期待一种无主体的反抗呢？带着这些问题，我们继续进入巴特勒带来的各种论争中，看看巴特勒的研究能给我们带来什么样的启示。

(一)主体之死

　　在《词与物》一书的结尾，福柯宣告了"人"的死亡：随着语言的存在越来越明亮地照耀我们的地平线，人终将逐渐消亡，"人将被抹去，如

---

　　①　[美]理查德·罗蒂：《"文化承认"是左翼政治的有用概念吗？》，见[美]凯文·奥尔森编：《伤害＋侮辱——争论中的再分配、承认和代表权》，高静宇译，79页，上海，上海人民出版社，2009。

　　②　同上书，80页。

　　③　Gill Jagger，*Judith Butler：Sexual Politics，Social Change and the Power of the Performative*，London，New York，Routledge，2008，p.157.

同大海边沙地上的一张脸"①。巴特勒的理论在很大程度上暗合了福柯的这种说法，她质疑了主体的稳定性，否定有一个先在于权力的质询的主体，认为主体是在语言中建构的，并且由于语言的多变性，主体也总处在一种变化的可能性中。

巴特勒对主体的看法使很多理论家感到不安。有人认为巴特勒过于关注语言，而忽视了对物质条件的考察，以及对政治的思考，将巴特勒看作"寂静主义"（quietism）、虚无主义，甚至认为巴特勒"杀死了主体"，是"与罪恶为谋"②。巴特勒不得不面对的问题是：如果主体已死，没有一个主体内在或者外在于统治性的社会关系之中，那么反抗和颠覆如何可能？如果行动的背后没有一个行动者，这些反抗从何而来？比如，在女性主义运动中，巴特勒对"女性"这个主体的质疑带来了很多争议。在女性主义理论家中，艾莉森·阿斯特（Alison Assiter）的观点很具代表性，她问道："如果没有一个先行存在的自我去进行创造，如何能够创造出一个作为自我的我来？"并且"我们如何能创造出一种解构掉女性主体的女性主义政治学？"③

同时，也有人在巴特勒的理论中看到了某种政治颠覆的潜力，肯定了巴特勒去除主体和认同的稳定性的价值。巴特勒不再将主体看作先在的、本质的实体，她指出，认同的建构性意味着认同是可以改变

---

① ［法］福柯：《词与物——人文科学考古学》，莫伟民译，506页，上海，上海三联书店，2002。

② Sara Salih, *Judith Butler*, New York, Routledge, 2002, p. 11.

③ Gill Jagger, *Judith Butler*: *Sexual Politics*, *Social Change and the Power of the Performative*, London, New York, Routledge, 2008, p. 33.

的。这种改变的可能性本身或许可以挑战，甚至颠覆现存权力结构。这也是为什么巴特勒总在问什么是权力，什么是颠覆，这两者之间的差别在哪里。

巴特勒一再论证，主体的形成是一个权力反复质询的过程，这个不断反复、不断引用的过程是开放的，因其开放，所以主体总是存在着一种"颠覆性的重复"的可能。这种可能性，就是反抗的能动性所在。虽然在她的述行性理论中，作为主体的"我们"不能从由以建构的话语中分离出来，但对这些话语进行反抗和修正的可能性却一直存在。就如巴特勒在《女性主义辩论》(*Feminist Contentions*)一书中坚持认为："行动者是一些散漫的可能性的不确定的运作，这些可能性本身也在变化。"①

从另一个角度来说，巴特勒是通过述行性理论，将主体的形成置于文化、历史之中去考量的，而拒绝了一种普遍的、超历史的主体的存在。在巴特勒看来，主体不仅仅是处于特定的文化、历史中的，也是文化地、历史地被建构的。巴特勒继承了福柯的精神，认为"我"不是行动的起源和原因，也不是知识的基础，而是一种历史的结果(history effect)。但是，巴特勒比福柯更多地强调了反抗的可能，她拒绝文化决定论的观点，认为性别实践是一个可改变的场所，她将这种反抗称为"批判的能动性"(critical agency)，去思考一种无先在主体的批判如何可能。在她看来，在权力的作用下，我们通过特定的话语和述行性行为获

---

① Judith Butler, "For a Careful Reading", in Seyla Benhabib, Judith Butler, Drucilla Cornell and Nancy Fraser (co-authors), *Feminist Contentions: A Philosophical Exchange*, London, Routledge, 1995, pp. 127-43, p. 135.

得主体性。这些话语和行为都是具有历史特殊性的，这些具体的条件使能动性成为可能，并且能动性并不外在于这些条件。巴特勒在《女性主义辩论》中做了一个具体的描述：

> 我们通过一些话语习俗（discursive conventions）得以存在，没有置身在这些习俗之外的可能。性别述行性并不是一个举办"化装舞会"的问题，因为这样的说法预设了一个行动背后的有意识的主体（intentional subject）的存在。相反，性别述行性包括了能动性的艰难劳动，这种能动性衍生于建构我们也被我们反对的权力制度。也就是说，非常奇怪的是，历史的工作修正了能指的历史性，不求助于历史的、似超越的自我和膨胀的观念会在这种最具体和矛盾的斗争中帮助我们。①

对于巴特勒来说，批判内在于具体的话语机制中，批判的实践也内在于其所产生的权力关系中，一个外在于权力结构的主体并不存在。如果从这个角度来看的话，主体或许真的死了，但是却可能在意义的重新布局中重生。我们应该关注的是反抗的具体条件，这种具体的条件，对于巴特勒来说，并不是如她的很多批评者所说的物质条件，而是一个"再赋义"的问题，是与意义，特别是与语言的意义联系在一起的。这样，我们又涉及巴特勒所面临的另一个批评维度——语言的政治力量。

---

① Judith Butler, "For a Careful Reading", in Seyla Benhabib, Judith Butler, Drucilla Cornell and Nancy Fraser (co-authors), *Feminist Contentions: A Philosophical Exchange*, London, Routledge, 1995, pp. 127-143, 136.

(二)语言学批判的政治局限

关于语言的批判力量到底有多大，巴特勒受到很多质疑。比如，巴特勒语言学的批判理论对于马克思主义女性主义者而言具有一定的冲击性，因为她用"语言"和"法则"两个术语取代了"社会"和"历史"的概念，宣称是语言或言语权力本身的差异(德里达所言的语言的时间化和空间化)导致了颠覆的可能性。而马克思主义的精髓恰恰在于对社会历史发展的考察，对实践的重视。虽然巴特勒也曾经声明自己并不否定物质性的存在，但她说：

> 正如没有话语手段就不可能接近任何先在的物质性，任何话语也无法捕捉那种先在的物质性。声称身体是一种捉摸不定的指称并不等同于声称它只是而且总是建构的，在某些方面，这正是声称存在建构的界限，可以说，建构必然有遭遇其界限的地方。①

我们确实不能否认，巴特勒的理论似乎有流于话语斗争的危险，因为从经典马克思主义的角度来说，所有的话语都产生于一定的社会制度，只有社会制度的变革，才能真正带来话语体系的改变。

对巴特勒最激烈的批评者当属美国哲学家玛莎·努斯鲍姆(Martha Nussbaum)，她在《戏仿的哲学家》(*The Professor of Parody*，1999)一

---

① Judith Butler, "How Bodies Come to Matter: An Interview with Judith Butler", Interviewed by Irene Meijer Costera & Raukje Prins, *Signs*, 1998, vol. 23, no 2, p. 278, p. 277. 转引自李昀、万益：《巴特勒的困惑：对〈性属困惑〉的阿多诺式批判》，载《当代外国文学》2006 年第 2 期。

文中，将巴特勒的文章说成是一种"浓汤"（thick soup），因为巴特勒的行文大量使用隐喻，理论的密度极大，并且很少给出结论。她其实指出的是，巴特勒使用了大量哲学家和理论家的理论来进行论述，但是很少清楚地解释这些理论家的理论，也很少清楚地说明这些理论家的理论是如何被运用的。玛莎·努斯鲍姆对巴特勒的批评集中在三个方面：第一，巴特勒的行文方式是精英主义的、隐喻式的和权威式的；第二，她认为巴特勒是一种"新的象征形式的女性主义思想家"，降低了对物质性的重视，特别是忽视了对痛苦和压迫的分析；第三，语言不等于政治行动，玛莎认为，将语言等于政治行动是一种"政治寂静主义"，是与罪恶同谋。玛莎·努斯鲍姆不仅反对巴特勒对语言的看法，还反对巴特勒理论中的一些核心概念：述行性、引用和戏仿，以及其对"物质"的解构。玛莎·努斯鲍姆认为，巴特勒的戏仿式的述行性理论如果仅仅在学术中进行讨论的话，问题还不大，但巴特勒的论争焦点在于象征系统，其对生活中物质方面的忽视是她的致命盲点。那些在现实世界中挨饿、被侮辱、被殴打、被掠夺的女性在乎的不是性和话语意义的重构，而是食物的充足和身体的完整。玛莎·努斯鲍姆认为，巴特勒屈服于那些"极端的法国思想"，这种思想认为言语组成了意指的政治行动，让人们只重视话语批判而忽视实际的政治斗争，忽视"真实女性的真实处境"①。

　　对此，斯皮瓦克为巴特勒辩护道，巴特勒的述行性理论，已经包含

---

　　①　Sara Salih, *Judith Butler*, New York, Routledge, 2002, pp. 145-146.

着玛莎·努斯鲍姆所说的"真实女性的真实处境"①。萨拉·萨利赫认为，巴特勒是以独特的写作方式作为其政治策略的一部分的，因为在巴特勒那里，熟悉的写作方式会让人习惯原有的世界，一种新的写作方式可以带来一种新的看世界的方式。② 巴特勒认为语言本身是一个政治领域，对语言的应用是颠覆的一种策略。至此，我们不禁要问，巴特勒是不是真的忽视了现实世界的物质生活，而只关注语言呢？对巴特勒的质疑至今仍未停止。

玛莎·努斯鲍姆认为，巴特勒对权力和能动性的理论化带来了一种微观的、个人化的反抗方式，她的戏仿、扮装理论没有给那些被压迫妇女带来一种可行的选择，她对普遍性的规范概念的拒绝也可能带来一些危险的法律和社会上的后果。玛莎·努斯鲍姆认为，巴特勒的政治理论存在着某种空白，因为我们仍然需要"规范"去区别哪些行为是对的、哪些是错的，而巴特勒拒绝这些规范。南茜·弗雷泽在这一点上是同意玛莎·努斯鲍姆的，同样认为巴特勒的政治理论忽略了某些东西，认为巴特勒的政治理论既缺乏主体，也省略了对于解放女性主义政治来说最重要的对规范的判断和解放措施。弗雷泽认为，我们既需要解构，也需要建构。麦克内伊认为，述行性理论只是一种个人主义的政治实践，这种实践同样也是处于历史语境之中的，所以我们要依靠一系列的社会经济的改变，而不是依靠抽象的论述。苏珊·柏杜也认为，巴特勒对身体和性别的理论化是抽象的，没有考虑具体的语境和颠覆性的戏仿如何运

---

① Sara Salih, *Judith Butler*, New York, Routledge, 2002, p. 146.
② *Ibid.*, p. 147.

作，她的德里达、福柯式的"能动者"缺乏对文化、历史语境的考察。

确实，巴特勒从来没有说明应该如何运用述行性理论，如何进行性别的戏仿，也从来没有说什么才是反对压制性规范的最佳方法，如果我们想要从她的理论中找到这些，注定是会失望的。巴特勒很少对具体的事件给出具体的、有步骤的反抗方式。在接受维基·贝尔（Vikki Bell）的采访时，巴特勒对此做出了解释：

> 我认为真正有趣的是——考虑到我写作的抽象水平，这可能显得有些古怪——我确实相信政治有一种出现意外现象的特质和语境，它在理论上很难进行预测。而一旦理论开始变得有计划性，就比如说"我有五个方案"，然后建立了我的类型，然后将最后一章题为"什么已经做到了"。这种做法会把整个问题的语境和意外性都虚无化，而我认为政治性的决定是在活生生的时刻中做出的，不能从理论上做出预测。①

我们可以看到巴特勒对那些政治预测中不能意料的事件的重视，她认为事件和语境都是不能完全事先预料到的，这也是为什么她认为规范的力量并非总能奏效。从这个角度来说，巴特勒的理论并不能说是不关心政治的或者脱离现实的，她也承认理论和政治之间存在着某种脱节，理论在政治上是具有局限性的。她明确地说过，"我并不认为理

---

① Vikki Bell, "On Speech, Race and Melancholia: An Interview with Judith Butler", *Theory Culture Society*, 1999, pp. 163-174, pp. 166-167.

论是社会转化及政治转化的充分条件"①，但她认为社会实践是以理论为前提的。如果说她的理论具有某种个人主义色彩，那么原因可能是她从来都不会设想一种宏大的政治理论，而总是从微观的身体，从日常的语言出发，去寻找解放的途径，这和传统的斗争方式是完全不同的。与其说巴特勒忽视现实的斗争方式，不如说她改变了斗争的策略。

巴特勒有关主体的、语言的讨论，最后都表现在她的身体政治学中，身体对于她来说，是主体形成的场所，也是语言进行建构的地方，巴特勒的理论之所以引发如此多的争议，和她的身体政治学直接相关。我们最后再来讨论一下，巴特勒的身体政治学到底有什么特殊之处。

(三)不自主的身体

哈维在《希望的空间》中，对当前的身体研究状况进行了一些总结，他将巴特勒归于这样的一种研究思潮中，在这种思潮里，

身体是一项未完成的工程，在某种意义上，具有历史和地理的可塑性。当然，它不是无限地或者轻易地可塑，它的一些与生俱来的("天生的"或生物学遗传的)品质并不能够被取消。但是，通过同时反映内在转化的动力(常常是精神分析工作的中心)和外在过程的结果(在

---

① ［美］朱迪斯·巴特勒：《消解性别》，郭劼译，209 页，上海，上海三联书店，2009。

社会建构主义者的研究方法中最常用），身体可以继续进化并改变。[①]

哈维的描述是相当精准的，因为在巴特勒那里，精神分析理论和社会建构理论总是相得益彰的，她眼中的身体也总是处于开放的、未完成的状态。

异性恋矩阵中的身体，是稳定的也是封闭静止的，巴特勒一直在论证，用性别将身体分类，是将一种二元结构强加在身体上，以维持作为强制性秩序的再生产的性属。如果从本体论的角度看，巴特勒在质疑一种性差异的本体论，她认为这种本体论维护着某种特定的状态（如对不同的身体的分类、区隔）。如莫娅·劳埃德所言，在巴特勒那里，本体论被看作政治性的，这影响到她对身体的看法，因为在她看来，所有关于身体的知识与理解，都是经过语言中介的，都是历史性的。更重要的是，这些对身体的理解，都是具有排除性的。从某种意义上说，巴特勒的身体政治学致力于如何使文化上不可见的身体质疑、反对那种拒绝他们的规范性暴力。[②] 在本书主要讨论的三部著作中，巴特勒的这种政治诉求一以贯之。在《性别麻烦》中，巴特勒的目的是将性化身体（sexed body）去自然化——去显示出它是性别规范的一个结果。在《身体之重》中，她拓展了这种讨论，通过用更抽象的术语，通过考察身体的特定的政治本体论（比如，异性恋体系如何决定了哪些身体是重要的），去发掘物质性与话语之间的关系。而到了《权力的精神生活》，巴特勒试图考察

---

① ［美］大卫·哈维：《希望的空间》，胡大平译，94 页，南京，南京大学出版社，2006。

② Moya Lloyd, *Judith Butler: From Norms to Politics*, Cambridge, Polity, 2007, p. 74.

的则是社会因素如何和精神因素结合在一起，用隐蔽的方式让权力作用于身体。

在巴特勒看来，因为身体总是处于语言建构中的，也总是处于不断变动的历史情境中的，所以身体并不具有完全的自主性，这也是为什么巴特勒要将身体和他者问题联系起来。因为在她看来，对身体的规划总是与对其他人的关系联系在一起的，身体是我们与别的身体的关系的中介，被排斥的身体也意味着被排斥的他者，被接纳的身体也意味着对他者的接受。在本章第一节我们就提到，在巴特勒后来的写作中，她的研究重点有了微小而意义深远的转变，开始带上了伦理学的色彩。她认为身体是脆弱的，这种身体的脆弱性恰恰是能定义身体的东西。身体，意味着道德性(mortality)、脆弱性、能动者。因为身体的皮肤与血肉使我们暴露于别人的注视中，也使我们暴露于触摸与暴力。[1] 从婴儿期对别人的依赖，到后面经历爱、罪、欲望、背叛、愤怒、悔恨或者哀悼，我们的身体将我们暴露于别人面前。"婴儿期的依赖性是必须经历的，也是我们永远不能完全摆脱的。"[2]身体是一个能渗透的边界，它把我们交给他人。并且，身体不仅仅暴露于暴力，自己也可能产生暴力，我们也会想去伤害别人。因此，身体的脆弱性是我们将自己透露给别人的方式，是我们的身体面向其他身体时的可渗透性，身体的脆弱性建立了一

---

　　① 　参见［美］朱迪斯·巴特勒：《消解性别》，郭劼译，23 页，上海，上海三联书店，2009。

　　② 　同上书，23 页。

个与他人共存的伦理困境的领域。① 和列维纳斯一样，巴特勒从具身化的主体（embodied subject）的角度去思考伦理学。②

巴特勒的思考取消了身体的完全的自主性，她将身体进行理论化，认为身体是依赖于他者的，这回应了女性主义对身体的思考。在女性主义运动的历史中，女性主义者们一直为身体的自主权而斗争，她们反对家庭暴力和婚内强奸，为女性争取避孕、堕胎、选择性和婚姻伴侣的自由。在女性主义中，肉身的健全与自我决定一直被认为是并肩而行的。她们的共识是，如果一个女人不能控制自己的身体，就不能自由地过自己想过的生活。因为她的身体就是她自己（她"拥有"它），她有义务决定发生在它之上的事情。这个观点的潜在前提是肉体的自主性（corporeal autonomy）。③ 巴特勒认为，身体是脆弱的、依赖于他人的，这个观点对身体的自主性提出了巨大的挑战。她的观点显示，虽然我们在为自己的身体而斗争，然而从出生开始，身体就不是简单地属于我们的。巴特勒并不是说女性主义因此要停止争取身体的自我决定权，她要问的是对身体自主权的争取应不应该是这些运动的唯一关注点。

从广义上说，对身体脆弱性的理解是具有社会性的，依赖于特定规范的运作。巴特勒想从中寻找生命的更多可能性，她认为这是在规范中的斗争。因为规范决定了哪些身体可以被爱，被欲望，哪些有被伤害、

---

① 参见［美］朱迪斯·巴特勒：《消解性别》，郭劼译，25页，上海，上海三联书店，2009。

② Moya Lloyd, *Judith Butler：From Norms to Politics*, Cambridge, Polity, 2007, pp. 74-75.

③ *Ibid*, p. 140.

被暴力对待的危险。从这个意义上看，为身体权利去斗争，应该被重新概念化为针对具身标准的斗争。

这两种身体政治学的差别在于，传统女性主义理论从假定存在着自主性出发，认为身体是可以由个人控制的；而巴特勒的身体政治学则认为身体总是存在于社群中的，并不完全处在个人的控制之下，是与他者的存在紧紧联系在一起的。① 巴特勒思考的是，对肉身脆弱性的承认，会不会导向政治学上的规范的新方向？我们可不可以创造一种与他者的更具有道德的关系？②

身体的脆弱性证明，我们的生存是依赖于他者的。实际上，在哲学史上，对他者的理解问题是一个重要的哲学问题。追寻"他者"，即差异性主体（而不是同一性）的概念，是 20 世纪 60 年代以来当代生存哲学的一个重要的研究方向。在他者的哲学研究中，有两个最重要的传统和阵营：一是德国传统中，由胡塞尔晚年开启的、由梅洛-庞蒂与萨特系统化，进而由列维纳斯完成的现象学意义上的交互主体性视野中的他者伦理学；二是法国传统中，我们可以从福柯的权力谱系学和知识考古学，德里达的以延异与书写理论为核心的解构哲学以及拉康的后主体的欲望哲学等思想"工具箱"中，找到瓦解西方形而上学历史观、主体观的"他者"话语。这是一种以追求差异、混杂、不确定性的反抗身份和现实中"不可能"的解放地点与空间为特征的文化批判理论。巴特勒从身体出

---

① Judith Butler, *Precarious Life: The Powers of Mourning and Violence*, London and New York, Verso, 2004, p. 27.

② Moya Lloyd, *Judith Butler: From Norms to Politics*, Cambridge, Polity, 2007, pp. 140-141.

发，对他者问题的思考受到了这两个传统的影响，并且更多的是属于法国传统的，这体现了她对形而上学传统的颠覆和反思。这两种倾向都对所有现代性历史进步的宏观概念与理性同一的主体概念进行了根本的颠覆，而提出了另类的、替代性的批判方案。其最重要的表现在于，这种对"他者的诉求"，从根本上不同于黑格尔的主客体二元对立逻辑和以主体的自我异化为框架的"主奴辩证法"，以及马克思的无产阶级寻求自我解放的历史辩证法；而且相当地异质于西方马克思主义社会批判理论中质疑历史进步合法性的启蒙辩证法。这种他者哲学，固然带有"矫枉过正"的片面性、虚无性缺陷，但毕竟为我们思考当代人类生存意义提供了一种别开生面的想象力。① 对他者问题之研究传统的理解，或许会让我们对巴特勒的理论有一种更具同情式的理解。

小 结

作为一个学者，巴特勒的重要性至少表现在两个方面：一是她提出的重大的理论，产生了很大的社会影响；二是她引发了足够多的争论，打开了我们考虑问题的思路。如果说前面几章主要致力于对巴特勒理论的介绍，那么本章的梳理关注的则是后者。从某种程度上说，巴特勒理论的生命力，就表现在这些论争中，当然本章涉及的只是巴特勒引发的

---

① 参见范海武、刘怀玉：《人学：从"可持续发展"到"永恒的生存"的辩证想象》，载《探索》2004 年第 3 期。

部分论争而已，作为一个依然活跃的学者，巴特勒对主体、语言、身体、性别，乃至资本主义社会的辩论，至今仍在继续。并且，她所关注的话题还有很多：对规范的思考，对存在与反抗如何被限制和允许的思考，对结构着当下的真实以及建立着人类生命等级的权力关系的兴趣，对承认的思考，对主体性、语言和能动性的质疑，以及对身体的思考。不同的是，最初她对这些问题的思考都是和性、性别、性属与欲望相关的，这也是她在女性主义理论、同性恋问题研究中有很大影响的原因。虽然，在她后来的著作中，其理论重点开始转移，比如，种族问题开始在她对人类生存的可能性的思考中出现。所以她的著作范围开始扩大。性别述行性理论虽然是巴特勒最著名的理论，但至少在笔者看来，她的著作的真正力量，在于对规范的质疑，对主体的反思。我们如果进一步研究她的后期著作，就会对这一点的体会更深刻。

结 语 | **雅努斯的面孔**

　　通观巴特勒的三本主要著作，我们看到，巴特勒的身体政治学一直致力于改写身体体验所依据的那些规范，她致力于揭示身体的自然外观之下隐藏的权力的运作过程，如 J. K. 吉布森-格雷汉姆在《资本主义的终结》中提到的，推动女性主义者们反思的动力是再现女性机体的社会效应，"即把（女性）机体表述为一个由心灵（或一些其他控制场合）控制的、有局限的和有构造的整体，而不是表述为一个具有'在社会相互作用中物质化'边界的'物质符号的生成点'"①。在巴特勒这样的女性主义者那里，身体不仅仅是一具肉

　　① ［美］J. K. 吉布森-格雷汉姆：《资本主义的终结：关于政治经济学的女性主义批判》，陈冬生译，120—121 页，北京，社会科学文献出版社，2002。

身，还是一个多元决定的社会部位，其中大量的社会、政治、生理以及习俗的因素参与了对身体的建构。与之相同的是，哈维也曾提出"身体过程"的概念，他认为，身体是多重不同过程(自然的和社会的、身体再现实践——物质层面与表象层面)共同作用的实践过程，而不是一个客观过程的被动产物。他认为，对身体问题进行积极思考的一个要件在于，将身体视为向世界开放并易于渗透的。身体在巴特勒那里，被非自然化了，它不再是一个稳定的、成熟的、已经完成的事实，而是一个过程，一种变化的状态，并且身体在"变化的过程中超越规范、重塑规范"，在这个过程中，我们看到，"我们本以为束缚着我们的现实并不像石头一样一成不变"①。其实，马克思在很早以前就以一种更加简约的方式指出：人的身体感觉形成是"迄今为止全部世界历史的产物"②。

有人会质疑这种以身体为基础的政治学的政治内涵，甚至认为对性别问题的关注不是合适的或者合格的政治问题。③ 确实，巴特勒的这种新型的性别政治试图大量运用布齐(butch)、法玛(femme)④和变性人等边缘群体的体验去重新组织政治生活。在某些理论家眼中，用这些体验去追求一种更公正的、更平等的公共生活，似乎对于大多数人的生活来说不具有代表性。但是巴特勒认为，这种看法忽略了那些边缘群体在公

① ［美］朱迪斯·巴特勒：《消解性别》，郭劼译，29 页，上海，上海三联书店，2009。

② 《马克思恩格斯全集》第 3 卷，305 页，北京，人民出版社，2002。

③ 参见［美］朱迪斯·巴特勒：《消解性别》，郭劼译，27 页，上海，上海三联书店，2009。

④ 布齐指的是男性气质的女同性恋，而法玛指的是有女性气质的女同性恋，偶尔也指有女性气质的男同性恋。

共领域受到的暴力，忽视了具身化的过程实际上是"由一套规范决定谁有资格在政治领域内成为主体的过程"①。这些边缘群体的生活，让我们反思什么是"真"的，什么是"应该"的，什么是"自然"的，进而让我们去反思这些定义背后的规范运作。关于身体应该如何理解，这不仅仅和边缘群体有关，还和主体形成的问题相关，这关涉到我们每一个人的生活可能性。巴特勒认为，"可能性不是奢侈品；它和面包一样重要"②。

以巴特勒为代表，当代酷儿理论的研究已跨越性别研究的领域，与广义的政治批判进行嫁接。罗布·卡弗的文章阐述过一个观点，"唯物主义酷儿理论"试图将单纯的性取向平等权问题引向对整个资本主义上层建筑和经济基础的分析批判，正是资本市场的无道德扭曲了道德与法律的限制，因而社会中产生了制度化同性恋敌意的需要，这种需要能提供一种维持性迷恋的状态，人们能在其中赚取利润。③ 巴特勒的研究路径契合了这一描述。通过对生活的可能性的思考，巴特勒将她的身体政治学和对资本主义社会的批判联系在一起。在她看来，要获得一种更自由的对性别的选择权，只有通过社会转化来进行。因为在资本主义社会，身体是资本的力量汇聚的场所之一。借用哈维的描述或许有助于我们反过来思考巴特勒的理论价值，哈维在《希望的空间》中说，

---

① ［美］朱迪斯·巴特勒：《消解性别》，郭劼译，28 页，上海，上海三联书店，2009。

② 同上书，29 页。

③ 参见［美］罗布·卡弗：《唯物/酷儿理论：表现性，主体性以及晚期资本主义文化中基于相似性的斗争》，转引自张永清、马元龙主编：《后马克思主义读本：理论批评》，193—206 页，北京，人民出版社，2011。

　　　　资本不断地努力按照它自己的需要来塑造身体，但是同时在其作用方式内使转变结果内在化，并且不断地展开劳动者的身体欲望、需要、需求和社会关系（有时公开表现为集体阶级、共同体或以身份为基础的斗争）。这个过程构成了社会生活的许多方面，如有关性特征和生物繁殖的"选择"，或者是文化和生活方式的"选择"，正如那些"选择"（如果它们真的是那样）更主要是由社会秩序及其占统治地位的法律、社会和政治代码以及规训行为（包括操纵性特征的那些行为）所构成。①

为了维持资本主义生产关系的再生产，身体、性别、欲望全部进入了资本的运转中，

　　　　组织、动员并引导人的欲望，以说服、监视和强迫的策略鼓励积极的政治参与，这些成为资本主义消费机构的一部分，反过来又对身体产生了形形色色的压力，这个身体就是进一步积累所需要的"理性消费"的场所和执行代理人。②

在巴特勒看似新潮的理论中，马克思的理论持续地产生作用，所以卡弗才会说，

---

①　［美］大卫·哈维：《希望的空间》，胡大平译，110 页，南京，南京大学出版社，2006。
②　同上书，107 页。

　　权力是巴特勒的核心范畴，因为权力实际上生产了人类社会世界的事务（比如说，霸权的社会话语和"不可生存"的生命）。因此，权力和权力运作的分析提供了重新安排那些被建构出来的排除和约束的唯一方法。福柯和马克思开创了这种思考方式，巴特勒的总结是从他们的不同寻常的关注中得到了启示。①

巴特勒的贡献在于，她将马克思的社会批判理论伸向了马克思没有涉及的领域，使左翼批判理论在性、性别、身体、欲望这些看上去时髦新潮的话题中生发出新的生命力。巴特勒的研究证明，马克思的理论并没有因为这些新兴话题的流行而失效，反而是分析这些话题的利器。如哈维所指出的，在马克思的理论中，关于身体、欲望、性别、种族等议题的"这些缺乏还不能通过抹杀马克思研究的方法或主旨来加以解决，后者是需要依赖的而不是要否定的东西"。马克思的理论"为理解资本主义制度下身体生产的过程和作用提供了丰富的概念工具"。同样，更为重要的是，马克思——

　　为研究如下问题提供了一种适当的认识论（历史—地理的和辩证法的），即在当代资本主义全球化的条件下，人体是如何产生的、它们如何成为意义的能指和所指，以及内在化的身体实践又怎么样反过来改变其自我生产的过程。②

---

① Samuel Allen Chambers and Terrell Carver, *Judith Butler and Political Theory: Troubling Politics*, New York, Routledge, 2008, p. 31.

② ［美］大卫·哈维：《希望的空间》，胡大平译，111 页，南京，南京大学出版社，2006。

巴特勒在论述身体的物质化的过程中，揭示了权力对身体之形塑的作用，这种权力操纵了性、生育等身体特征，实际上这反映的是资本如何努力地塑造一个符合资本运转所需的身体。如卡弗所言，"马克思在其思想中将市场化的世界进行了颠倒，他思考的也是工业的无产阶级中的一种'给定'的主体。巴特勒追随了马克思的去自然化的策略"①。

今天，巴特勒依然用一种"困难的"写作方式向学术界提出一些"困难的"问题，不断地制造麻烦，去挑战权力的规范力量，去寻找生活的可能性，在她看来，"一个我们可以对理所当然的事情进行质疑，特别是对什么才能算是人这样的问题进行质疑的世界，才是一个更具有希望的世界"②。吉尔·贾格尔认为，巴特勒在认同政治上带来的转向包含了一种对反抗与改变的理解的转向，这种转向可以描述为从一种启蒙与现代意义上的对自由和解放的关注，转向了对反抗与斗争的重视，这与福柯是一致的。③ 我们很难说巴特勒的理论是对的还是错误的，但我们可以肯定的是，从巴特勒之后，女性主义政治和身份政治，再也不能像以前那样思考了。

对于当代中国女性来说，巴特勒的理论可能过于激进，也过于艰涩迂回。我们必须承认，虽然她的理论所面对的语境与当下的中国有一定

①　Samuel Allen Chambers and Terrell Carver, *Judith Butler and Political Theory*：*Troubling Politics*，New York，Routledge，2008，p. 33.

②　Judith Butler，"Changing the Subject：Judith Butler's Politics of Radical Resignification，" in *The Judith Butler Reader*，ed. Sarah Salih（with Judith Butler），Oxford，Blackwell，2004，p. 364.

③　Gill Jagger，*Judith Butler*：*Sexual Politics*，*Social Change and the Power of the Performative*，London，New York，Routledge，2008，p. 137.

的隔阂，如何将巴特勒的理论与中国的现实进行嫁接并不是本书重点讨论的内容，但是笔者仍然要指出，巴特勒的身体政治学理论对揭示当代中国女性所遭受的隐性压迫有着重要的借鉴作用。巴特勒的研究方式是一种微观政治的表现，与宏观政治关注阶级斗争不同，微观政治将关注点转向了日常生活，一如凯尔纳和贝斯特总结的那样："微观政治关注日常生活实践，主张在生活风格、话语、躯体、性、交往等方面进行革命，以此为新社会提供先决条件，并将个人从社会压迫和统治下解放出来。"①这样的政治斗争方式是直接作用于日常生活的。所以在某种程度上说，巴特勒的理论对当代女性的日常生活有着直接的帮助。比如，各种减肥广告、各种美容促销向女性涌来，实际上这意味着有一双"看不见的手"操控着女性的身体，巴特勒的身体政治学所揭示的规范对女性身体的塑造，对于我们反思消费社会对女性的控制有着重要的启示。当各种话语将"应该"强加于女性时，比如，有人认为女人应该温良恭谦，忍让退缩，有人认为女人应该退守在家庭中相夫教子，此时，巴特勒的性别主体形成理论会让我们反思这些"应该"是不是经得起推敲的。当我们的语言中出现对女性的贬义言辞时，比如，"剩女""败犬"，当这些声音对女性施加影响时，巴特勒对话语伤害的反思会成为我们反抗这些隐性伤害的一把利器。而关于同性婚姻制度的讨论，巴特勒的观点更是值得我们思考，因为将同性恋婚姻合法化，到底是对同性恋的一种尊重，还是对他们的一种收编，值得我们商榷。

---

① ［美］斯蒂文·贝斯特、［美］道格拉斯·凯尔纳：《后现代理论：批判性的质疑》，张志斌译，150页，北京，中国编译出版社，1999。

虽然本书长篇累牍地对巴特勒的理论进行了介绍，但是如何界定巴特勒依然是个不可能的任务。我们甚至可以把她看作一个"反对自身"的人：她否认自己是唯心主义者，也很难认定自己是一个标准的唯物主义者；她不是一个文化决定论者，但又不相信自由意志的存在；她是一个女性主义者，却又不断地挑战女性主义的根基；她的理论中经常出现黑格尔、马克思的影子，但又极少直接论及这两者……她拒绝任何一个身份界定。她曾经说道："对于身份类型这种东西，我一向感到十分不安，我把它们看做一种避不开的障碍，我把它们理解为或者说是提升为一种不可避免的麻烦。"①对身份的警觉，使她的理论不断地挑战学科与学科之间的边界，打个不恰当的比方，巴特勒的理论就像"雅努斯的面孔"②，永远不能通过单一的面向看清楚其面貌。但在这个没有真正权威的时代，或许我们比任何时候都需要雅努斯，因为他是矛盾的代名词，是分裂的和谐统一：他一面洞察过去，给人带来启迪；一面观察未来，给人带来希望。就像在巴特勒的理论中，过去与未来，分裂与统一，以一种奇特的方式混杂在一起，让我们在她的辩证法迷宫中一边迷失，一边受到启迪。或许，这就是理论的魅力所在，尽管，雅努斯不是这个世界上真正的权威。

---

① ［美］朱迪斯·巴特勒：《模仿与性别反抗》，见李银河主编：《妇女：最漫长的革命》，214 页，北京，中国妇女出版社，2007。

② 雅努斯（Janus）是罗马人的门神，也是罗马人的保护神。具有前后两个面孔或四方四个面孔，象征开始。传说中，雅努斯的两副面孔：一个在头前，一个在脑后；一副面孔望着未来，一副面孔看着过去。

索　引

参考文献

英文部分

一、英文著作

1. Ann E. Cudd，*Capitalism，For and Against：A Feminist Debate*，Cambridge：Cambridge University Press，2011.

2. J. L. Austin，*How to Do Things with Words*，Cambridge：Harvard University Press，1962.

3. Bell，Vikki. ed.，*Performativity and Belonging*，London：Sage，1999.

4. Breen，Margaret Sonser and Blumenfeld，Warren J. Blumenfeld. ed.，*Butler Matters：Judith Butler's Impact on Feminist and Queer Studies*，Ashgate Publishing，2005.

5. Butler，Judith，*Subjects of Desire*，New York：Columbia University Press，1987.

6. Butler，Judith，*Subjects of Desire：Hegelian Reflections in Twentieth-*

Century France, 2nd, New York: Columbia University Press, 1999.

7. Butler, Judith, *Bodies that Matter: On the Discursive Limits of "Sex"*, New York and London: Routledge, 1993.

8. Butler, Judith, *Excitable Speech: A Politics of the Performative*, New York and London: Routledge, 1997.

9. Butler, Judith, *The Psychic Life of Power: Theories in Subjection*, Stanford: Stan-ford University Press, 1997.

10. Butler, Judith, *Gender Trouble: Feminism and the Subversion of Identity*, London and New York: Routledge, 1999.

11. Butler, Judith, *Antigone's Claim: Kinship Between Life and Death*, New York: Columbia University Press, 2000.

12. Butler, Judith, *Giving an Account of Oneself*, Assen: Koninklijke Van Gorcum, 2003.

13. Butler, Judith, *Precarious Life: The Powers of Mourning and Violence*, London and New York: Verso, 2004.

14. Butler, Judith, Laclau, E. and Zizek, S. *Contingency, Hegemony, Universality: Contemporary Dialogues on the Left*, Phronesis, London: Verso, 2000.

15. Butler, Judith, *Undoing Gender*, New York and London: Routledge, 2004.

16. Butler, Judith, *Giving an Account of Oneself*, New York: Fordham University Press, 2005.

17. Butler, Judith, *Frames of War: When is Life Grievable*, London:

Verso，2009.

18. Butler，Judith，And Spiva，G. Chakravorty，*Who Sings the Nation-State?：Language，Politics，Belonging*，London and New York：Seagull Books，2007.

19. Butler，Judith，And Weed，Elizabeth，*The Question of Gender：Joan W. Scott's Critical Feminism*，Indiana University Press，2011.

20. Butler，Judith，And Habermas，Jurgen etc.，*The Power of Religion in the Public Sphere*，New York：Columbia University Press，2011.

21. Cavallaro，Dani.，*French Feminist Theory：An Introduction*，Continuum，2007.

22. Chambers，Samuel Allen，and Carver，Terrell，*Judith Butler and Political Theory：Troubling Politics*，New York：Routledge，2008.

23. Chambers，Samuel Allen，and Carver，Terrell. *Judith Butler's Precarious Politics：Critical Encounters*，New York：Routledge，2008.

24. Derrida，Jacques [1972] "Signature Event Context"（"Signature Evénement Contexte"），trans. A. Bass in Peggy Kamuf（ed.）*A Derrida Reader：Between the Blinds*，New York：Columbia University Press，1999.

25. Douglas，Mary，*Purity and Danger：An Analysis of the Concepts of Pollution and Taboo*，London：Ark，1984.

26. Douglas，Mary，*Natural Symbols：Explorations in Cosmology*，

London: Barrie and Jenkins, 1973. 2nd ed.

27. Esler Philip F. , "Jesus and the Reduction of Intergroup Conflict", In Wolfgang Stegemann (EDT), Bruce Malina (EDT), Gerd Theissen (EDT), *The Social Setting of Jesus and The Gospels*, Minneapolis: Fortress, 2002.

28. Freud, Sigmund [1917], "Mourning and Melancholia" ("Trauer und Melancholie"), in Angela Richards (ed.), *The Pelican Freud Library*, Vol. 11, London: Penguin, 1984.

29. Spivak, Gayatri, *The Spivak Reader: Selected Works of Gayati Chakravorty Spivak*, New York: Routledge, 1996.

30. Eisenstein, Hester, *Feminism Seduced: How Global Elites Use Women's Labor and Ideas to Exploit the World*, Paradigm Publishers, 2010.

31. Iris Marion Young, *Justice and the Politics of Difference*, Princeton: Princeton University Press, 1990.

32. Jagger, Gill, *Judith Butler: Sexual Politics, Social Change and the Power of the Performative*, London and New York: Routledge, 2008.

33. Kirby, Vicki, *Judith Butler: Live Theory*, London; New York: Continuum, c2006.

34. Lacan, Jacques, *The Four Fundamental Concepts of Psycho-Analysis*, The International Psycho-Analytical Library, London: Hogarth Press, 1977.

35. Lacan, Jacques, "God and Woman' s Jouissance," The Seminar

XX, Encore, *On Feminie Sexuality*, *the Limits of Love and Knowledge*, ed. Jacques-Alain Miller, trans. Bruce Fink, New York: W. W. Norton & Co. , 1998.

36. Lacan, Jacques, and Bruce Fink, *Ecrits: The First Complete Edition in English*, New York: W. W. Norton & Co. , 2006.

37. Lloyd, Moya, *Judith Butler: From Norms to Politics*, Cambridge: Polity, 2007.

38. Loizidou, Elena, *Judith Butler: Ethics, Law, Politics*, New York: Routledge-Cavendish, 2007.

39. Lukács, György, *A Defence of History and Class Consciousness: Tailism and the Dialectic*, London; New York: Verso, 2000.

40. Fraser, Nancy, *Scale of Justice, Reframing Justice in a Globalizing World*, New York: Columbia University Press, 2009.

41. Pedersen, Johannes, *Israel, Its Life and Culture*, London: Oxford University Press; Branner og Korch, 1926.

42. Rée, Jonathan, *Philosophical Tales: An Essay on Philosophy and Literature*, London: Methuen, 1987.

43. Robinson, John A. T. , *The Body: A Study in Pauline Theology*, Philadelphia, PA: Westminster Press, 1952.

44. Salih, Sara, *Judith Butler*, New York: Routledge, 2002.

45. Benhabib, Seyla, *Situationg the Self: Gender, Community and Postmodernism in Contemporary Ethics*, New York: Routledge, 1992.

46. Benhabib, Seyla, et al. , *Feminist Contentions: A Philosophical*

Exchange, New York: Routledge, 1995.

47. Shilling, Chris 1993, *The Body and Social Theory*, London: Sage Publications.

二、英文论文

1. Aloni, Udi, "Judith Butler: As a Jew, I was Taught it was Ethically Imperative to Speak Up", *Haaretz*. See: http: //haaretz. com/ hasen/spages/1152017, html. Retrieved February 24, 2017-12-26.

2. Bell, V., "Mimesis as Cultural Survival: Judith Butler and Anti-Semitism", *Theory Culture Society*, 1999 (16): 133.

—— "On Speech, Race and Melancholia: An Interview with Judith Butler", *Theory Culture Society*, 1999 (16): 163-174.

3. Borgerson, J., "Judith Butler: On Organizing Subjectivities", *Sociological Review*, 2005, pp. 63-79.

4. Butler, J., "Review: Poststructuralism and Postmarxism ", *Diacritics*, Vol. 23, No. 4 (Winter, 1993), pp. 2-11.

—— "Sovereign Performatives in the Contemporary Scene of Utterance", *Critical Inquiry*, Vol. 23, No. 2 (Winter, 1997), pp. 350-377.

—— "Sex and Gender in Simone de Beauvoir's *Second Sex*", in *Yale French Studies*, 1986 (72): 35-41, New Haven: Yale University Press.

—— "Variations on Sex and Gender: Beauvoir, Wittig and Foucault", in Seyla Benhabib and Drucilla Cornell (eds), *Feminism as Cri-*

tique： *Essays on the Politics of Gender in Late-Capitalist Societies*，1987，Cambridge： Polity Press，pp. 129-142.

—— "Foucault and the Paradox of Bodily Inscriptions"，*Journal of Philosophy*，86 (11)，1989，pp. 601-607.

—— "Sexual Ideology and Phenomenological Description： A Feminist Critique of Merleau-Ponty's *Phenomenology of Perception*"，in Jeffner Allen and Iris Marion Young (eds)，*The Thinking Muse： Feminism and Modern French Philosophy*，Bloomington： Indiana University Press，1989，pp. 85-100.

—— "The Force of Fantasy： Mapplethorpe，Feminism，and Discursive Excess"，*Differences： A Journal of Feminist Cultural Studies* 2 (2)，1990，pp. 105-125.

—— "Gender Trouble，Feminist Theory，and Psychoanalytic Discourse"，in Linda J. Nicholson (ed.)，*Feminism/Postmodernism*，London： Routledge，1990，pp. 324-340.

—— "Imitation and Gender Insubordination "，in Diana Fuss (ed.)，*Inside Out： Lesbian Theories，Gay Theories*，London： Routledge，1990，pp. 13-31.

—— "The Nothing That Is： Wallace Stevens' Hegelian Affinities"，in Bainard Cowan and Joseph G. Kronick (eds)，*Theorizing American Literature： Hegel，the Sign，and History*，Baton Rouge： Louisiana State University Press，1991，pp. 269-287.

—— "Contingent Foundations： Feminism and the Question of Postmodernism", in Judith Butler and Joan Scott (eds), *Feminists Theorize the Political*, London: Routledge, 1992, pp. 3-21.

—— "Gender", in Elizabeth Wright (ed.), *Feminism and Psychoanalysis: A Critical Dictionary*, Oxford: Blackwell, 1992, pp. 140-145.

—— "Endangered/Endangering: Schematic Racism and White Paranoia", in Robert Gooding Williams (ed.), *Reading Rodney King/Reading Urban Uprising*, New York: Routledge, 1993, pp. 15-22.

—— "Against Proper Objects", *Differences: A Journal of Feminist Cultural Studies*, 6 (2), (3), 1994, pp. 1-26.

—— "For a Careful Reading", in Seyla Benhabib, Judith Butler, Drucilla Cornell and Nancy Fraser (co-authors), *Feminist Contentions: A Philosophical Exchange*, London: Routledge, 1995, pp. 127-143.

—— "Sexual Inversions", in Susan J. Hekman (ed.), *Feminist Interpretations of Michel Foucault*, Philadelphia: Pennsylvania University Press, 1996, pp. 344-361.

—— "Universality in Culture", in Joshua Cohen (ed.), *For Love of Country: Debating the Limits of Patriotism: Martha C. Nussbaum with Respondents*, Boston: Beacon Press, 1996, pp. 43-52.

—— "Performative Acts and Gender Constitution: An Essay on Phenomenology and Feminist Theory", in Katie Conboy, Nadia Medina and Sarah Stanbury (eds), *Writing on the Body: Female Em-

bodiment and Feminist Theory, New York: Columbia University Press, 1997, pp. 401-417. [Also in Sue-Ellen Case (ed.), *Performing Feminisms, Feminist Critical Theory and Theatre*, Baltimore: Johns Hopkins University Press, 1990.]

—— "Revisiting Bodies and Pleasures", *Theory, Culture and Society*, 16 (2), 1999, pp. 11-20.

—— "Restaging the Universal: Hegemony and the Limits of Formalism"; "Competing Universalities"; "Dynamic Conclusions", in Judith Butler, Ernesto Laclau and Slavoj Z˘iz˘ek (co-authors), *Contingency, Hegemony, Universality: Contemporary Dialogues on the Left*, London: Verso, 2000, pp. 11-43, pp. 136-181, pp. 263-280.

—— "What is Critique? An Essay on Foucault's Virtue", in David Ingram (ed.), *The Political: Readings in Continental Philosophy*, London: Basil Blackwell, 2001.

5. Corsani, A. and Murphy, T. S., "Beyond the Myth of Woman: The Becoming-Transfeminist of (Post-) Marxism", *SubStance*, Vol. 36, No. 1, Issue 112: Italian Post-Workerist Thought (2007), pp. 106-138.

6. Floyd, K., "Making History: Marxism, Queer Theory, and Contradiction in the Future of American Studies", *Cultural Critique*, No. 40, *The Futures of American Studies* (Autumn, 1998), pp. 167-201.

7. Fraser, M., "Classing Queer: Politics in Competition", *Theory Culture Society*, 1999 (16): 107.

8. Hekman, Susan, "Material Bodies", *Body and Flesh: a Philosophical*

Reader, Ed. Donn Welton, Blackwell Publishing, 61-70. See: http: // en. wikipedia. org/wiki/Judith _ Butler♯cite _ note-39, 2017-11-27.

9. Hennessy, R. , "Women's Lives / Feminist Knowledge: Feminist Standpoint as Ideology Critique ", *Hypatia*, Vol. 8, No. 1 (Winter, 1993), pp. 14-23.

10. Hodgson, D. , " 'Putting on a Professional Performance': Performativity, Subversion and Project Management ", *Organization*, 2005 (12): 51.

11. Jackson, A. Y. , "Performativity Identified", *Qualitative Inquiry*, 2004 (10): 673.

12. Joyce, Rosemary A. , "Girling the Girl and Boying the Boy: The Production of Adulthood in Ancient Mesoamerica", *World Archaeology*, Vol. 31, No. 3, Human Lifecycles (Feb. , 2000), pp. 473-483.

13. Kaufman-Osborn, T. V. , "Pi Sigma Alpha Award: Fashionable Subjects: On Judith Butler and the Causal Idioms of Postmodern Feminist Theory", *Political Research Quarterly*, Vol. 50, No. 3 (Sep. , 1997), pp. 649-674.

14. Kordela, A. K. , "Marx's Update of Cultura Theory", *Cultural Critique*, No. 65 (Winter, 2007), pp. 43-66.

15. Lloyd, M. , "Performativity, Parody, Politics", *Theory Culture Society*, 1999 (16): 195.

16. Lovell, T. , "Resisting with Authority: Historical Specificity, Agency and the Performative Self", *Theory Culture Society*, 2003

（20）：1.

17. McNay, L. , "Subject, Psyche and Agency: The Work of Judith Butler", *Theory Culture Society*, 1999 (16): 175.

18. McRobbie, A. , "Vulnerability, Violence and (Cosmopolitan) Ethics: Butler's Precarious Life", *The British Journal of Sociology*, 2006, Volume 57, Issue 1.

19. McLaren, P. and Farahmandpur, R. , "Reconsidering Marx in Post-Marxist Times: A Requiem for Postmodernism?", *Educational Researcher*, Vol. 29, No. 3 (Apr. , 2000), pp. 25-33.

20. Meijer, Irene C. and Prins, B. , "How Bodies Come to Matter: An Interview with Judith Butler ", *Signs*, Vol. 23, No. 2 (Winter, 1998), pp. 275-286.

21. Michalik Regina, "The desire for philosophy: Interview with Judith Butler", http: //www. lolapress. org/elec2/artenglish/butl _ e. htm, 2017-12-26.

22. Thomas Rhiel, "Judith Butler, Big-Deal Academic, Coming to Columbia", *Columbia Daily Spectator*, November 10, 2010, http://spectrum. columbiaspectator. com/spectrum/judith-butler-big-deal-academic-coming-to-columbia, 2010-11-10.

23. Weber, C. , "Performative States," *Millennium-Journal of International Studies*, 1998 (27): 77.

中文部分

（一）马克思主义经典类

1.《马克思恩格斯选集》第 1 卷，人民出版社 1995 年版。

2.《马克思恩格斯选集》第 2 卷，人民出版社 1995 年版。

3.《马克思恩格斯全集》第 3 卷，人民出版社 2002 年版。

4.《马克思恩格斯全集》第 23 卷，人民出版社 1972 年版。

5.《马克思恩格斯全集》第 46 卷上，人民出版社 1979 年版。

6.《马克思恩格斯全集》第 46 卷下，人民出版社 1980 年版。

7.《马克思恩格斯全集》第 47 卷，人民出版社 1979 年版。

8.《马克思恩格斯文集》第 1 卷，人民出版社 2009 年版。

（二）巴特勒专著及其研究类

1.［美］朱迪斯·巴特勒：《性别麻烦：女性主义与身份的颠覆》，上海三联书店 2009 年版。

2.［美］朱迪斯·巴特勒：《身体之重：论"性别"的话语界限》，上海三联书店 2011 年版。

3.［美］朱迪斯·巴特勒：《身体至关重要》，见汪民安、陈永国编：《后身体——文化、权力和生命政治学》，吉林人民出版社 2003 年版。

4.［美］朱迪斯·巴特勒：《权力的精神生活：服从的理论》，江苏人民出版社 2009 年版。

5.［美］朱迪斯·巴特勒：《消解性别》，上海三联书店 2009 年版。

6. ［美］朱迪斯·巴特勒：《脆弱不安的生命——哀悼与暴力的力量》，河南大学出版社 2013 年版。

7. ［美］朱迪斯·巴特勒：《模仿与性别反抗》，见李银河主编：《妇女：最漫长的革命》，中国妇女出版社 2007 年版。

8. ［美］朱迪斯·巴特勒：《纯粹的文化维度》，见［美］凯文·奥尔森编：《伤害＋侮辱——争论中的再分配、承认和代表权》，上海人民出版社 2009 年版。

9. ［美］朱迪斯·巴特勒、［英］欧内斯特·拉克劳、［斯洛文尼亚］斯拉沃热·齐泽克：《偶然性、霸权和普遍性——关于左派的当代对话》，江苏人民出版社 2004 年版。

10. ［美］朱迪斯·巴特勒：《性别在燃烧——关于挪用与颠覆的诸问题》，见《批评家（第二辑）》，四川美术出版社 2008 年版。

11. ［英］安吉拉·麦克罗比：《没有女人，就没有哭泣？——朱迪斯·巴特勒和后女性主义文化研究政治学》，见《文化研究的用途》，北京大学出版社 2009 年版。

12. ［法］勒布朗：《臣服：阿尔都塞、福柯、巴特勒》，见［英］莱姆克等：《马克思与福柯》，华东师范大学出版社 2007 年版。

13. 倪湛舸：《语言·主体·性别——初探巴特勒的知识迷宫》，见《消解性别》，上海三联书店 2009 年版。

14. 郭劼：《理论、生活、生命：从〈性别麻烦〉到〈消解性别〉》，见《消解性别》，上海三联书店 2009 年版。

15. ［美］朱迪斯·巴特勒：《论雅克·德里达》，载《国外理论动态》2005 年第 4 期。

16. 孙婷婷：《朱迪斯·巴特勒的述行理论与文化实践》，中国社会科学出版社 2015 年版。

17. 王楠：《美国性别批评理论研究》，北京大学出版社 2015 年版。

18. 备闻：《性之后？——当前酷儿理论研究状况》，载《外国文学评论》2008 年第 1 期。

19. 戴雪红：《后女性主义对二元论的批判——身体的哲学剖析》，载《妇女研究论丛》2008 年第 6 期。

20. 戴雪红：《西方女性意识觉醒的发展谱系研究》，载《理论月刊》2016 年第 5 期。

21. 都岚岚：《论朱迪斯·巴特勒性别理论的动态发展》，载《妇女研究论丛》2010 年第 6 期。

22. 都岚岚：《论朱迪斯·巴特勒对〈安提戈涅〉的再阐释》，载《英美文学研究论丛》2012 年第 2 期。

23. 都岚岚：《酷儿理论等于同性恋研究吗?》，载《文艺理论研究》2015 年第 6 期。

24. 都岚岚：《脆弱与承认：论巴特勒的非暴力伦理》，载《外国文学》2015 年第 4 期。

25. 方亚中：《从巴特勒的性属操演看依利加雷的性别特征》，载《华中科技大学学报（社会科学版）》2009 年第 2 期。

26. 范谞：《跳出性别之网——读朱迪斯·巴特勒〈消解性别〉兼论"性别规范"概念》，载《社会学研究》2010 年第 5 期。

27. 傅淑琴、李洪：《简析作为文学批评方法的酷儿理论》，载《时代文学（双月上半月）》2009 年第 5 期。

28. 郭劼：《承认与消解：朱迪斯·巴特勒的〈消解性别〉》，载《妇女研究论丛》2010 年第 6 期。

29. 何成洲：《巴特勒与表演性理论》，载《外国文学评论》2010 年第 3 期。

30. 何成洲：《性别研究的未来——与托莉·莫伊的访谈》，载《当代外国文学》2009 年第 2 期。

31. 何磊：《绽出、迷失、矛盾：黑格尔的欲望主体之旅》，载《外国文学》2013 年第 3 期。

32. 何佩群：《朱迪思·巴特勒后现代女性主义政治学理论初探》，载《学术月刊》1999 年第 6 期。

33. 柯倩婷：《身体与性别研究：从波伏娃与巴特勒对身体的论述谈起》，载《妇女研究论丛》2010 年第 1 期。

34. 孔明安：《政治霸权的逻辑及其普遍性的困境——简析后马克思主义视域中的普遍性与本质主义之争》，载《国外社会科学》2013 年第 1 期。

35. 刘昕婷：《被"伪"的"娘"与被误读的巴特勒》，载《中国图书评论》2010 年第 12 期。

36. 刘阳军：《朱迪斯·巴特勒性别操演论之透视、批评以及警示意义》，载《文艺评论》2016 年第 2 期。

37. 李坤：《朱迪斯·巴特勒与性别表演》，载《科教文汇（中旬刊）》2008 年第 10 期。

38. 李庆本：《朱迪斯·巴特勒的后女性主义理论》，载《云南大学学报（社会科学版）》2009 年第 3 期。

39. 李银河：《酷儿理论面面观》，载《国外社会科学》2002 年第 2 期。

40. 马元龙：《棘手的主体：自主抑或臣服?》，载《外国文学》2009 年第 4 期。

41. 倪志娟：《从弗洛伊德到巴特勒——关于"性"的话语建构》，载《中华女子学院学报》2010 年第 1 期。

42. 宋素凤：《〈性别麻烦：女性主义与身份的颠覆〉——后结构主义思潮下的激进性别政治思考》，载《妇女研究论丛》2010 年第 1 期。

43. 孙婷婷：《性别跨越的狂欢与困境——朱迪斯·巴特勒的述行理论研究》，载《妇女研究论丛》2010 年第 6 期。

44. 孙婷婷：《家庭、性别的双重背离：朱迪斯·巴特勒对悲剧英雄安提戈涅的解读》，载《四川戏剧》2014 年第 11 期。

45. 孙婷婷：《朱迪斯·巴特勒的现代性自我身份书写》，载《华北电力大学学报（社会科学版）》2015 年第 2 期。

46. 孙婷婷：《与他人相遇：朱迪斯·巴特勒文化身份研究的伦理维度》，载《河南师范大学学报（哲学社会科学版）》2015 年第 6 期。

47. 陶家俊：《后解放时代的"欲望"景观——论朱迪丝·巴特勒的思想发展》，载《文景》2004 年第 4 期。

48. 王建香：《话语与表演：朱迪丝·巴特勒对性别身分的解构》，载《湘潭大学学报（哲学社会科学版）》2008 年第 4 期。

49. 王楠：《性别与伦理——重写差异、身体与语言》，载《妇女研究论丛》2013 年第 6 期。

50. 王楠：《从性别表演到文化批判：论朱迪斯·巴特勒的政治伦理批评》，载《妇女研究论丛》2015 年第 2 期。

51. 王宁：《巴特勒的理论之于中国当代性别研究的意义》，载《山东外语教学》2015 年第 1 期。

52. 王行坤：《巴特勒的性别理论与性政治》，载《南阳师范学院学报》2010 年第 1 期。

53. 王玉珏：《权力话语与身体的物质化——朱迪斯·巴特勒的女性主义系谱学研究》，载《西南大学学报（社会科学版）》2015 年第 3 期。

54. 王玉珏：《重思可能性——朱迪斯·巴特勒激进民主理论研究》，载《广西师范大学学报（哲学社会科学版）》2015 年第 4 期。

55. 王玉珏：《欲望的主体——论朱迪斯·巴特勒与黑格尔之思想勾连》，载《集美大学学报（哲社版）》2016 年第 1 期。

56. 王玉珏：《主体的屈服与反抗——朱迪斯·巴特勒权力理论初探》，载《安徽大学学报（哲学社会科学版）》2016 年第 6 期。

57. 王玉珏：《文化批判理论的政治意涵——论朱迪斯·巴特勒哲学理论之现实维度》，载《中共宁波市委党校学报》2016 年第 6 期。

58. 许文博：《布迪厄的阶级理论与性别表演理论的关系——阶级与性别的相似性》，载《北方论丛》2015 年第 1 期。

59. 杨洁：《酷儿理论探析》，载《河北学刊》2007 年第 1 期。

60. 杨洁：《那一个哲学家"酷儿"——管窥朱迪斯·巴特勒》，载《兰州学刊》2008 年第 4 期。

61. 严泽胜：《朱迪·巴特勒：欲望、身体、性别表演》，载《国外理论动态》2004 年第 4 期。

62. 张青卫、谈永珍：《巴特勒性别操演论伦理价值探析》，载《哲学动态》2010 年第 11 期。

63. 钟厚涛：《朱迪斯·巴特勒：性别表演》，载《齐齐哈尔师范高等专科学校学报》2006 年第 3 期。

（三）女性主义哲学经典及其研究类

1. 柏棣：《历史使命的终结？——在资本主义危机中思考女性主义与资本主义的关系》（上、下），载《山东女子学院学报》2014 年第 1、4 期。

2. ［美］贝尔·胡克斯：《女权主义理论：从边缘到中心》，江苏人民出版社 2001 年版。

3. ［法］波伏娃：《第二性Ⅰ》，上海译文出版社 2011 年版。

4. ［法］波伏娃：《第二性Ⅱ》，上海译文出版社 2011 年版。

5. 戴雪红：《女性主义对资本主义的批判：立场、观点和方法》，光明日报出版社 2010 年版。

6. 陈学明：《西方女性主义的马克思主义对资本主义全球化的独特批判》，载《毛泽东邓小平理论研究》2007 年第 1 期。

7. ［美］盖尔·卢宾：《女人交易——性的'政治经济学'初探》，见《社会性别研究选译》，生活·读书·新知三联书店 1998 年版。

8. 黄华：《权力，身体与自我——福柯与女性主义文学批评》，北京大学出版社 2005 年版。

9. ［美］葛尔·罗宾等：《酷儿理论》，文化艺术出版社 2003 年版。

10. ［美］简·盖洛普：《通过身体思考》，江苏人民出版社 2005 年版。

11. ［美］J.K. 吉布森-格雷汉姆：《资本主义的终结：关于政治经济学的女性主义批判》，社会科学文献出版社 2002 年版。

12. ［美］凯特·米利特：《性的政治》，社会科学文献出版社 1999 年版。

13. ［英］伊丽莎白·赖特：《拉康与后女性主义》，北京大学出版社 2005 年版。

14. ［美］南茜·弗雷泽：《异性恋、错误承认与资本主义：答朱迪思·巴特勒》，见［美］凯文·奥尔森编：《伤害＋侮辱——争论中的再分配、承认和代表权》，上海人民出版社 2009 年版。

15. 李银河：《女性主义》，山东人民出版社 2005 年版。

16. 李小江：《性沟》，生活·读书·新知三联书店 1989 年版。

17. 李银河：《女代表，该好好反省一下！》，http：//blog.sina.com.cn/s/blog_473d533601017ok3.html，2017-08-30。

18. 刘怀玉、周可可：《从诗学革命到女性政治——西方学界关于克里斯蒂娃思想研究述评》，见高宣扬主编：《法兰西思想评论》第 4 卷，同济大学出版社 2009 年版。

19. 刘岩：《差异之美：伊里加蕾的女性主义理论研究》，北京大学出版社 2010 年版。

20. ［美］玛丽·克劳福德，罗达·昂格尔：《妇女与性别：一本女性主义心理学著作》，中华书局 2009 年版。

21. ［英］玛丽亚姆·弗雷泽：《波伏瓦与双性气质》，中华书局 2004 年版。

22. ［法］莫尼克·威蒂格：《正常的心灵》，见李银河主编：《妇女：最漫长的革命》，中国妇女出版社 2007 年版。

23. ［法］莫尼克·威蒂格：《女人不是天生的》，见李银河主编：《妇女：最漫长的革命》，中国妇女出版社 2007 年版。

24. ［美］南希·弗雷泽，琳达·尼克尔森：《非哲学的社会批判——女权主义与后现代主义的相遇》，见李银河主编：《妇女：最漫长的革命》，中国妇女出版社 2007 年版。

25. 苏红军：《成熟的困惑：评 20 世纪末期西方女权主义理论上的三个重要转变》，见《西方后学语境中的女权主义》，广西师范大学出版社 2006 年版。

26. 苏红军：《危险的私通：反思美国第二波女权主义与新自由主义全球资本主义的关系》，载《妇女研究论丛》2013 年第 3 期。

27. ［美］托莉·莫：《性/文本政治——女性主义文学理论》，巨流图书有限公司 2005 年版。

28. ［法］朱莉娅·克里斯蒂瓦：《恐怖的权力：论卑贱》，生活·读书·新知三联书店 2001 年版。

29. ［美］伊丽莎白·格罗斯：《意指的身体》，见高宣扬主编：《法兰西思想评论》第 4 卷，同济大学出版社 2009 年版。

30. ［美］约瑟芬·多诺万：《女权主义的知识分子传统》，江苏人民出版社 2003 年版。

31. 周亮编：《［两会·观点］张晓梅委员提案鼓励部分女性"回归"家庭》，中国广播网 http：//china. cnr. cn/gdgg/201103/t20110308 _507767316. shtml，2017-12-04。

（四）西方理论及其研究类

1. ［法］阿尔都塞：《哲学与政治：阿尔都塞读本》，吉林人民出版社 2003 年版。

2. ［英］安吉拉·麦克罗比：《文化研究的用途》，北京大学出版社 2007 年版。

3. ［英］奥斯汀：《如何以言行事》（*How to Do Things with Words*），外语教学与研究出版社 2002 年版。

4. ［古希腊］柏拉图：《理想国》，商务印书馆 1996 年版。

5. ［古希腊］柏拉图：《柏拉图全集·克拉底鲁篇》，人民出版社 2003 年版。

6. ［古希腊］柏拉图：《斐多》，辽宁人民出版社 2000 年版。

7. 陈嘉映：《语言哲学》，北京大学出版社 2003 年版。

8. ［美］大卫·哈维：《希望的空间》，南京大学出版社 2006 年版。

9. ［法］笛卡尔：《第一哲学沉思录》，商务印书馆 1986 年版。

10. 范海武、刘怀玉：《人学：从"可持续发展"到"永恒的生存"的辩证想象》，载《探索》2004 年第 3 期。

11. 付文忠：《新社会运动与国外马克思主义思潮：后马克思主义研究》，山东大学出版社 2009 年版。

12. ［法］米歇尔·福柯：《规训与惩罚——监狱的诞生》，生活·读书·新知三联书店 1999 年版。

13. ［法］米歇尔·福柯：《性经验史》，上海人民出版社 2002 年版。

14. ［法］米歇尔·福柯：《词与物：人文科学考古学》，上海三联书店 2001 年版。

15. ［法］米歇尔·福柯：《福柯集》，上海远东出版社 1998 年版。

16. ［日］福原泰平：《拉康：镜像阶段》，河北教育出版社 2001 年版。

17. ［奥］弗洛伊德：《女性心理》，见《精神分析讲演新篇》，国际文化出版公司 2000 年版。

18. ［奥］弗洛伊德：《自我与本我》，见《弗洛伊德后期著作选》，上海译文出版社 1987 年版。

19. ［奥］弗洛伊德：《性学三论·爱情心理学》，太白文艺出版社 2004 年版。

20. ［奥］弗洛伊德：《自我与本我》，九州出版社 2014 年版。

21. 郭晓彦主编：《生产（第 8 辑）：忧郁与哀悼》，江苏人民出版社 2012 年版。

22. ［德］黑格尔：《精神现象学》上、下卷，商务印书馆 1981 年版。

23. ［美］凯文·奥尔森编：《伤害＋侮辱——争论中的再分配、承认和代表权》，上海人民出版社 2009 年版。

24. ［法］科耶夫：《黑格尔导读》，译林出版社 2005 年版。

25. ［美］克利福德·格尔兹：《文化的解释》，上海人民出版社 1999 年版。

26. ［法］拉康：《拉康选集》，上海三联书店 2001 年版。

27. ［英］莱姆克等著：《马克思与福柯》，华东师范大学出版社 2007 年版。

28. ［美］理查德·罗蒂：《"文化承认"是左翼政治的有用概念吗?》，见［美］凯文·奥尔森编：《伤害＋侮辱——争论中的再分配、承认和代表权》，上海人民出版社 2009 年版。

29. 李幼蒸：《形上逻辑和本体虚无：现代德法伦理学认识论研究》，商务印书馆 2000 年版。

30. ［法］毛斯：《各种身体的技术》，见《社会学与人类学》，上海译文出版社 2003 年版。

31. ［美］南茜·弗雷泽：《正义的中断——对"后社会主义"状况的批判性反思》，上海人民出版社 2008 年版。

32. ［德］尼采：《论道德的谱系》，生活·读书·新知三联书店 1992 年版。

33. ［斯洛文尼亚］齐泽克：《敏感的主体——政治本体论的缺席中心》，江苏人民出版社 2005 年版。

34. ［美］道格拉斯·凯尔纳、斯蒂文·贝斯特：《后现代理论：批判性的质疑》，中央编译出版社 1999 年版。

35. 孙伯鍨、姚顺良：《〈资本论〉中的历史唯物主义问题》，见庄福龄、孙伯鍨主编：《马克思主义哲学史——马克思主义哲学在欧洲风暴和革命时期的运动和发展》第 2 卷，北京出版社 1996 年版。

36. 汪民安：《尼采与身体》，北京大学出版社 2008 年版。

37. 汪民安：《身体、空间与后现代性》，江苏人民出版社 2006 年版。

38. 汪民安：《后现代性的谱系》，见汪民安、陈永国、马海良主编：《后现代性的哲学话语——从福柯到赛义德》，浙江人民出版社 2004 年版。

39. ［美］W. T. 司退斯：《黑格尔哲学》，中国社会科学出版社 1989 年版。

40. ［英］维特根斯坦：《哲学研究》，上海人民出版社 2001 年版。

41. 吴琼：《雅克·拉康：阅读你的症状》（上、下），中国人民大学出版社 2010 年版。

42. ［瑞士］汉斯彼德·克里西等：《西欧新社会运动——比较分析》，

重庆出版社 2006 年版。

43. 严泽胜：《穿越"我思"的幻象——拉康主体性理论及其当代效应》，东方出版社 2007 年版。

44. 杨大春：《语言·身体·他者：当代法国哲学的三大主题》，生活·读书·新知三联书店 2007 年版。

45. 杨大春：《从法国哲学看身体在现代性进程中的命运》，载《浙江学刊》2004 年第 5 期。

46. 仰海峰：《西方马克思主义的逻辑》，北京大学出版社 2010 年版。

47. 杨玉成：《奥斯汀：语言现象学与哲学》，商务印书馆 2002 年版。

48. ［美］约翰·奥尼尔：《身体形态：现代社会的五种身体》，春风文艺出版社 1999 年版。

49. 张永清、马元龙主编：《后马克思主义读本：理论批评》，人民出版社 2011 年版。

50. 张一兵、胡大平：《西方马克思主义哲学的历史逻辑》，南京大学出版社 2003 年版。

51. 周凡：《后马克思主义导论》，中央编译出版社 2010 年版。

后　记

"什么是女人？"跟着巴特勒一次次地反思这个问题，我最终还是没有得到一个确切的答案。但是，没有答案并不是一件坏事，因为没有答案就意味着有疑问，而疑问，是哲学的开始。正是哲学的反思，让"常识"不再是常识，让即便是最普通的"女人"这一称谓，都迂回复杂、疑窦丛生。作为女人，我感谢巴特勒为我带来的这些疑惑，她撕开了"女人"的面纱，让我看到面纱背后原来是一张一张独特的、写着各自独有的人生故事的脸。

这本书脱胎于我的博士论文，当年写作博士论文的时候，我正陷入人生的低谷，经历着身为女人所带来的生理上和精神上的创痛。一本一本地翻阅巴特勒的著作的过程，对于我来说，就是一个自我治疗的过程。巴特勒以她的尖锐、犀利反抗着规范对女人的规训，她用生命经历反思着这个社会对女人的期待和塑形，而我也以我的生命经历去阅读她，并且借助她的思考来治愈自己。当她通过性别理论的研究走向更加广阔的激进民主政治的天地时，我也一步一步地走出自己幽微封闭的苦痛，抖擞精神，重新迎向人生的另一片天地。在研读巴特勒的过程中，我深深地体会到，学术，不是枯燥的无生命的白纸黑字，学术是有体温的。我要感谢巴特勒，虽然她的理论艰涩迂回，读起来颇费功夫，但是其文其人，却给我很大的精神力量。或许身体只有经历破骨剔肉之苦，才能长出新的、更强健的血肉。我们也只有在披荆斩棘之后，才能到达理想的澄明之境。

这本书的写作是我学术生涯的起步，也是在南京大学哲学系宗教学系多年攻读的一个小小的成果。这其中有我多位师长的培育之恩。首先，我要感谢我的博士生导师刘怀玉教授，他以极大的耐心，教导我如何找到适合自己的选题，如何消化外文文献，如何寻找进入选题的路径。就是在刘老师的课堂上，借助老师清晰翔实的讲解勾画，我慢慢地对国外马克思主义理论有了深入的了解，这为我的博士论文的写作打下了必要的理论基础。在论文的写作过程中，刘老师与我多次讨论，一遍一遍地为我的论文修改润色，甚至连注释的规范和用字用词都不放过。在毕业后的这几年，刘老师也常常不厌其烦地回复我这愚钝学生的邮件，对我的研究进行远程指导。犹记得刘老师说，做老师就是当园丁，要根据树木的材质来决定如何培育它。刘老师既让我不至于在初入学术迷宫之时失去方向，也让我在学术的道路上自由地寻找属于自己的方向。而在我最低谷的时候，也是刘老师的鼓励和宽容，给了我重新站起来的勇气，是老师让我懂得，为学，亦是为人。其次，我要感谢张异宾教授，是他的文本研读课，让我对西方马克思主义哲学的经典进行了第一次文本解读练习，这种严谨踏实的研究方式成为我博士论文最直接的研究方法。我要感谢姚顺良教授，他深厚的学识、风趣的讲解，给我展现了一个生动的、贴近中国当代现实的马克思。我要感谢唐正东教授，是他的马克思主义原著选读课，将我引进了马克思主义哲学的大门；是唐老师扎实详尽的解读，为我之后由马克思主义哲学走向西方马克思主义的研究打下了最重要的基础。我要感谢胡大平教授，是他的西方马克思主义哲学课程为我梳理了西方马克思主义哲学发展的历史，为我在博士论文及这本书中所进行的后马克思主义哲学研究做了充分的理论准备；也是胡老师，在我的写作遇到瓶颈的时候，给我提出了中肯的意见，为我的研究剪去了一些不必要的枝丫。我要感谢张亮教授，他为我的写作提出了不少技术性意见，提醒我要注意学术语言的运用，并且更重视论文的学术规范。我还要感谢周嘉昕老师和孙乐强老师，他们是我的老师，也是我的学长，我从他们身上学到了很多做科研的经验，感谢他们的无私分享。此外，我还要感谢南京大学哲学系宗教学系其他各个研究方向的老师们，是他们的帮助和指点为我打下了哲学研究的基础，特别是我的硕士生导师方蔚林教授，正是他开阔的研究视野、严谨的研究风格和开明的教学方式，把我带上了学术研究的道路。

时光，走得太快，转眼离开南京大学已经四年了，我常常梦回金陵，总还想再多听听老师们的课，多向老师们学习治学为人之道。但是岁月总是匆匆，总是不等人，我总是有遗憾，唯有时时将师长们的教诲感念在心。在我心中，各位先生之风，山高水长。

　　我还要感谢现在的工作单位——集美大学，这个历史悠久、秀美幽静的学校给了我人生中第一份工作，也给了我读书写作的宽松环境。作为一个久居象牙塔的人，我还要感谢我的父亲母亲，他们一直是我求学、治学路上的坚强后盾，为我免除了许多后顾之忧。我要感谢我的爱人林密，因为娶一个会琢磨"什么是女人"这样的形而上问题的妻子不是一件轻松的事。有时候，包容反思比反思本身需要更多的力量，那需要一个独立的灵魂和一个宽厚的胸怀。谢谢我的爱人，给了我足够的自由，让我去做我想做的事，并且在我最低落失意的时候，照顾我，包容我，陪伴我。最后，感谢小儿逸逸，这个小顽皮是我枯燥的书斋生活的开心果，谢谢他让我成为母亲，让我对性别又有了新的认识。从某种意义上说，我是一个女性主义者，始终觉得女性一定要独立，不能因为孩子、家庭放弃自己的梦想。以前我总觉得，要先做一个"人"，然后才是做一个"女人"。但做了母亲之后，我却觉得"女人"和"人"这两个身份，并不能轻易分离。就如"母亲"这个身份于我，已然是生命的一部分，如果两者剥离，我就不再是我了。这种体悟，深深影响了我的写作，这是逸逸给我的礼物。

　　常常感慨，自己何德何能，能得到师长、家人，还有无法在此一一提及的朋友们的深情厚谊，让我这平凡书生快乐地遨游在哲学的海洋之中。感谢上天的厚待，我会携此恩宠，继续在学术的天空飞翔。

王玉珏
2016 年夏于厦门

图书在版编目（CIP）数据

主体的生成与反抗：朱迪斯·巴特勒身体政治学理论研究/王玉珏著. —北京：北京师范大学出版社，2018.8
（当代国外马克思主义哲学研究丛书）
ISBN 978-7-303-21971-1

Ⅰ.①主…　Ⅱ.①王…　Ⅲ.①朱迪斯·巴特勒-哲学思想-研究
Ⅳ.①B712.6

中国版本图书馆 CIP 数据核字（2017）第 020729 号

营 销 中 心 电 话　010-58805072　58807651
北师大出版社高等教育与学术著作分社　http://xueda.bnup.com

ZHUTI DE SHENGCHENG YU FANKANG
出版发行：北京师范大学出版社　www.bnup.com
　　　　　北京市海淀区新街口外大街 19 号
　　　　　邮政编码：100875
印　　刷：北京盛通印刷股份有限公司
经　　销：全国新华书店
开　　本：710 mm×1000 mm　1/16
印　　张：26
字　　数：327 千字
版　　次：2018 年 8 月第 1 版
印　　次：2018 年 8 月第 1 次印刷
定　　价：80.00 元

策划编辑：饶　涛　　　责任编辑：张　爽
美术编辑：王齐云　　　装帧设计：王齐云
责任校对：陈　民　　　责任印制：马　洁